AF589882

Cl. Hachette.

PASTEUR DANS SON LABORATOIRE, par Edelfelt.

LOUIS LUMET

PASTEUR

SA VIE
SON ŒUVRE

OUVRAGE ORNÉ DE 121 GRAVURES

LIBRAIRIE HACHETTE
79, Bᴰ SAINT-GERMAIN, PARIS
1922

De la vie des hommes qui ont marqué leur passage d'un trait de lumière durable, recueillons pieusement pour la postérité jusqu'aux moindres paroles, aux moindres actes propres à faire connaître les aiguillons de leur grande âme.

PASTEUR

LA MAISON DE PASTEUR A ARBOIS.

CHAPITRE PREMIER

L'ENFANCE ET LES ANNÉES D'ÉTUDE

C'EST une des gloires françaises, et parmi toutes, la plus pure et la plus féconde. Le nom de Louis Pasteur a rayonné dans le monde et, pour les savants comme pour les profanes, il signifie bonté de l'homme qui a voulu guérir les maux de ses semblables, honnêteté et rigueur absolue de l'observation, génie de l'invention, qui ouvre les horizons nouveaux aux recherches de la science. Sa souveraineté est maintenant incontestée, il n'y a pas de peuple qui ne lui ait rendu de justes hommages et sa gloire en s'étendant, a agrandi, selon son propre désir, le patrimoine moral et la force intellectuelle de sa patrie.

Louis Pasteur est issu d'une de ces vieilles familles terriennes, attachées depuis des siècles au sol qu'elles cultivaient, et qui ont donné tant d'illustrations à la France. Ses ancêtres étaient serfs de la glèbe, au XVIIe siècle, en Franche-Comté, et le premier qui sortit du servage fut l'arrière-grand-père de Louis Pasteur, Claude-Étienne qui, ayant abandonné le labourage, était au milieu du XVIIIe siècle tanneur à Salins, bourgeois de la ville. Cette race se distinguait par son aptitude au travail, son esprit sérieux, des qualités positives qui formaient des artisans soucieux du bon renom de leur métier, des dons d'imagination qui la poussaient à s'élever au-dessus de son milieu par une culture supérieure.

Le père de Louis Pasteur, orphelin dès son enfance, était né de Jean-Henri, le troisième fils de Claude-Étienne, le 16 mars 1791, pendant la Révolution. Élevé par sa grand-mère, la conscription le prit en 1811, et versé au 3e de ligne, il fit la guerre en Espagne, dans les armées de l'empereur. C'était un soldat brave, discipliné et réfléchi. Jean-Joseph gagna ses premiers grades lentement, par sa bonne conduite et son calme courage : caporal en 1812, fourrier en 1813, sergent-major et chevalier de la Légion d'honneur en 1814. Ramené d'Espagne, il fut de ceux qui luttèrent pendant la campagne de France où le génie militaire de Napoléon se déploya si merveilleusement, sans pouvoir faire fléchir la fortune adverse, contre l'invasion de la patrie.

Après l'abdication de l'empereur, Jean-Joseph Pasteur fut mis à la retraite par le nouveau régime. Il retourna à Salins reprendre son métier de tanneur, et peu après, il épousa Jeanne-Étiennette Roqui, d'une antique famille de petites gens. L'existence était difficile, car la mariée n'apportait en dot dans le ménage que sa gaieté, sa douceur et ses bras laborieux, aussi Joseph Pasteur pour tenter la chance, décida-t-il bientôt d'aller à Dôle et il s'y établit dans une modeste maison de la rue des Tanneurs. C'est là que Louis Pasteur naquit le 27 décembre 1822.

Le ménage vivait médiocrement, malgré de longs et pénibles travaux. Il émigra une seconde fois à Marnoz, pour s'installer définitivement à Arbois. La tannerie était édifiée près d'une rivière, la Cuisance, dans la ville basse, entourée de paysages pittoresques, et c'est dans une maison austère, devant des modèles d'énergie et de courage, parmi les suggestions d'une nature tour à tour, riante ou mélancolique, que Louis Pasteur reçut ses premières impressions.

Son père qui avait quitté l'armée à vingt-cinq ans, encore tout ébloui de l'épopée impériale, exerçant un métier dur, difficile et peu rémunérateur, était un homme fier et volontiers silencieux. D'une instruction rudimentaire, il aimait à apprendre, et sa rude journée finie, il étudiait jusqu'à ce que la fatigue lui fit tomber le livre des mains. Le jeune Louis puisait dans l'exemple de son père de belles et fortes leçons. A cinquante ans celui-ci comparait des grammaires, cherchant tous les jours à acquérir le savoir qui avait manqué à sa jeunesse.

Il était passionné pour le travail et tourmenté par le désir d'apprendre. Il ne cessait de répéter à son fils qu'il faut toujours tendre à améliorer sa condition par la volonté et l'intelligence.

LA MAISON DE DOLE OÙ LOUIS PASTEUR NAQUIT LE 27 DÉCEMBRE 1822.

Pour se reposer de ses études qu'il poursuivait sans maître, si ardues pour un homme de son âge et qui n'avait eu dans ses premières années aucune base sérieuse d'instruction, il lisait parfois, le soir, à haute voix, le récit des hauts faits de l'époque impériale.

Le vieux soldat qui s'était battu en Espagne et sur la terre de France, qui avait gagné ses galons et sa croix dans les batailles, tressaillait d'émotion, lorsque dans l'humble chambre presque vide de meubles, il évoquait la face ardente et maigre du général Bonaparte, ses yeux de feu, et le geste assuré de ses mains qui commandait, sans réplique, aux vieux généraux. L'armée d'Italie, la légendaire campagne d'Égypte où le grenadier en guenilles battait le mameluk couvert de perles et d'or, le Consulat, Marengo, et l'entrée dans toutes les capitales de l'Europe!... Puis le tanneur fermait le livre où tant d'exploits étaient écrits en phrases brûlantes.... Au lit, avant de s'endormir, le jeune Louis Pasteur rêvait de gloire....

La petite ville d'Arbois, dont les armes auraient pu s'appliquer à celui qui fut non seulement un grand savant, mais aussi un bienfaiteur de l'humanité, sont, *d'azur à un pélican d'or becquetant sa poitrine sur ses petits élevés sur un nid d'or, avec des gouttes de sang de gueules.* Sa population composée de quelques bourgeois, et surtout de vignerons et d'artisans, est fruste et fière. Elle a comme un air d'héroïsme et de rude honnêteté. Joseph Pasteur y comptait des amis de choix, le docteur Dumont, ancien médecin militaire, M. Bousson de Mairet, historien de la Franche-Comté, M. Romanet, le principal du collège, quelques autres encore qui fréquentaient la tannerie. Le jeune Pasteur écoutait les conversations où l'on exaltait la patrie, le travail, le devoir, et sous l'influence directe de son père, il s'imprégnait de hauts et nobles sentiments.

Tout enfant, il fut placé à l'école primaire, puis au collège d'Arbois où il commença ses études classiques. C'était un élève un peu lourd qui ne montrait aucune qualité brillante. Il étudiait assidûment, sans passion, et il avait parfois de longues rêveries qui semblaient l'isoler du monde extérieur. Quand il était en congé, il aimait à jouer, à parcourir la campagne, mais il évitait les jeux brutaux, la destruction des nids et le massacre des oiseaux, souffrant de toute souffrance, celle des hommes et celle des bêtes.

Louis Pasteur avait hérité de son père, homme réfléchi, opiniâtre, au cœur droit, d'une volonté forte, encore confuse, et qui devait se manifester plus tard comme la dominante de sa vie, de la prudence dans le jugement, un sens pratique basé sur l'expérience qui le gardait des conclusions hâtives; il tenait, d'autre part, de sa mère, la partie secrète, pourrait-on dire, de sa nature, une sensibilité frémissante, de l'imagination, une intelligence intuitive qui lui éclairait parfois le mystère des choses, par de rapides et de vastes illuminations, de la bonté, l'amour des arts et de la poésie.

Touchant l'influence de Joseph Pasteur sur son fils, écoutons Duclaux, l'un des premiers collaborateurs de Pasteur : « Lorsque je suis entré dans son laboratoire en 1862, il n'était pas encore célèbre. Ses travaux de cristallographie avaient mis son nom en vedette dans le monde des savants, ses expériences sur les générations spontanées l'avaient fait un peu connaître du grand public, mais il y a loin de là aux acclamations qui ont retenti depuis, à la pompe du soixante-dixième anniversaire de sa naissance.... Ce sera faire de M. Pasteur un rare éloge que de dire qu'il est toujours resté le même, et que s'il a mis un légitime orgueil à voir ainsi grandir le nom qu'il tenait de ses aïeux, il n'en a jamais montré la moindre vanité. Jusqu'au jour de sa mort il est resté doux, simple et aimant.

« C'est qu'il a toujours regardé plus loin que lui, dans ses recherches et dans ses découvertes; c'est qu'il a été aussi impersonnel qu'on peut l'être dans des travaux auxquels on se livre tout entier. Ses parents avaient réussi à donner un idéal à sa vie. De ses parents, il a toujours parlé avec l'accent de la plus vive reconnaissance... car c'était de ses parents qu'il tenait un des côtés les plus nobles de son caractère, la subordination de la personne à l'idée, l'oubli de soi quand un intérêt supérieur commande.

Cl. Sauvanaud.

JOSPEH PASTEUR,
d'après un dessin de son fils LOUIS PASTEUR.

« Son père avait eu une carrière des plus modestes. Il avait été soldat dans les dernières années de l'Empire, et décoré sur le champ de bataille, licencié en 1815, il était devenu tanneur, petit tanneur, peu habile aux affaires qui ne l'intéressaient pas, mais rude travailleur dans un rude métier : c'était un opiniâtre. Ce soldat de 1815 conserva toute sa vie la foi et les ardeurs généreuses d'un volontaire de la République, avec cette différence pourtant qu'il personnifiait dans l'empereur la gloire de la Patrie et que le retour des Bourbons lui avait paru un écroulement. Dans une si modeste situation et avec de telles idées, il ne pouvait être qu'un homme de sourde opposition. Mais l'important n'est pas ce qu'il fut, c'est la façon dont il le fut.

« L'idée de la patrie vaincue et humiliée, de son relèvement nécessaire, des efforts à faire pour la remettre sur pied, du dévouement que tous étaient tenus d'apporter à cette grande tâche, voilà les premières impressions qu'ait reçues le cerveau de Pasteur enfant, et comme le père les ramenait constamment, sous toutes les formes, avec une obstination toute pareille à celle qu'il mettait dans son labeur journalier, comme sa vie tout entière était d'accord avec sa parole, son influence a eu la toute-puissance de pénétration d'une pluie de printemps. La vie de son fils en est restée imprégnée et voilà pourquoi Pasteur n'a jamais vu dans ses premiers essais, dans son nom grandissant, dans sa gloire finale, autre chose qu'une satisfaction de plus en plus complète. »

C'est sans doute, pour obéir aux tendances lui venant de sa mère, qui appartenaient plutôt au sentiment qu'à la raison, qu'il ne témoigna, dans toutes les matières enseignées au collège d'Arbois, de préférence que pour le dessin, jusqu'à l'âge de treize ans.

Dans l'entourage de la famille, on le considérait comme un artiste, et il jouissait d'une sorte de petite renommée. Il crayonnait des portraits, et celui de sa mère, fait au pastel, d'une facture nette, révélait son besoin essentiel de sincérité et de vérité. Il l'a représentée, avec des yeux de franchise et de bonté, telle qu'il la voyait tous les jours, coiffée de son bonnet blanc et les épaules couvertes d'un châle écossais, bleu et vert, lorsqu'elle allait au marché. Mais Joseph Pasteur ne souhaitait pas à son fils la gloire des artistes, tentante, mais parfois si hasardeuse; dans sa conception grave de la vie, toute son ambition était de lui assurer un poste de professeur. Cet homme simple avait le culte de l'enseignement, et il ne mettait personne au-dessus de ceux qui ouvrent et nourrissent les jeunes intelligences.

A moins de seize ans, Louis Pasteur qui s'appliquait alors à poursuivre ses études, avec une inlassable ténacité, fut envoyé à Paris, dans le but de préparer son entrée à l'École Normale. C'était un sacrifice pour la famille, augmentée de deux jeunes filles, mais il était allégé par les concessions qu'avait faites le directeur de la pension, M. Barbet, un compatriote franc-comtois. Louis Pasteur quitta sa chère petite ville d'Arbois, en compagnie d'un de ses condisciples, Jules Vercel, en octobre 1838. Dès qu'il fut à Paris, une mélancolie sombre le saisit, il ne pouvait pas oublier la maison paternelle, et son souvenir le tenant éveillé pendant de longues nuits, il en résulta une maladie qui le rendait inapte à tout travail.

« Ah! si je pouvais seulement sentir l'odeur de la tannerie, murmurait-il à son compatriote, Jules Vercel, je serais guéri. »

Pasteur garda son amour profond pour Arbois, et même dans ses jours les plus glorieux, il y revint chaque année prendre ses vacances.

Dans ses séjours, homme illustre, il aimait à s'entretenir avec ses compatriotes qui lui confiaient leurs peines et leurs joies. Il les interrogeait aussi, car ce savant pouvait tirer des aperçus de génie de la science populaire. Pasteur raconte qu'un vigneron lui dit un jour : « Nous croyons que le vent du Nord colle le vin, et dans tous les cas nous sommes bien sûrs qu'il colle l'eau de la rivière. » Cela voulait exprimer que l'eau de la Cuisance restait claire et limpide lorsque soufflait le vent du Nord et qu'au contraire elle devenait trouble quand elle était agitée par le vent du Sud. Et dans cette observation du vigneron, Pasteur voyait la vérification du conseil qu'il donnait de soutirer le vin par vent du Nord.

Cl. Sauvanaud.

PASTEL DE LOUIS PASTEUR : SA MÈRE.

Il se mêlait aussi à la vie de la petite ville, respectant ses usages et ses traditions. L'une des plus anciennes avait trait à la fête du *bion*. Les vignerons mariés dans l'année composaient une énorme grappe faite mi-partie de raisin blanc mi-partie de raisin noir et s'en allaient en procession à l'église paroissiale pour assister à une sorte de cérémonie commémorative. Pasteur ne manquait jamais de se mêler au cortège précédé par la fanfare municipale, lorsqu'à l'époque du *bion*, il séjournait à Arbois.

Le directeur de la pension, M. Barbet, craignant que la crise de chagrin qui minait son jeune élève, n'eût une influence fâcheuse sur sa santé, écrivit à son père, et celui-ci abandonnant ses travaux, accourut auprès de son fils qu'il ramena aussitôt à la tannerie.

Louis Pasteur, revenu au pays, semblait désorienté, heureux d'être dans sa famille, mais peut-être sourdement honteux d'avoir manqué à son devoir en ne restant pas à Paris. Dans cet état, ce fut sa sensibilité qui prévalut momentanément, et tout en suivant les cours du collège d'Arbois, il se remit à ses dessins et à ses pastels avec une active passion. Il faisait de nombreux portraits, de ses amis et de ses voisins, et il en est qui, par leurs qualités, dénotent de véritables dons artistiques : ceux du maire d'Arbois, M. Pareau, du conservateur des hypothèques, de M. Blondeau, d'une religieuse.

Cependant Louis Pasteur avait terminé sa rhétorique, brillamment, après avoir repris courage, comme s'il eut, pour toujours, triomphé de la crise qui l'avait fait hésiter dans sa voie. Mais le collège d'Arbois n'ayant pas de classe de philosophie, le problème de savoir où il continuerait ses études se posait de nouveau. L'expérience de Paris avait été désastreuse, Joseph Pasteur résolut d'envoyer son fils à Besançon, ville peu distante, et qu'il visitait parfois par les nécessités de son commerce. Le collège royal était alors dirigé par M. Répécaud qui eut une influence excellente sur son élève.

C'est de cette époque que date, pour Louis Pasteur, sa puissance incroyable de travail qui le faisait surmonter toutes les fatigues, et sa volonté profonde, grave, irréductible qui ne devait point connaître d'obstacles. Une noble lettre adressée à son père, et citée par M. Vallery-Radot, son gendre, dans le bel ouvrage qu'il lui a consacré, *La Vie de Pasteur*, nous révèle dans quelles dispositions il faisait sa philosophie. Le collégien avait renié son talent de dessinateur, et il méprisait sa réputation de portraitiste qui l'avait suivi à Besançon, en écrivant : « Tout cela ne mène pas à l'École Normale. J'aime mieux une place de premier au collège que dix mille éloges jetés superficiellement dans les conversations d'aujourd'hui.... Nous nous verrons dimanche, mon cher papa, car c'est, je crois, la foire lundi. Si nous allons voir M. Daunas (son professeur de philosophie), nous lui parlerons de l'École Normale. Mes chères sœurs, je vous le recommande encore, travaillez, aimez-vous. Une fois que l'on est fait au travail, on ne peut plus vivre sans lui. D'ailleurs c'est de là que dépend tout dans ce monde. Avec de la science on s'élève au-dessus de tous les autres.... Mais j'espère que ces conseils vous sont inutiles, et je suis sûr que chaque jour vous sacrifiez bien des moments à apprendre votre grammaire. Aimez-vous comme je vous aime, en attendant l'heureux jour où je serai admis à l'École Normale. » (26 janvier 1840.)

Voilà toute l'ambition du jeune philosophe. Il admire et respecte ses maîtres, et il ne pense qu'à être professeur à son tour afin de remplir envers d'autres le beau devoir humain d'éclairer et de discipliner les intelligences. Son application au travail est récompensée. Le 29 août 1840, il passe avec succès, à Besançon, son examen de bachelier ès lettres.

C'est son premier grade, et désormais, il obtiendra tous ceux que peut décerner l'Université, car ce génie si novateur, si révolutionnaire, pourrait-on dire, avait le respect des grades, des fonctions et des titres qui assurent une situation dans la société. Son examen n'eut pas un éclat exceptionnel, mais il reçut de bonnes notes pour le grec, le latin, la philosophie, la composition française, de médiocres pour l'histoire et la géographie, puis de très bonnes pour les sciences. Ses qualités dominantes s'affirmaient déjà dans cette première épreuve. Aussi, son baccalauréat passé, Louis Pasteur, que le proviseur du collège avait pris comme maître-répétiteur — la tannerie ne prospérait guère — suivit-il les cours de mathématiques spéciales.

Cette direction précise donnée à ses études qui le livrait aux sciences, ne l'empêchait pas de goûter la littérature et la poésie. C'était le double de sa nature, sentimental et rêveur, qui avait besoin d'aliment, et que ne parvenaient pas à faire disparaître les travaux les plus abstraits et qui semblaient devoir lui être le plus contraires. Louis Pasteur aimait entre tous les livres, l'*Essai sur l'art d'être heureux*, de Joseph Droz. Il en appréciait l'honnêteté des sentiments, la douce philosophie, la bonté qui se dégageait de tous ses aphorismes. Il lisait aussi *Mes Prisons* de Silvio Pellico, des romans un peu fades qu'il recommandait à ses sœurs, des poèmes. Il avait un ami qui partageait ses enthousiasmes littéraires, Charles Chappuis, dont il devait rester toute la vie comme le frère très intime, et c'était ensemble qu'ils s'exaltaient à la lecture des *Méditations* de Lamartine. La poésie le délassait des mathématiques, et loin des chiffres et des calculs, il y trouvait des émotions délicates qui parfois le faisaient pleurer. Cependant Louis Pasteur ne négligeait aucunement ses études de science et sa préparation à l'École Normale. Il avait même pensé quelque temps à se présenter à Polytechnique, mais il y avait renoncé pour ne pas disperser ses efforts. Le 13 août 1842, il fut reçu à Dijon, bachelier ès sciences mathématiques, avec de mauvaises notes en chimie, et le 26 du même mois, au concours de l'École Normale, il obtenait le quinzième rang sur vingt-deux admissibles aux secondes épreuves. Peu satisfait de ce dernier résultat, il décidait de ne pas poursuivre le concours, et de consacrer encore une année à sa préparation afin d'entrer glorieusement dans la grande école qui était l'objet de toutes ses ambitions. Dans ce but, il quitta Besançon, et déjà fortifié, précocement mûri, certain de dominer le chagrin qu'il allait ressentir en se séparant des siens qu'il aimait tendrement, il affronta de nouveau Paris, après ses vacances de 1842, avec la volonté d'accomplir son devoir envers lui-même et pour la science.

C'était un jeune homme à la figure grave et méditative, mais qui, sous une apparence de froideur, cachait un cœur ardent et enthousiaste, une imagination toujours en éveil. Louis Pasteur ne craignait rien des dangers de Paris. Une volonté puissante le soutenait contre les plaisirs qui auraient pu le détourner de sa voie, et il se plaisait à reconnaître combien son goût passionné du travail lui permettait facilement de les éviter. En arrivant à la pension Barbet, située impasse des Feuillantines, il avait retrouvé son ami Chappuis, le compagnon fidèle de ses heures de repos et son confident, et il avait réglé son existence, de telle sorte qu'il devait tirer le maximum de rendement dans l'emploi de ses journées. Il habitait avec quelques camarades près de la pension, et tout son temps était consacré à l'étude. Trop, suivant Chappuis, qui aurait désiré des distractions, et même au gré de son père, qui avait des inquiétudes pour sa santé.

Louis Pasteur se levait le matin à cinq heures et demie, car il devait donner une répétition, de six heures à sept heures, aux élèves de M. Barbet, étant admis à ne payer que le tiers de la pension, puis il suivait les cours du lycée Saint-Louis, il assistait à la Sorbonne aux leçons de l'illustre chimiste Dumas qui lui communiquait des frissons sacrés, en parlant magnifiquement de la science et des grands horizons qu'elle peut ouvrir à l'œil humain. Il revenait de ces hautes leçons, tremblant d'émotion, avec le désir de marquer sa trace parmi les précurseurs, d'être un de ceux qui ont soulevé un coin du voile qui nous cache les secrets de la nature. Il avait une telle hâte d'apprendre, un tel besoin de travailler que les jours de congé, il s'enfermait dans les bibliothèques, le jeudi et le dimanche, et lorsqu'il consentait à se promener avec Chappuis, c'était pour discuter, en marchant, sur des questions de littérature et de philosophie.

Le budget du jeune étudiant était fort modeste, bien qu'il eut obtenu la remise entière de sa pension, par la sympathie qu'il avait inspirée à M. Barbet et pour les services qu'il lui rendait, mais il suffisait cependant à ses plaisirs. Sur les instances de son père, il avait accepté d'aller dîner certains dimanches au Palais-Royal où il ne dépensait guère plus de quarante sous ! Et le comble de la grande fête était pour Louis Pasteur de se payer le théâtre, ce qui du reste, ne lui arriva pas quatre fois, pendant toute la durée de ses études.

C'est en 1843 qu'il parvient au faîte de ses vœux. Il entre à l'École Normale, le quatrième, dans un bon rang, et il était si pressé de respirer l'air de la célèbre maison, qu'il abrège ses vacances, et qu'il s'y présente plusieurs jours avant l'ouverture. Son esprit en quelque sorte monastique, s'accommode de la règle de Normale, il redouble de courage, et il s'assimile toutes les matières enseignées, en s'essayant déjà à des travaux personnels. Il a le goût de la gloire, il s'exalte au récit de la vie des hommes illustres, il ambitionne de les imiter, mais ses préférences vont à ceux qui ont été des bienfaiteurs et dont les découvertes furent utiles à l'humanité. Son père lui écrit de ménager ses forces, il le rassure, car l'affection profonde qu'il avait pour sa famille ne s'est jamais démentie, et cependant il n'en travaille pas moins. Le travail, le travail, ce sera la maxime de toute son existence.

Normalien, Louis Pasteur donne des leçons à la pension Barbet, reconnaissant des honnêtes procédés que l'excellent homme avait eus à son égard ; il continue à assister aux leçons de Dumas qu'il suit avec une attention soutenue, et il a la joie de pénétrer dans le laboratoire de son préparateur Barruel qui lui donne des conseils pratiques. Dès maintenant la formation générale de Louis Pasteur semble complète, son génie apparaît avec le double caractère qui lui assurera ses immortels travaux : il est d'une hardiesse sans limite dans les idées, ses conceptions intuitives vont jusqu'aux plus hauts ressorts de l'intelligence, et d'autre part, il s'astreint dans l'expérimentation à une méthode extrêmement rigoureuse qui ne tient compte que des faits dûment contrôlés.

Élève, il avait déjà un besoin de prosélytisme, il voulait répandre la science qu'il acquérait avec tant d'énergie. Et en dehors des répétitions aux jeunes gens de la pension Barbet, il se faisait le professeur de sa famille, de son père, de ses sœurs. Il leur adressait des problèmes à résoudre, il leur exposait des théories scientifiques, et il mettait dans cette correspondance une ardeur de jeune apôtre. S'ils comprenaient mal les données de ses problèmes et si les explications qu'il leur fournissait paraissaient trop difficiles à saisir pour des cerveaux qui n'avaient pas l'habitude des exercices scientifiques, il les encourageait affectueusement, il leur démontrait la haute et belle nécessité du constant effort. C'était comme une dette de reconnaissance qu'il payait joyeusement à sa famille dont les sacrifices lui avaient permis de s'élever lui-même, et ce rôle touchant du grand fils et du grand frère instruisant de loin son vieux père et ses jeunes sœurs montrait les richesses de son cœur.

Cl. Hachette.

LE GRAND LABORATOIRE DE L'ÉCOLE NORMALE.

CHAPITRE II

LA JEUNESSE LABORIEUSE ET ENTHOUSIASTE

Après trois années d'École Normale, Louis Pasteur passa son concours d'agrégation de sciences physiques en 1846; sur quatorze candidats, quatre furent reçus, et lui le troisième, sans notes remarquables.

Qu'allait devenir le jeune agrégé? N'avait-il pas réalisé son plus cher désir, en atteignant le but qu'il avait poursuivi avec tant de persévérance? Durant ses études son ambition s'était déplacée et agrandie. Certes, il voulait encore être professeur, enseigner les sciences, mais au contact des maîtres, devant la gloire de leurs découvertes, il avait résolu de se signaler à son tour par des travaux personnels, comme s'il eût pressenti sa haute destinée. Aussi lorsqu'il fut agrégé, ne vit-il pas sans crainte qu'on pouvait l'envoyer dans un lycée de province, loin de tous les instruments qui lui étaient nécessaires. Il évita cette mésaventure par l'intérêt qu'il avait su inspirer à ses maîtres, Dumas, Delafosse, Balard, ce dernier l'ayant pris comme préparateur dans son laboratoire.

Quel était l'objet des recherches de Louis Pasteur? Comment allait-il aborder les grands problèmes de la science? Il semble qu'une sorte de prédestination ait marqué sa carrière scientifique. Pasteur qui devait aboutir aux vaccins de la rage, commença ses études par les cristaux, et c'est comme une montée lumineuse qui va de la construction de la matière et de ses procédés, jusqu'à la transformation des microbes, les infiniment petits si redoutables à l'homme, en agents préventifs contre la maladie et guérisseurs.

La cristallographie était une science nouvelle, aux formules hésitantes et controversées. Des phénomènes essentiels restaient sans explication, et d'autres demeuraient secrets, échappant à toute observation et à tout contrôle. Pour bien juger de la nouveauté géniale des aperçus de Pasteur, il faut définir l'état de cette science au moment où il a commencé ses travaux.

Les savants, en 1840, n'avaient que des notions assez chaotiques sur la structure moléculaire des cristaux. « Ils connaissaient la molécule chimique, — écrit M. Duclaux, le grand savant qui fut disciple de Pasteur, — ils savaient qu'elle est formée d'un groupement en général assez stable d'atomes, dont le nombre, le poids, la nature peuvent être d'ordinaire très bien définis. Ils savaient par exemple qu'il y a un atome de chlore et un atome de sodium dans le sel marin, un atome de calcium, un atome de carbone et trois atomes d'oxygène dans le carbonate de chaux. Ils avaient reconnu que les différentes molécules composées se différencient d'ordinaire par le nombre et la nature de leurs atomes constituants, qu'il y en a pourtant qui contiennent le même nombre des mêmes atomes sans être pour cela identiques, de sorte qu'on est amené à soupçonner entre eux des différences d'arrangement. Mais en quoi consistaient ces arrangements? Comment les atomes se disposaient-ils les uns par rapport aux autres dans la molécule? Quelle forme en résultait pour cette molécule? Autant de questions sur lesquelles personne n'avait d'idées claires [1]. »

Haüy qui avait tout particulièrement étudié les cristaux, et nommé leur molécule constructive, *molécule intégrante*, estimait que celle-ci n'avait aucune relation avec la molécule chimique, et que leurs divers groupements étaient produits par des molécules identiques. Mitscherlich avait démontré que cette théorie n'était pas absolument exacte, en remplaçant dans une cristallisation de carbonate de chaux, sans en modifier la forme, des atomes de calcium par des atomes de magnésium. C'était

1. *Pasteur, Histoire d'un esprit*, E. Duclaux, p. 40.

le phénomène de l'isomorphisme. Delafosse, élève de Haüy et professeur de Pasteur, devait étudier celui de l'hémiédrie, phénomène par lequel certains cristaux échappent à la loi de la symétrie et possèdent une facette qui n'a pas de correspondante, mais sans pouvoir l'expliquer. D'autre part, Biot avait fait de longs travaux sur le pouvoir rotatoire des cristaux hémiédriques, et il avait constaté que certains peuvent dévier la lumière polarisée à droite et d'autres à gauche. Cela nécessite une explication et nous la devrons à M. Duclaux.

LOUIS PASTEUR, ÉLÈVE DE L'ÉCOLE NORMALE, dessin de Lebayle.

« On sait, écrit-il, que toute impression lumineuse est la résultante d'une vibration accomplie à la façon d'une tige rigide qui, serrée dans un étau à une de ses extrémités, vibrerait de l'autre en oscillant autour d'une position d'équilibre; si à l'extrémité mobile, elle porte un bouton poli donnant un point lumineux, on peut faire décrire à ce point lumineux une ellipse, une circonférence ou une ligne droite. Envisageons ce dernier cas, le plus simple, et appelons, par convention, plan de polarisation le plan qui contient la tige vibrante et la ligne lumineuse que décrit son extrémité. Supposons ce plan vertical, et le point lumineux se mouvant devant nous le long des aiguilles d'une pendule qui marquerait six heures. Tant qu'il n'y a que de l'air interposé entre le point lumineux et notre œil, la vibration ne change pas de direction, mais il y a telles substances transparentes qui, traversées par elle, la feraient se projeter sur les aiguilles d'une horloge marquant 5 heures moins 5 pour une certaine épaisseur traversée, marquant 4 heures moins 10 par une épaisseur double. En d'autres termes, elles font tourner à gauche le plan de polarisation d'une quantité proportionnelle à leur épaisseur. Nous les appellerons des substances ayant un pouvoir rotatoire gauche, ou pour aller plus vite, des *substances gauches*. Il existe de même des *substances droites* dont *mutatis mutandis*, la définition est la même. »

Le jeune Louis Pasteur entreprenait ses travaux en pleine évolution de la science cristallographique, qui, de la physique inclinait vers la chimie, pleine encore de problèmes inexpliqués. Poursuivant l'obtention de ses derniers grades universitaires, il faisait concorder ses études personnelles exigées par ses goûts, à celles qui devaient lui donner le titre suprême de docteur ès sciences. Il s'initiait aux manipulations pratiques de laboratoire, il s'exerçait aux expériences infiniment délicates qui demandent du sang-froid, de l'attention jamais en défaut, pour être profitables et fécondes. Avec un sens profond des réalités, il avait recommencé, pour se contrôler lui-même, les travaux de La Provostaye sur l'acide tartrique et les tartrates, recherchant surtout si, par les mêmes procédés, il obtiendrait le même résultat.

C'était pour Louis Pasteur une époque de bouillonnement intellectuel où les idées affluaient à son cerveau avec une extraordinaire abondance, certaines encore confuses peut-être, mais neuves pour la plupart, et destinées à découvrir à la science des voies imprévues. Le 23 août 1847, il soutenait ses thèses de doctorat, dédiées pieusement à son père et à sa mère, celle de chimie traitant des *Recherches sur la capacité de saturation de l'acide arsénieux* et formant une *Étude des arsénites de potasse, de soude et d'ammoniaque*, celle de physique comprenant une *Étude des phénomènes relatifs à la polarisation rotatoire des liquides*. A la suite de cette soutenance qui lui donne le titre de docteur, il prend à peine quelque repos à Arbois et c'est avec une sorte de fièvre qu'il continue à Paris ses études sur les cristaux. Elles devaient durer cinq années et aboutir à mettre de la lumière là où il n'y avait que ténèbres et confusion.

Il est impossible d'en mentionner tous les détails et toutes les péripéties. Si de grandes intuitions géniales lui ouvraient des aperçus nouveaux sur la science, il les vérifiait par tant d'expériences rigoureusement conduites et souvent recommencées que c'est le schéma de son travail quotidien qu'il faudrait donner. Au fur et à mesure des résultats obtenus, il adressait des notes à l'Académie des Sciences, les premières datant de 1848. *Note sur la cristallisation du soufre. Recherches sur divers modes de groupement dans le sulfate de potasse. Recherches sur le Dimorphisme. Mémoire sur la relation qui peut exister entre la forme cristalline et la composition chimique et sur la cause de la polarisation rotatoire.*

Ces travaux austères, cette vie de laboratoire qui lui tenait l'esprit constamment occupé, concentré sur de pénibles problèmes à résoudre, ne l'isolait cependant point de l'existence de la nation. Avec toute la jeunesse studieuse il avait tressailli à la proclamation de la République, en 1848, et c'est avec enthousiasme qu'il avait accueilli les mots de « Liberté, égalité, fraternité ». Jeune savant à la bourse légère, il avait fait don à la Patrie de toutes ses économies, cent cinquante francs, et il se félicitait de servir dans la garde nationale. C'était un devoir qu'il remplissait joyeusement envers son pays, et Pasteur, dans toutes les circonstances, fut essentiellement l'homme du devoir.

Cl. Hachette.

PORTE D'ENTRÉE DE L'ÉCOLE NORMALE.

Un deuil cruel allait bientôt interrompre son activité pendant quelques mois. Sa mère mourait subitement, en mai 1848 et l'on peut aisément concevoir quelle fut sa douleur, lorsque l'on sait combien était profonde son affection pour sa famille qui, avec la science, était au premier rang de ses préoccupations. Il fut de longues semaines incapable de travailler, accablé de chagrin, mais il reprit quand même le cours de ses études, telle était sa passion pour les recherches scientifiques.

Cependant ses communications à l'Académie des Sciences avaient attiré l'attention des savants sur ses travaux. On appréciait toute leur valeur originale et l'on attendait avec curiosité leur suite et leur développement. Pasteur, qui sentait confusément la force de son génie, ne les regardait que comme de bons devoirs d'écolier, mais dans l'étude des tartrates et des paratartrates, il allait merveilleusement se signaler. Sans entrer dans une explication minutieuse de ces questions, il faut savoir que Mitscherlich, qui avait fait des expériences remarquables sur les cristaux, avait constaté que les tartrates et les paratartrates étaient des sels identiques, sauf que les premiers agissaient sur la lumière polarisée, doués d'un pouvoir rotatoire, tandis que les seconds restaient sur elle sans action. C'est à ce point précis qu'il est nécessaire d'admirer l'intuition géniale de Pasteur, qui, partant d'une idée préconçue, la démontra juste expérimentalement. Pourquoi cette différence entre des sels qui paraissent identiques, se demanda-t-il? Sans doute elle est due à une différence dans leur constitution qui influe sur leur aspect extérieur, différence qu'on n'a pas encore observée. Et cette différence, il la découvrit par un examen sévère de ces cristaux. Les tartrates avaient une facette hémiédrique -- étaient manchots selon l'image claire de M. Duclaux —tandis que les paratartrates obéissaient dans leurs facettes aux lois de la symétrie. Le pouvoir rotatoire était en fonction constante de la dissymétrie de la structure moléculaire. Cette première découverte fut suivie d'une seconde qui en était comme la conséquence et qui révolutionnait toutes les connaissances acquises sur la constitution moléculaire. Pasteur résolu à savoir pourquoi les paratartrates ne déviaient pas la lumière, les examina longuement, de nouveau, et il s'aperçut que les paratartrates doubles de soude et d'ammoniaque, ainsi que ceux de soude et de potasse avaient des cristaux hémiédriques mais les uns gauches et les autres droits. Cela semblait contredire sa première découverte, et c'est à ce point de ses travaux que se place son expérience décisive. « Malgré tout ce qu'il y avait d'inattendu dans ce résultat, a-t-il dit, je n'en poursuivis pas moins mon idée. Je séparai avec soin les cristaux hémièdres à droite, les cristaux hémièdres à gauche et j'observai séparément leurs dissolutions dans l'appareil de polarisation. Je vis alors avec non moins de surprise que de bonheur que les cristaux hiémèdres à gauche déviaient à gauche le plan de polarisation et quand je prenais de chacune de ces sortes de cristaux un poids égal, la solution mixte était neutre pour la lumière polarisée, par neutralisation des deux déviations individuelles égales et de sens opposés. » (*Recherches sur la dissymétrie moléculaire. Leçon professée à la Société chimique de Paris*, 1860, p. 29.)

Cl. Hachette.

FORMES DE CRISTAUX EXÉCUTÉES SUR LES INDICATIONS DE PASTEUR
ET CONSERVÉES A L'ÉCOLE NORMALE.

Devant cette constatation qui confirmait ses hautes prévisions Pasteur fut saisi par une telle émotion, qu'il dut quitter son laboratoire, en courant, et qu'il embrassa le premier préparateur rencontré, dans la joie puissante d'une découverte essentielle. Il en avertit Biot qui avait, pendant de longues années, étudié le pouvoir rotatoire des cristaux, en le prévenant qu'il était prêt à lui communiquer le résultat de ses expériences. Le vieux savant, membre de l'Institut, accepta l'offre de son jeune confrère, et la scène qu'il y eut entre eux est d'une réelle beauté. Elle a été racontée excellemment par M. Vallery-Radot.

« Rendez-vous fut pris au collège de France, où demeurait Biot, écrit-il. Le moindre détail de cette entrevue devait rester à jamais fixé dans le souvenir de Pasteur. Biot commença par aller chercher l'acide paratartrique.

« Je l'ai étudié, dit-il à Pasteur, avec des soins particuliers : Il est « parfaitement neutre vis-à-vis de la lumière polarisée. » Un sentiment de défiance était visible dans les gestes et perçait dans le son de la voix. « Je vais vous apporter tout ce qui vous sera nécessaire, » continua le vieillard en allant chercher des doses de soude et d'ammoniaque. Il voulait que le sel double fût préparé en sa présence

« Après avoir versé dans un cristallisoir le liquide obtenu, Biot l'emporta et le mit dans un coin de son appartement pour être bien sûr que personne n'y toucherait. « Je vous préviendrai quand vous devrez « revenir, » dit-il à Pasteur en le congédiant. Quarante-huit heures après, des cristaux, d'abord très petits, commencèrent à se former. Lorsqu'ils parurent être en quantité suffisante, Pasteur fut appelé. Toujours en présence de Biot, Pasteur retira un à un les plus beaux cristaux, les essuya pour enlever l'eau-mère adhérente, puis il montra à Biot l'opposition de leur caractère hémiédrique et les sépara en deux groupes : cristaux droits, cristaux gauches.

« — Vous affirmez bien, dit Biot, que vos cristaux placés à votre droite dévieront à droite le plan de polarisation et que les cristaux placés à votre gauche dévieront à gauche?

« — Oui, répondit Pasteur.

« — Et bien je me charge du reste. »

« Biot prépara les solutions et fit venir de nouveau Pasteur. Biot plaça d'abord dans l'appareil la solution qui devait dévier à gauche. La déviation constatée, il prit le bras de Pasteur et lui dit cette phrase qui a été souvent citée et qui mérite d'être célèbre : « Mon cher enfant,

« j'ai tant aimé les sciences dans ma vie que cela me fait battre le « cœur! »

« Il était évident, en effet, a dit Pasteur lui-même au souvenir de cette entrevue, que la plus vive clarté venait d'être jetée sur la cause du phénomène de la polarisation rotatoire et sur l'hémiédrie dans les cristaux; qu'une nouvelle classe de substances isomères était découverte, que la constitution inattendue et jusque-là sans exemple de l'acide racémique ou paratartrique était dévoilée, qu'en un mot une grande route neuve et imprévue était ouverte à la science. » (*La vie de Pasteur.*)

Les encouragements de ses maîtres, Balard, Biot, leurs éloges, et la certitude qu'il avait de ne pas s'arrêter dans l'enchaînement de ses découvertes, le maintenaient dans sa fièvre de travail. Mais à la fin de 1848, il devait quitter le laboratoire, malgré les démarches de ses protecteurs, et partir pour le lycée de Dijon où il avait été nommé professeur de physique. Il n'abandonna pas ses expériences en cours et ses recherches sans chagrin, estimant que ses travaux personnels étaient plus utiles à la science que l'enseignement qu'il pouvait donner, cependant il se soumit à l'ordre du ministre, et, dès son installation, il s'appliqua à remplir exactement les devoirs de sa nouvelle fonction.

C'était un professeur méthodique et soigneux qui recherchait, avant toute chose, la clarté dans l'exposition de la science qu'il enseignait, et loin de se prévaloir de la supériorité de son intelligence, il préparait longuement ses leçons pour les rendre aisément compréhensibles à ses jeunes élèves. Toutefois, malgré son dévouement à l'instruction publique, il n'était pas sans regretter les jours qu'il passait en dehors du laboratoire. Cette inactivité dans ses propres travaux lui devint si pesante, qu'il demanda son changement, quelques mois après son arrivée à Dijon, et nommé à la Faculté de Strasbourg, professeur de chimie suppléant, il put prendre possession de son poste le 15 janvier 1849, et continuer ses recherches, en dépit de la pénurie des moyens qu'il avait à sa disposition.

Un événement capital qui devait avoir la plus heureuse influence sur toute sa carrière de savant attendait Pasteur à Strasbourg. Il allait y trouver le bonheur. Dès sa première visite au recteur de la Faculté, M. Laurent, il ressentit une vive sympathie pour Mlle Marie Laurent, l'une de ses filles. Avec cette prescience qui lui était particulière, il s'était convaincu que cette jeune personne était celle qui convenait à sa vie intime, et avec son esprit de prompte décision coutumier, sa conviction établie, il l'avait aussitôt demandée en mariage. Entre son arrivée à Strasbourg et cette demande, il ne s'était pas écoulé quinze jours! Il était heureux, mais il n'oubliait pas la science, et pendant les semaines de ses fiançailles, il ne pouvait s'empêcher de dire à l'un de ses amis :

« Ah! j'aimais tant mes cristaux! »

Il ne regrettait certes pas le temps perdu pour son laboratoire, cependant la plus forte affection ne parvenait pas à lui faire oublier, même momentanément, son amour de la science.

M. Laurent à qui il avait présenté une courte note d'une belle sincérité, où il exposait sa situation de fortune, sa position dans l'Université, ses ambitions, l'agréa pour gendre. Ce fut un jour marqué par une pierre blanche, car Mme Pasteur, jusqu'à la mort de l'illustre savant, n'a cessé de l'entourer des soins les plus tendres et les plus dévoués, de veiller sur son travail et sur son repos, de le mettre en état d'exercer son génie dans toute sa puissance.

Cette fidèle compagne mourut longtemps après Pasteur, le 25 septembre 1910, à Arbois, âgée de quatre-vingt-quatre ans. Dans un testament daté de Paris, 29 mars 1877 et d'Arbois 25 avril 1880, il lui témoignait tout son attachement : « Ceci est mon testament, écrivait-il. Je laisse à ma femme tout ce que la loi me permet de lui laisser. Puissent mes enfants ne jamais s'écarter de la loi du devoir et garder toujours pour leur mère la tendresse qu'elle mérite. »

Aux obsèques de Mme Pasteur, le docteur Roux se fit l'interprète ému des sentiments que les élèves et les collaborateurs du maître, avaient à son égard. « Mme Pasteur, disait-il, restera comme le modèle de la femme du savant, et c'est le plus bel éloge qu'on en puisse faire. Car pour mériter ce titre, il ne suffit pas d'aimer son mari et de supporter avec lui les bons et les mauvais jours, il faut être dévouée jusqu'au renoncement et ne jamais s'offenser que la science soit dominatrice; il faut assumer les soucis du ménage afin de laisser à l'époux sa liberté d'esprit pour les recherches et avoir l'intelligence de comprendre la portée de celles-ci. La femme du savant doit encore posséder la patience, l'équilibre du caractère, la bonne humeur et la sûreté de jugement d'une bonne conseillère. Enfin, lorsque surviennent ces déconvenues douloureuses, fréquentes, même dans la carrière des plus grands hommes, elle doit trouver la force d'âme capable de réchauffer le courage et de remonter l'ardeur.

« Cette tâche si délicate et si difficile, Mme Pasteur l'a remplie entièrement et avec simplicité. On a pu dire justement qu'elle a été pour son mari la meilleure des compagnes en même temps que la plus utile de ses collaborateurs. Il semble vraiment que cette union prédestinée ait été réalisée en vue des grandes choses que Pasteur avait à produire.... »

Louis Pasteur resta à la Faculté de Strasbourg jusqu'en 1854, nommé professeur titulaire de chimie en 1852, et toute cette période est marquée par de nombreux travaux qui sont la suite de ceux qu'il avait entrepris sur la cristallographie, mais qui dépassent de loin cette science, par les aperçus nouveaux qu'il y apportait et les conséquences qui en découlent naturellement.

Dans le même sens de dissymétrie et d'hémiédrie, il étudie les aspartates et les malates, il éclaircit des questions obscures qu'aucun chimiste n'avait pu aborder avec succès, il établit les lois de la dissymétrie moléculaire, il aborde et résout les problèmes de la dissymétrie dans la vie cellulaire.

Pasteur adressait fréquemment des mémoires à l'Académie des Sciences, et le monde savant commençait à s'émouvoir de ses communications qui indiquaient un chercheur de génie. Les plus célèbres membres de l'Institut le suivaient avec sympathie; Dumas, dont tout jeune étudiant il n'avait pu écouter les leçons à la Sorbonne sans émotion, Biot, Balard, Regnault, Senarmont, et l'on pensait à le faire nommer membre correspondant de l'Académie des Sciences. Pendant un séjour de l'illustre savant Mitscherlich, à Paris, Louis Pasteur eut la joie de montrer les produits qu'il avait obtenus au cristallographe allemand qui le remercia en le félicitant, et qui lui apprit que le rarissime acide racémique était encore fabriqué en Allemagne. Sur cette nouvelle, le zèle de Pasteur s'échauffe, et comme il était en vacances, il part en septembre 1852, à la poursuite de ce corps singulier qu'on avait obtenu par hasard à Thann, qui avait disparu depuis, et qu'on lui avait signalé comme existant chez un fabricant de produits chimiques de Saxe.

Ce fut une course éperdue à travers l'Allemagne, et Louis Pasteur tint un journal de ses péripéties, envoyé à sa femme, qui montre toute son ardeur passionnée, tout son désir de posséder enfin cet acide qui avait fait l'étonnement de tous les savants. La chasse fut héroïque. Pasteur alla de Leipzig à Zwichau, de Zwichau à Dresde, de Dresde à

Freiberg, de Freiberg à Vienne, de Vienne à Prague, avec, tour à tour, des émotions d'espoir et de désespérance, selon qu'il croyait avoir rencontré l'acide racémique, ou que l'insaisissable semblait s'enfuir. « Je le poursuivrai dix ans s'il le faut, écrivait-il à Mme Pasteur. »

Ses recherches, ses expériences chez les fabricants, ses enquêtes ne l'empêchaient pas de visiter les musées, et c'était là le côté artiste de sa nature qui tendait à se satisfaire : à Dresde il notait les tableaux qui lui avaient plu et il leur donnait des notes qui fixaient le degré de ses admirations. Pasteur pensait aller jusqu'à Venise pour avoir des tartres bruts qui contenaient l'acide rare, mais il revint en France, sans avoir fait ce voyage, très fatigué de sa longue randonnée. Il s'était convaincu que l'acide racémique existait dans les tartres non lavés et qu'il apparaissait dans les eaux-mères. Sa poursuite n'avait pas été inutile.

De retour dans son laboratoire de Strasbourg, Pasteur entreprit une œuvre qui lui semblait difficilement réalisable mais qui n'était pas au-dessus de ses forces. Cet acide racémique qu'aucun chimiste n'avait produit, eh bien! il sortirait de son laboratoire. Dans cet ambitieux dessein, il commença des travaux d'une délicatesse inouïe, avec confiance, lorsque ses maîtres qu'il avait averti pensaient qu'il ne pourrait pas réussir. Il devait triompher; le magicien allait vaincre la nature. En juin 1853, il faisait connaître à Biot et à son père qu'il avait obtenu artificiellement de l'acide racémique. C'était une éclatante victoire qui stupéfia les savants versés dans l'étude des cristaux et de la chimie. L'Académie des Sciences s'occupa longuement de cette fabrication et la Société de Chimie décerna à son auteur un prix de 1 500 francs qu'elle avait proposé à celui qui produirait cet extraordinaire acide. Dans son désintéressement, Pasteur consacra la moitié de cette somme à l'achat d'instruments qui manquaient au laboratoire de Strasbourg.

Le gouvernement s'émut des travaux du jeune savant, si magnifiquement couronnés par un succès que ses maîtres n'espéraient pas, et Louis Pasteur reçut la croix de la Légion d'honneur, comme il avait à peine trente ans.

Cl. Hachette.

PEINTURE DANS LE CABINET DE PASTEUR A L'ÉCOLE NORMALE,
par Louis-Édouard Fournier.

CHAPITRE III

VERS LA RENOMMÉE

Il suffit d'un peu d'examen pour comprendre que les travaux de Pasteur, les plus différents en apparence, s'enchaînent les uns aux autres, et sont d'une admirable unité. Vers la fin de ses études sur les cristaux, sa pensée génératrice avait étendu sa théorie de la dissymétrie moléculaire à la constitution de l'univers, et une expérience de laboratoire allait le conduire vers les ferments. Après avoir brisé un cristal de tartrate, Pasteur le plongeait dans une eau-mère, et constatant que ce cristal se reformait dans son entier, il comparait cette brisure à une plaie qui se guérissait avec de nouvelles molécules de sa nature. D'autre part, il avait reconnu que les tartrates subissaient de véritables fermentations, et qu'il était possible qu'elles fussent dues à un être microscopique qui jouait le rôle de ferment, et parti de la cristallographie, il aboutissait à des recherches sur l'origine de la vie.

Nommé professeur de chimie et doyen de la Faculté récemment créée à Lille, en septembre 1854, Pasteur, tout en se consacrant à son rôle de pédagogue, se préparait à ses études des fermentations. Il ne négligeait rien pour se montrer digne de la confiance que lui avait témoignée M. Fortoul, le ministre de l'Instruction publique, et il réussissait à mettre la jeune Faculté qu'on lui avait confiée au premier rang des établissements scientifiques. Plus de 200 auditeurs suivaient ses cours, et 21 élèves étaient inscrits aux travaux pratiques du laboratoire. Il s'appliquait à réaliser le programme fixé par le décret impérial du 22 août qui voulait former des manipulateurs, des praticiens pour la haute industrie, mais il ne cessait de répéter que rien ne vaut sans la théorie, et qu'elle seule peut être féconde en grands résultats. Cependant Pasteur initiait ses élèves aux méthodes industrielles en les conduisant dans les usines de la région où ils étaient à même de juger sur le fait les meilleurs procédés. Du reste, le Conseil général du Nord reconnaissait la valeur pratique de sa science et de son enseignement en lui confiant la vérification des engrais nécessaires à l'agriculture.

Le problème des fermentations que Pasteur s'apprêtait à résoudre victorieusement était encore plus obscur que ceux proposés par la cristallographie. Comment la pâte lourde de la farine devenait-elle le pain léger et substantiel, comment le raisin écrasé se transformait-il en vin? Il est certain que ces questions avaient préoccupé les hommes depuis la plus haute antiquité, et que bien des réponses y avaient été faites, mais aucune n'était scientifiquement satisfaisante.

Les alchimistes du moyen âge pensaient que le levain avait une sorte de vertu de transmutation, et que la fermentation, appliquée aux métaux, lui permettait de muer un métal commun tel que le fer en un métal précieux tel que l'or. Le premier, Paracelse (1493-1541) approcha de la vérité, en assimilant les fermentations aux maladies, mais c'était encore vague et sans base expérimentale. Il faut arriver à Lavoisier pour voir les fermentations étudiées sur des faits.

« C'est à l'introduction de la balance dans la chimie que Lavoisier doit sa gloire, a écrit M. Duclaux. Elle lui avait servi à résoudre bien des problèmes : elle résout encore le problème de la fermentation. Lavoisier établit sur le plateau d'une balance un vase rempli d'eau dans laquelle il avait ajouté un poids donné de sucre et un peu de levure de bière. De la perte de poids subie par ce vase à la fin de la fermentation, il conclut le poids de l'acide carbonique dégagé pendant le phénomène. Il sépare ensuite l'alcool par distillation, le pèse, et trouve que la somme du poids de l'alcool et de l'acide carbonique donne à peu près le poids du sucre primitif. La conclusion est facile à tirer, le sucre se dédouble simplement en alcool et en acide carbonique : il n'y a pas d'autres produits normaux de la transformation. »

C'était un progrès considérable, capital, sur les méthodes des alchimistes. Mais ni ce grand chimiste, ni ceux qui le suivirent, Gay-Lussac, Cagniard-Latour, Schwann, Helmholtz, Liebig ne parvinrent à démontrer la véritable origine des fermentations. La théorie la plus généralement admise lorsque Pasteur commença ses travaux, était celle de Liebig, qui les attribuait à des matières en voie de décomposition qui jouaient dans les milieux où elles étaient introduites le rôle de ferment.

PASTEUR A 30 ANS.
Litho de Schultz (Bibl. Nat. Estampes).

C'est dans une fabrique à alcool de betteraves de Lille, chez M. Bigo, que Pasteur entreprit, en 1856, l'étude des fermentations. Il l'abordait avec toutes ses connaissances acquises par ses travaux sur les tartrates, et elles devaient singulièrement l'aider à résoudre le problème depuis si longtemps et si vainement cherché. Nous ne pouvons pas le suivre dans ces délicates et difficiles expériences, mais il parvint à cette conclusion lumineuse et inattendue que la fermentation n'était pas un phénomène de mort, selon l'opinion de Liebig, mais un phénomène de vie, et il le prouvait d'une façon irréfutable.

Ses expériences qui portaient particulièrement sur la fermentation lactique et la fermentation alcoolique, lui montrèrent que toute fermentation était due à la présence de cellules vivantes qui seules étaient les agents actifs de la transformation. Ces cellules avaient une vie propre, et les phénomènes de la fermentation y étaient étroitement liés, influencés par les diverses phases de son évolution, qu'elles fussent malades, ou en pleine force.

Dans son *Mémoire sur la fermentation lactique*, Pasteur concluait ainsi : « Il m'est avis, au point où je me trouve de mes connaissances sur ce sujet, que quiconque jugera avec impartialité les résultats de ce travail, et ceux que je publierai prochainement, reconnaîtra avec moi que la fermentation s'y montre corrélative de la vie, de l'organisation des globules non de la mort ou putréfaction de ces globules, pas plus qu'elle n'y apparaît comme un phénomène de contact, où la transformation du sucre s'accomplirait en présence des ferments, sans lui rien donner, sans lui rien prendre. Ces derniers faits, on le verra bientôt, sont contredits par l'expérience. » (*Annales de chimie et de physique*, 3e série, t. IV.)

C'était la lumière apportée là où il n'y avait que des ténèbres, une découverte qui allait créer toute une nouvelle science et dont les conséquences étaient alors incalculables.

Les corps savants français et étrangers, d'abord troublés par les aperçus de génie de Pasteur et par les résultats inattendus de ses recherches, attendirent ses communications avec une sorte d'impatience. On le distinguait entre tous les travailleurs jeunes et il était de ceux avec lesquels il fallait désormais compter. Il recevait des récompenses. En 1857 la Société royale de Londres lui attribuait pour ses travaux de cristallographie la grande médaille Rumford, et la même année, ses amis de l'Institut, et au premier rang Biot, qui lui avait voué une affection paternelle, l'engageaient à se présenter à l'Académie des Sciences dans la section de minéralogie. Pasteur accepta l'offre flatteuse de la part des maîtres qui le considéraient maintenant comme au moins leur égal, mais c'était un piètre candidat, trop ami de la vérité et de la justice pour faire jouer les petites vanités humaines qui assurent le succès dans toutes les élections.

Senarmont, le rapporteur, rappelait très élogieusement ses travaux, en insistant sur leur valeur et leur importance. « Il a su s'élever, disait-il, continuellement et avec un égal succès, de la conception théorique, qui imagine, à l'expérience, qui démontre, et de la démonstration même à de nouvelles vues spéculatives; de sorte que l'induction logique et l'observation matérielle se servent tout à tour, et par un enchaînement continu, de corollaires et de vérification. »

Malgré ce rapport Pasteur n'obtint que 16 voix. Il reprit le chemin de Lille, sans être affecté de son échec qu'il prévoyait, mais il y resta peu de temps, car à la rentrée scolaire de 1857, il était nommé admi-

Cl. Hachette.

ANCIEN LABORATOIRE DE PASTEUR A L'ÉCOLE NORMALE.

nistrateur de l'École Normale et directeur des études scientifiques, tandis que Nisard en prenait la direction générale.

Ce sera là désormais le centre de la vie de Pasteur, sa vie toute de travail, de combats pour la vérité, pour l'humanité, et sa vie familiale aussi, très douce, bien qu'elle dut être marquée par d'inévitables deuils, que sa foi et son amour de la science lui aideront à supporter. Ce sera du petit laboratoire de la rue d'Ulm que partira la grande révolution pacifique attachée à guérir tous les maux, en pénétrant les secrets de la nature. Il doit être un lieu sacré. La pensée la plus haute et la plus généreuse s'y exprima pleinement, tandis que les vertus humaines qui sont le courage, la persévérance, la force morale s'y sont magnifiquement exercées.

M. Maurice de Fleury a raconté comment il ne cessait jamais de travailler, même lorsque sa laborieuse journée était finie.

« Pendant quinze ans, a-t-il dit, on le vit chaque soir, après son dîner, arpenter un long corridor où personne n'osait venir troubler sa rêverie. Paralysé depuis 1870 — l'apoplexie a par deux fois visité ce cerveau — de sa main raidie il prenait et faisait sauter dans sa poche le trousseau de ses clefs pour bercer sa pensée d'un rythme; et il marchait tirant un peu le pied, tandis qu'il mûrissait l'idée récente ou préparait l'expérience du lendemain. Par moments, la rêverie prenait une intensité d'extase; et dans ce cerveau d'homme de génie, des lueurs éclairaient le but, lui faisaient deviner tout ce qui sortirait de lui.

« — Que c'est beau! Que c'est beau! murmurait-il à demi-voix.

« Puis repartant d'un pas ferme.

« — Il faut travailler, disait-il.

« C'était jusqu'à onze heures. »

N'est-elle pas émouvante cette scène du grand homme veillant après les expériences du jour, expériences qu'il avait dû faire dans de très mauvaises conditions. Son laboratoire de l'École Normale était, en effet, des plus incommodes et des plus primitifs. Il se composait de deux méchantes pièces qu'il avait aménagées lui-même dans le grenier, et s'il y gelait en hiver, la chaleur montant pendant l'été jusqu'à 36 degrés, les rendait inhabitables. C'est pourtant là qu'il termina ses études sur les fermentations, de 1857 à 1859, et notamment sur la fermentation alcoolique.

Après ses expériences sur cette fermentation il infirma rigoureusement les théories de Berzelius et de Liebig qui étaient enseignées comme des vérités dans les cours de chimie. Il avait réussi à faire prospérer des semences de levure de bière dans un milieu d'où toute matière organique azotée était absente, et à obtenir une fermentation contrairement aux assertions du chimiste allemand qui soutenait que la matière organique azotée était nécessaire à la fermentation. Il devait également découvrir dans ce laboratoire un phénomène qui renversait toutes les notions acceptées sur les conditions de la vie animale. Personne ne mettait en doute que l'oxygène était nécessaire à tous les animaux sans exception. Eh bien, Pasteur allait prouver que, pour certains, il était funeste, et que ceux-ci mouraient à son contact. Il avait eu la surprise de trouver comme ferment de l'acide butyrique des bâtonnets mobiles, très agiles, auxquels il avait donné le nom de vibrions, et classés parmi les animaux, les ferments immobiles étant mis au rang des végétaux. Or

Cl. Hachette.

ÉCOLE NORMALE. BALLONS AYANT SERVI AUX EXPÉRIENCES DE PASTEUR SUR LA GÉNÉRATION SPONTANÉE.

en examinant au microscope une gouttelette de fermentation butyrique, placée entre deux lamelles de verre très minces, Pasteur avait remarqué que les vibrions étaient très agiles au centre, loin de l'air, et que ceux qui étaient sur les bords, devenaient inertes. Que conclure de ce phénomène, en contradiction avec ceux qu'il avait déjà observés dans différentes infusions où les animalcules quittaient le centre de la gouttelette pour se rapprocher des bords qui leur fournissaient plus d'oxygène? Est-ce que des animaux devaient faire exception à la loi que l'on croyait générale, certains ayant une vie anaérobie, c'est-à-dire sans oxygène, tandis qu'il était établi que tous avaient une vie aérobie dans laquelle l'oxygène était nécessaire. Les deux mots nouveaux avaient été créés, avec la collaboration de Chassang, progesseur de grec à l'École Normale, pour désigner ces fonctions différentes. Pasteur résolut la question, en faisant passer dans un flacon contenant une fermentation butyrique un courant d'air, et aussitôt la vie des vibrions commença à décroître d'intensité, pour finalement s'éteindre. La preuve était faite, l'oxygène tuait certains animaux.

Mais comment ces vibrions anaérobies n'avaient-ils pas trouvé d'oxygène dans le liquide où ils avaient été ensemencés? C'est que des vibrions aérobies précédant leur évolution avaient fait disparaître l'oxygène du liquide, leur permettant ainsi de vivre et de se multiplier. Du reste, les deux modes de vie coexistaient dans un même liquide, une partie des aérobies après avoir épuisé l'oxygène mouraient et tombaient au fond du vase, tandis que les plus vigoureux remontant à la surface vivaient grâce à l'oxygène de l'air, et formaient, d'autre part, une couche protectrice aux anaérobies qui pouvaient se développer dans les profondeurs. Pasteur devait, plus tard, étudier en détail ces phénomènes que personne n'avait observés avant lui, et en tirer des lumières nouvelles. M. Duclaux souligna le côté génial de ces recherches.

« J'ai tenu à présenter en bloc toutes ces déductions, a-t-il écrit, parce qu'elles ont été en réalité l'œuvre de quelques semaines de travail et de méditations, et aussi parce que nous avons un exemple de la pénétration de Pasteur pour deviner et poser un problème, de la patience qu'il mettait à recueillir les éléments de la solution. Pendant les belles années de sa vie, cet homme a vécu en avant de son temps, en pionnier perdu dans la solitude, absorbé dans la contemplation des perspectives qu'il découvrait, et que son œil était seul à scruter et à parcourir. Quoi de moins étonnant que son indifférence apparente aux choses de l'existence! Il vivait dans sa pensée sans être un rêveur, car un rêve qui aboutit et qui est fécond n'est plus un rêve. »

Mais ses expériences si délicates et ses hautes spéculations ne faisaient pas oublier à Pasteur qu'il était administrateur de l'École Normale en même temps que directeur des études scientifiques. Et jamais homme ne prit plus au sérieux que lui ses fonctions, même si elles devaient être une gêne ou une contrainte. Il s'appliquait à tout ce qu'il faisait avec une égale attention et une égale conscience, et rien ne lui paraissait indigne d'une surveillance et d'un effort. Aussi mettait-il tous ses soins à parfaitement administrer la grande école qu'il aimait autant que dans son enfance, lorsqu'elle lui apparaissait comme le but lointain de ses espoirs. Il se préoccupait de la santé des élèves, de l'hygiène des locaux, et les plus petits détails étaient l'objet de sa sollicitude, comme d'aérer une classe et de sabler une cour. Son esprit scientifique trouvait même à s'employer dans son rôle administratif, et c'est ainsi qu'il entreprenait des calculs comparatifs sur les grammes de viande fournis à chaque repas, aux élèves de Normale et de Polytechnique!

Cl. Hachette.

PLAQUE APPOSÉE SUR LE LABORATOIRE DE PASTEUR A L'ÉCOLE NORMALE.

Ce souci d'être un bon administrateur ne l'arrêtait point dans ses travaux. Il acceptait sans se plaindre ce surcroît d'occupation, sans que son activité scientifique en fût ralentie. Si les cristaux l'avaient conduit aux fermentations, celles-ci devaient l'amener à des études qui semblaient dépasser le cadre des investigations de la science pour entrer dans le domaine métaphysique des origines de la vie, dont la solution relevait jusque-là plutôt des philosophes que des savants.

Quand, dans le champ du miscrocope, Pasteur avait vu les cellules des levures se comporter comme des êtres vivants, quand il avait vu les vibrions s'agiter, croître et mourir, il s'était aussitôt demandé, d'où viennent ces levures et ces vibrions? Est-ce qu'ils naissent spontanément de la matière en décomposition, ou bien ne dérogeant pas aux lois générales de la vie, sont-ils produits par des germes? C'était en somme la question des générations spontanées, depuis si longtemps débattue, qu'il s'agissait de résoudre. Pasteur croyait que rien ne se crée, mais il fallait le démonter, et il y parvint victorieusement, en plein combat, malgré les assauts et les injures de ceux qui tenaient pour le système contraire.

Ses amis, et Dumas en tête, essayèrent de le détourner de ces recherches qu'ils jugeaient inutiles et vaines, Pasteur, fort de sa conviction, et avec cette volonté qui ne reculait devant aucun obstacle, lorsqu'il était certain de posséder la vérité, passant outre aux avis de ses maîtres, s'engagea dans des expériences hérissées de difficultés.

De la plus haute antiquité, les générations spontanées étaient admises, et l'on sait que les anciens croyaient que les anguilles naissaient de la vase des rivières, tandis qu'il ne leur semblait pas impossible que des abeilles sortissent des intestins décomposés d'un taureau. Sans remonter aussi loin, le grand naturaliste Buffon en était partisan, mais les premières expériences pour en démontrer la réalité avaient été faites par un prêtre catholique irlandais, Needham, au XVIIIe siècle. Renfermant des matières en putréfaction dans un vase qu'il fermait hermétiquement, et chauffant le tout dans des cendres, pour détruire les germes vivants, il faisait refroidir le vase, et il y trouvait, après quelques jours, des animalcules. C'était la preuve de la génération spontanée. Spallanzani reprenait ces expériences et chauffant davantage le vase clos, constatait qu'aucun animalcule n'y apparaissait plus. Needham lui répondait que, par une trop grande chaleur, il avait tué la *force végétative* d'où provenait la création. Aucune de ces expériences n'était concluante, et bien qu'elles eussent été recommencées par Gay-Lussac, Schulze, et Schwann, leurs résultats souvent contradictoires étaient incertains.

Quand Pasteur intervint, les théories de la génération spontanée étaient soutenues par Pouchet, directeur du Muséum d'histoire naturelle de Rouen et correspondant de l'Institut, et l'on peut dire qu'elles étaient acceptées par de nombreux savants. Il est vrai qu'il n'y avait rien de décisif en faveur de l'une ou l'autre thèse. C'est à ce moment que Pasteur se montra, non seulement homme de pensée hardie et profonde, mais manipulateur des plus soigneux et des plus expérimentés. Il dit à ceux qui croyaient à la génération spontanée. « Tout vient d'un germe, et les animalcules qui vous semblent naître spontanément dans les infusions et s'y développer, proviennent tout simplement des germes et des spores qui sont en suspension dans l'air. Vous faites mal vos expériences, je vais les recommencer, et je vous prouverai que les matières que vous considérez comme putrescibles ne le sont point lorsqu'elles sont rigoureusement à l'abri de l'air. »

Pasteur commença ses expériences à la fin de 1859, et il les poursuivit dans des bruits de bataille, car ses adversaires en niaient d'avance les conclusions. La lutte dura plus de quatre années, avec des attaques, des contre-attaques, des violences, mais finalement la victoire resta à Pasteur sans que ses ennemis les plus achernés pussent la lui contester.

En prenant le problème à la base, il prouva la réalité des germes et des spores dans l'atmosphère, grâce à un dispositif de ballons en verre qui allait lui permettre de démontrer expérimentalement ce qu'il avait affirmé contre les partisans des générations spontanées. Pasteur déclarait que les germes n'étaient pas en quantité égale dans tous les lieux et que l'air des hauts sommets n'en contient point ou peu, tandis que Pouchet et Jolly prétendaient que l'air, par sa seule vertu, pouvait déterminer des générations spontanées en tous endroits. Chaque parti faisait des expériences de son côté, et chaque expérience donnait des résultats différents. Les polémiques sortaient des milieux scientifiques pour gagner les journaux, et la question religieuse s'en mêlant, on prenait position pour les uns ou pour les autres, selon ses opinions, les résultats constatés par Pasteur étant conformes aux données de la Bible sur la création, et ceux de Pouchet semblant les infirmer et les taxer d'erreur.

Pour ses premières démonstrations, Pasteur employa des ballons à col recourbé dans lesquels il introduisait une infusion putrescible, de l'eau de foin ou de l'eau de bière, portée à l'ébullition afin de détruire les germes qu'elle pouvait contenir, et ceci fait, il laissait le ballon exposé à l'air libre. Aucun trouble ne se produisait dans l'infusion, mais si penchant le ballon, il mettait le liquide en contact avec les parois du col recourbé, dans un temps plus ou moins long, l'infusion se peuplait, fournissant ainsi la double preuve que l'air pur n'avait aucune action sur les liquides putrescibles, et que c'étaient les germes et les spores plus lourds que l'air, déposés dans le col recourbé, qui donnaient naissance aux infusoires que l'on attribuait à la génération spontanée.

D'autre part, Pouchet affirmait que l'air, nous l'avons dit, partout le même, pouvait, quel que fut le lieu où il était recueilli, déterminer la création de vibrions par son action sur les liquides putrescibles, tandis que Pasteur soutenait que les germes et les spores étaient inégalement répartis dans l'atmosphère, et que si l'on prenait de l'air sur les montagnes, il était possible qu'il ne troublât pas les liquides mis en contact, tout germe et tout spore en étant absent. Les expériences que fit Pasteur, aussi simples que concluantes, pour démontrer la vérité de sa conception sont restées historiques. C'est à l'aide de ballons à col droit et effilé qu'il les réalisa et voici comment il les réussit, grâce à ses qualités pratiques d'expérimentateur extrêmement soigneux qui ne laissait rien au hasard.

Après avoir à demi rempli ces ballons d'un liquide altérable, comme l'eau de levure de bière, Pasteur le faisait bouillir, et pendant que la vapeur de l'ébullition entraînait l'air, il fermait rapidement la pointe du col effilé avec un chalumeau. Les ballons ainsi préparés — les liquides restant dans le vide à peu près absolu — étaient transportés dans des endroits différents, puis ouverts avec des précautions inouïes : on cassait le tube effilé avec une pince préalablement flambée, l'air rentrait dans les ballons, qui, aussitôt refermés, étaient plongés dans des étuves, soumis à une chaleur de 30 degrés. Le liquide se comportait selon les endroits où avait été faite la prise d'air, les fermentations étant très rapides, s'il provenait de milieux chargés de poussières, plus lentes lorsqu'il venait des caves de l'Observatoire, par exemple, et certains même n'étaient pas troublés.

Malgré leurs résultats, les expériences de Pasteur étaient contestées. Il résolut d'entreprendre une campagne scientifique à laquelle ne pourraient pas résister ses adversaires. Armé de soixante-treize ballons, il partit en septembre 1860 pour les montagnes des Alpes. Il s'arrêta à Arbois, où il fit des prises d'air, puis du mont Poujet, il alla à Chamonix et il y ouvrit ses ballons sur la mer de glace. Là, dans l'air pur, loin des agglomérations humaines, il ne devait plus y avoir de germes ni de spores, ou que très rarement. L'événement lui donna raison. Sur vingt ballons ouverts en haute montagne, dix-neuf restèrent stériles, tandis que pour ceux qui avaient reçu de l'air dans la plaine, la proportion des stériles, sur le même nombre, descendait à quinze et à douze; la preuve était faite.

Mais Pouchet, son adversaire le plus acharné, répétant les mêmes expériences, avec moins de soin, n'en tirait pas des résultats concordants, et niait la valeur démonstrative de celles de Pasteur. Lui aussi avait été chercher partout de l'air, et jusqu'en Sicile, et là comme ailleurs il le trouvait fécond, agissant sur les liquides putrescibles. La lutte prenait des proportions épiques. Les séances de l'Académie des Sciences en entendaient des échos, chaque théorie ayant ses partisans, et chaque expérimentateur ses ennemis. Cependant Pasteur avait fini par convaincre la docte assemblée qui lui avait décerné en 1862 un prix pour son *Mémoire sur les corpuscules organisés qui existent dans l'atmosphère.* Seuls, ou presque, Pouchet, Joly et Musset ne désarmaient pas, et continuaient vivement la guerre. Pasteur afin de les réduire à merci, demanda à l'Académie des Sciences de nommer une Commission, pour juger les adversaires qui devaient chacun, en présence des commissaires élus, répéter les expériences. Pouchet, Joly et Musset acceptèrent, mais au jour de l'épreuve, ils déclarèrent faire défaut, tandis que Pasteur, accompagné de Duclaux, avait apporté ses ballons et ses liquides. L'expérience réussit, et Balard en écrivit, au nom de la Commission, les résultats concluants, dans les *Comptes rendus de l'Académie des Sciences*. Après une dure campagne de plusieurs années, Pasteur était enfin triomphant.

Malgré sa victoire, le savant eut encore à soutenir les assauts de Frémy et, plus tard, de Bastian qui attaqua surtout les interprétations données par Pasteur dans son travail sur la génération spontanée. Deux de ses élèves, Joubert et Chamberland, démontrèrent que si les interprétations étaient parfois erronées, les conclusions étaient exactes.

Cette question des générations spontanées n'agitait pas seulement les savants. Elle avait mis en évidence le monde mystérieux des infiniment petits, et l'on s'empressait autour des microscopes pour voir ces êtres redoutables dont on ne connaissait pas encore toute la puissance. Pasteur avait obtenu qu'on lui concédât à l'École Normale un pavillon de cinq pièces qui lui servait de laboratoire. Ayant quitté son grenier, il y recevait des visiteurs illustres, hommes politiques, mondaines, personnages importants de la cour, qui venaient lui demander de les initier aux secrets qu'il avait découverts et dont il semblait être le gardien.

Pendant ses travaux sur les générations spontanées, Pasteur avait reçu de l'Académie des Sciences, en 1860, sur le rapport de Claude Bernard, le prix de physiologie expérimentale, et il y avait une seconde fois posé sa candidature en 1861, dans la section de botanique, soutenu par son vieil ami fidèle Biot, mais sans obtenir plus de 24 voix. Il ne devait être élu que le 8 décembre 1862, avec 36 suffrages sur 60 votants, dans la section de minéralogie, en remplacement de Senarmont.

Pasteur était maintenant célèbre, acclamé par les uns, combattu par les autres qui ne pouvaient comprendre la profonde nouveauté de son génie. Napoléon III voulut le connaître, et ce fut Dumas, le premier maître qui l'avait tant ému par ses leçons de chimie à la Sorbonne, qui le présenta à l'empereur, en mars 1863, aux Tuileries.

Pasteur séduisit Napoléon III, par sa gravité et sa bonhomie. Il lui exposa ses idées sur les problèmes scientifiques qu'il avait soulevés, et il lui révéla ses plus secrets désirs qui étaient d'étudier les maladies contagieuses pour en guérir l'humanité.

Cl. Hachette.

MONUMENT ÉLEVÉ A PASTEUR DANS LES JARDINS DE L'ÉCOLE NORMALE.
Buste de Paul Dubois.

CHAPITRE IV

POUR LA RICHESSE NATIONALE

Les luttes que Pasteur soutenait contre la génération spontanée n'absorbaient pas toute son activité. Il poursuivait ses études sur les fermentations, essayant de pénétrer la vie des infiniment petits, des levures, des vibrions, des infusoires, de ce monde inquiétant dont on ne soupçonnait pas l'action universelle et capitale. Il prévoyait, peut-être encore confusément, leur présence dans les maladies humaines, et c'était l'objet de ses recherches et de ses profondes méditations.

Pasteur arrivait à son laboratoire, la marche lente, silencieux, et le front barré comme de soucis. Il donnait des ordres à ses préparateurs, leur indiquait des expériences à réaliser sans leur révéler sa pensée.

Lorsqu'il se battait contre le mystère de l'infini, qu'il entrevoyait des lueurs dans la nuit des choses, qu'il était sur la trace d'une vérité difficile à atteindre, il demeurait comme isolé du monde extérieur. Aussi longtemps qu'il était dans cette sorte de crise, il ne parlait pas, toute sa puissance intellectuelle concentrée sur l'objet de ses recherches. Parfois Mme Pasteur descendait au laboratoire, en son absence, et interrogeait ses élèves.

« Qu'est-ce qu'il y a encore, disait-elle, voici plus d'un mois qu'il n'a pas dit un mot!... »

Mais quand l'énigme était déchiffrée, quand Pasteur reprenait pied parmi les siens et ses élèves, sa bouche fermée par les méditations prenait un charmant sourire d'enfant, ses yeux absorbés sur le phénomène mis à l'étude, s'éclairaient de joyeuse bonté.

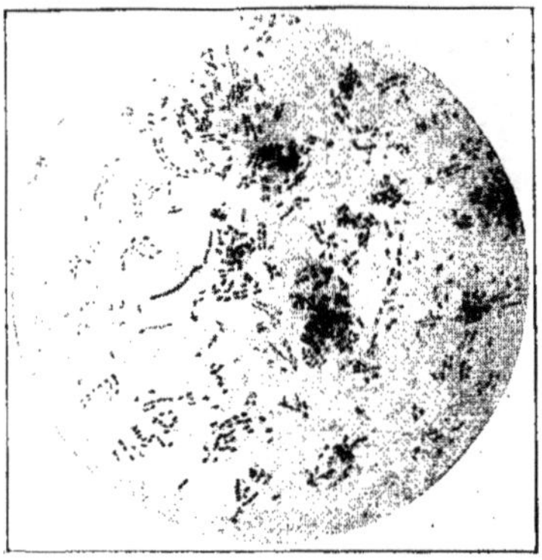

MYCODERMA ACETI (VINAIGRE).

Après Raulin, il avait Duclaux, jeune encore et qui devait être un illustre savant. Celui-ci admirait les travaux de son maître, et avec son esprit si net et si lucide, suivait sa trace lumineuse, tout en joignant à ses fonctions de préparateur, souvent celles plus humbles de garçon de laboratoire, essuyant les appareils, les cornues et les verres, dévoué servant dans le temple de la science. Triste temple du reste, car ce laboratoire était des plus incommodes, avec ses cinq pièces étroites et son étuve installée dans l'escalier où Pasteur ne pouvait entrer qu'à genoux. Duclaux la comparait à une cage à lapins et « c'était pourtant de là, disait-il, qu'était parti le mouvement qui avait révolutionné la science. »

Déjà à cette époque toute une partie de la jeune génération de savants subissait l'influence de Pasteur, chaque jour grandissante.

« Les chimistes normaliens de 1860, a écrit Mme Duclaux, croyaient en Pasteur comme les romantiques de 1830 croyaient en Victor Hugo. Autour d'eux ils voyaient des terrains vierges et des sources imprévues. A force de génie, de foi et de religion en son œuvre, le maître animait ces jeunes gens de son enthousiasme, ils se sentaient nés pour renouveler les idées qui avaient été des dogmes pour leurs devanciers; et dans ce sentiment il y a pour de jeunes têtes une telle ivresse! »

« Parmi les préparateurs et les étudiants qui se réunissaient autour de M. Pasteur dans le petit laboratoire de la rue d'Ulm, c'était un échange continuel de conceptions et de projets — bien différents de ceux qui naissent et meurent chaque jour à propos de littérature ou de philosophie, car ces discussions portaient sur la seule vérité vérifiable, la science. »

Mais si Pasteur gardait secret le but qu'il se proposait pendant les expé-

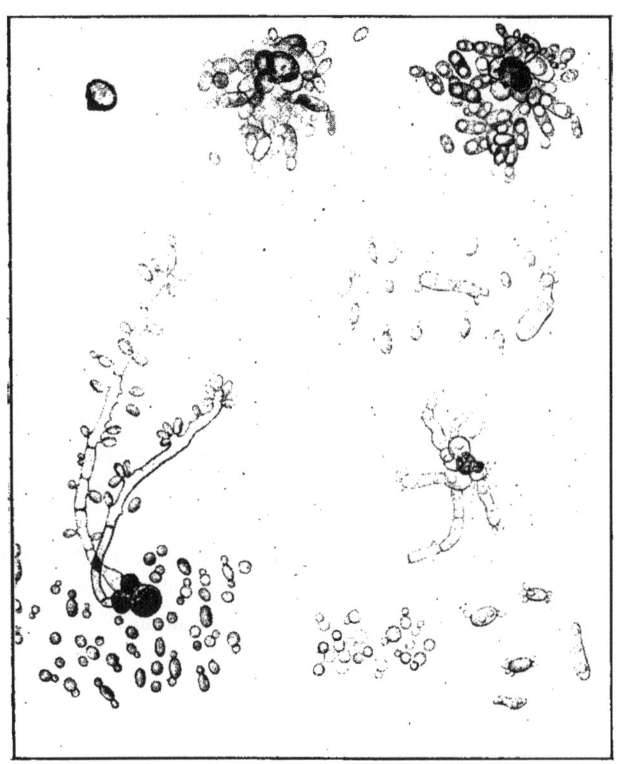

EXEMPLE DE GERMINATIONS DE CELLULES DE LA POUSSIÈRE EXTÉRIEURE DES GRAPPES DE RAISIN.
Extrait de Pasteur, *Études sur le vin* (Masson éditeur).

riences, souvent longues, difficiles, et maintes fois recommencées, c'était avec hardiesse et vigueur qu'il présentait les résultats obtenus. Il s'indignait de la mauvaise foi, de la routine, des préjugés, et l'on connaît l'apostrophe célèbre qu'il adressa à ses adversaires qui contestaient ses découvertes sur les cristaux des tartrates, dans une conférence faite à la Société Philomatique, le 8 décembre 1862 : « Si vous saviez la question, que faites-vous de votre conscience? et si vous ne la saviez pas, de quoi vous mêlez-vous? »

C'était un rude jouteur, mais il ne bataillait que pour le triomphe de la vérité, en faisant abstraction de sa personne.

Au cours de ses études sur les fermentations, Pasteur fut amené à étudier le phénomène par lequel le vin se transformait en vinaigre. Le célèbre chimiste allemand Liebig avait établi une théorie purement chimique de l'oxydation de l'alcool qui ne concordait pas avec toutes ses constatations, et il allait lui opposer la sienne, victorieusement.

En Allemagne on produisait le vinaigre en versant en pluie, sur une masse de copeaux de hêtres mis dans une colonne formée par plusieurs tonneaux défoncés et superposés jusqu'à quelques mètres, un liquide légèrement alcoolisé, un peu d'acide acétique, de la bière et du vinaigre destinés selon Liebig à amorcer le phénomène de la fermentation. Aucun autre agent n'était nécessaire à l'acétification du liquide.

Les fabricants de vinaigre d'Orléans opéraient de la façon suivante. Dans des tonneaux couchés et gerbés, ils mélangeaient deux tiers de vinaigre fait et un tiers de vin. Sur la surface de ce mélange se formait une mince pellicule dont on ignorait la composition, mais qui était nécessaire pour une prompte et bonne acétification. Les fabricants en prenaient grand soin, car si elle se disloquait, ou si elle tombait au fond des tonneaux, tout était à recommencer.

Qu'était-ce que cette pellicule qui, pour opérer, avait besoin d'un vif courant d'air que l'on créait en pratiquant une ouverture dans les tonneaux un peu au-dessus de la hauteur du liquide?

Pasteur travailla près d'une année sur cet objet, et il reconnut que l'acétification provenait d'une plante qui, vivant à la surface du liquide, prenait l'oxygène de l'air et en transportait une partie dans la masse qui en était oxydée. Il lui donna le nom de *mycoderma aceti* ou mycoderme du vin.

Dans ses *Etudes sur le vinaigre*, Pasteur en a donné cette définition et cette description :

« Le *mycoderma aceti* est une des plantes les plus simples que l'on puisse imaginer. Elle consiste essentiellement en chapelets d'articles, en général légèrement étranglés vers leur milieu, dont le diamètre un peu variable suivant les conditions dans lesquelles la plante s'est formée, est moyennement de 1 à 1,5 millième de millimètre. La longueur de l'article est un peu plus du double, et comme il est un peu étranglé en son milieu, on dirait quelquefois une réunion de deux petits globules, surtout lorsque l'étranglement est court; et quand il y a une couche, une pellicule un peu serrée de ces articles, on croirait avoir sous les yeux un amas de petits grains ou de petits globules. Il n'en est rien. Si l'on méconnaissait cette structure des articles du *mycoderma aceti*, on pourrait souvent confondre ce mycoderme avec des ferments en chapelets de grains de même diamètre qui en diffèrent cependant essentiellement par leurs fonctions chimiques. »

Ce ferment est doué d'un pouvoir de prolification extraordinaire.

Cl. Hachette.

PLAQUES APPOSÉES SUR LE LABORATOIRE DE PASTEUR A L'ÉCOLE NORMALE.

Chaque article s'étrangle jusqu'à donner deux nouveaux globules qui, en grandissant agissent de même, et cela avec une rapidité inouïe. Les cellules, deux fois plus longues que larges, sont si ténues qu'il en faut 400 bout à bout, et 800 côte à côte pour obtenir un millimètre de longueur, que 30 millions tiennent place dans un centimètre carré, et que 300 milliards se forment en vingt-quatre heures sur un mètre carré de liquide! Quel est le poids de ces 300 milliards de cellules? un gramme, et ce gramme peut transformer en vinaigre, dans l'espace de cinq jours, 10 kilogrammes d'alcool. Il s'ensuit qu'une cellule mange en un jour une quantité de nourriture 2 000 fois supérieure à son propre poids. On peut se rendre compte par ces chiffres fabuleux de l'activité des infiniment petits et combien est formidable leur puissance dans l'économie de la vie universelle.

Pasteur détermina que le micoderme du vin pouvait être malade, et que selon les cas, il produisait de bons ou de mauvais vinaigres. Par des cultures appropriées il obtint des cellules parfaites, qui, ensemencées, donnaient une excellente acétification régulière. Jusque-là, l'industrie des vinaigriers d'Orléans était soumise à tous les aléas dus à l'ignorance et au hasard. Pasteur leur fournit une méthode qui ne trompait jamais.

MALADIES DE L'AMERTUME. BORDEAUX VIEUX. MALADIES DES VINS TOURNÉS ET AMERS.
Extrait de Pasteur, *Études sur le vin* (Masson, éditeur).

Il les sauva de l'inquiétude journalière d'avoir de mauvais produits et il leur gagna des millions.

En même temps qu'il s'occupait des vinaigres, Pasteur recherchait, l'origine des diverses maladies qui affectent les vins.

A cette époque, il y avait en France plus de 2 millions d'hectares plantés en vignes, produisant en moyenne 50 millions d'hectolitres par an, dont la valeur dépassait 500 millions de francs. C'était une culture et un commerce des plus profitables pour le pays, culture et commerce menacés par les nombreuses maladies des vins qui les rendaient impropres à la consommation. D'où pertes considérables et atteinte à l'une des plus importantes richesses de notre sol. Napoléon III avait invité Pasteur au mois de juillet 1863 à étudier ces maladies et à les guérir; celui-ci s'était aussitôt mis au travail.

Le conseil municipal d'Arbois, fier de cet illustre compatriote, lui offrait un laboratoire pour ces études qui intéressaient tous les viticulteurs de France. Pasteur préférait s'installer dans un local indépendant, et Duclaux, qui à plusieurs reprises dirigea les expériences faites à Arbois, en a donné une description fort pittoresque. Le laboratoire avait été établi dans une salle de café. « On avait laissé sur la devanture l'enseigne traditionnelle, de sorte qu'il nous arrivait quelquefois de voir entrer des clients demandant à boire et à manger. Généralement ils s'arrêtaient à la porte, surpris par l'étrangeté du mobilier, et s'esquivaient sans mot dire, emportant sûrement dans leur tête des visions de

MALADIES DE L'AMERTUME DES GRANDS VINS DE LA CÔTE D'OR (VIN DE VOLNAY 1859).

MALADIES DE L'AMERTUME DES GRANDS VINS DE LA CÔTE D'OR (POMARD 1848).

Extrait de Pasteur, *Études sur le vin* (Masson éditeur).

l'almanach de Nostradamus. Il faut dire à leur décharge que, si la salle ne ressemblait plus à une salle de café, elle ne ressemblait pas davantage à un laboratoire. Point de gaz; on chauffait avec des charbons dont on activait, au moment voulu, le feu avec des éventails. Point d'eau : c'était nous qui allions, comme Rébecca, la chercher à la fontaine publique, ou comme Nausicaa, laver nos ustensiles à la rivière. Nos tables étaient des tréteaux, et quant aux appareils, comme ils sortaient presque tous de chez le menuisier, le ferblantier, ou le forgeron d'Arbois, on peut deviner qu'ils n'avaient pas les formes canoniques et que, lorsque nous les promenions dans les rues, pour aller puiser dans les caves le vin destiné aux analyses, nous ne passions pas sans soulever quelques brocards dans la population un peu narquoise de la petite ville. »

Quoi qu'il en soit de cette installation de fortune, les expériences de Pasteur, continuées avec méthode et persévérance furent décisives. D'où provenaient les maladies du vin? Contrairement à l'opinion répandue,

Pasteur démontra que l'oxygène n'était pas nuisible au vin, mais qu'au contraire c'était l'oxygène qui le vieillissait, qui lui donnait sa saveur et son bouquet. Le vin hermétiquement conservé, sans contact avec l'oxygène, restait toujours jeune. Ce préjugé écarté expérimentalement, Pasteur montra que chaque maladie du vin avait son microbe spécial, et qu'au microscope on distinguait ceux de la *tourne*, de l'*amer*, de la *graisse*, maladies très connues du vin, mais qui n'étaient pas les seules.

Comment combattre ces microbes, l'effroi des viticulteurs et des gourmets, car aucun tonneau ni aucune bouteille n'en était sûrement à l'abri? Pasteur essaya d'abord des antiseptiques, insipides et inodorants, mais sans obtenir de bons résultats. Ce fut par le chauffage qu'il résolut la question et elle valait la peine d'être résolue, le vignoble français produisant en effet, comme nous l'avons dit, 50 millions d'hectolitres d'une valeur moyenne de 500 millions, et subissant d'énormes préjudices par le fait des maladies.

Pasteur chauffait les vins en vase clos à 55 degrés, et les rendait ainsi propres à se conserver sans être malades, par la destruction des germes. Mais le chauffage heurtait bien des préjugés. On croyait qu'il altérait les qualités du vin et les viticulteurs répugnaient à ce moyen de préservation. Une Commission fut nommée pour expérimenter la méthode pastorienne sur les vins de la marine. On embarqua à Brest sur le *Jean-Bart*, du vin chauffé et du vin non chauffé, et après dix mois de navigation, le premier fut reconnu par la Commission, excellent en tous points, tandis que le second avait passé à l'aigre. L'expérience fut renouvelée sur la frégate *Sibylle* et donna les mêmes résultats. Le vin chauffé gardait toutes ses qualités propres et évitait les maladies.

Cependant Pasteur avec son esprit ordinaire de franchise et son désir de convaincre tous les contradicteurs ne se contentait pas de ces constatations de l'utilité de la méthode pour la conservation des vins. Il adressait, le 28 octobre 1865, cette lettre à M. Lanquetin, président de la Commission représentative du commerce des vins en gros de Paris :

« Monsieur le Président,

« Depuis plus de deux ans je m'occupe de l'étude des maladies des vins, de leurs causes et des moyens de les prévenir. Mes recherches m'ont conduit à un procédé fort simple de conservation que je serais heureux de faire juger par les personnes les plus compétentes en cette matière.

L'avis le plus autorisé que je puisse solliciter est sans contredit celui de la Commission préposée aux intérêts du commerce des vins de Paris.

« Ce procédé, que je désirerais faire apprécier d'abord et exclusivement pour les vins en bouteilles, consiste à élever la température du vin à l'abri de l'air jusqu'à un degré qui peut varier avec les diverses natures de vins, mais qui est compris entre les limites de 50 à 65 degrés environ.

« Si vous approuvez ma demande, monsieur le Président, je vous serai obligé de provoquer immédiatement les travaux de la Commission. »

C'est à des spécialistes que Pasteur voulait confier le jugement définitif sur sa méthode. Une sous-commission fut nommée comprenant un membre du conseil municipal, M. Teissonnière, et quatre négociants en vins, MM. Brazier jeune, L. Célérier, Cherrier et Delabre. Les commissaires se réunirent les 16 et 23 novembre 1865, à l'École Normale, afin de constater par la dégustation l'état des vins soumis, en bouteilles, au chauffage. Les dégustateurs publièrent un rapport qui concluait à l'efficacité du procédé de Pasteur, après avoir goûté aux meilleurs crus de Bourgogne, constatant que les vins chauffés étaient généralement mieux conservés que les vins non chauffés. « Nous ne saurions trop faire l'éloge du procédé de M. Pasteur, disaient les membres de la Commission en terminant. Il nous paraît pratique en ce qui concerne son application aux vins en bouteilles, car il est peu coûteux, et il le serait d'autant moins qu'on l'appliquerait à de plus grandes quantités. »

En 1866, Pasteur publia le résultat de ses travaux sous le titre de : *Etude sur le vin, ses maladies, causes qui les provoquent, procédés nouveaux pour le conserver et le vieillir*, par M. L. Pasteur, de l'Institut.

De ce livre scientifique où chaque expérience est notée avec le plus rigoureux scrupule il est intéressant d'extraire les conseils que Pasteur donnait pour le chauffage des vins en bouteilles.

« Le chauffage des vins en bouteilles, écrivait-il, se fait avec une grande facilité et à peu de frais. On peut le pratiquer sur le vin que l'on vient de mettre en bouteilles, ou sur le vin qui est en bouteilles depuis longtemps, qu'il soit sains ou malade. Seulement lorsqu'on opère sur le vin qui est depuis longtemps en bouteilles il est bon de séparer les dépôts en transvasant le vin dans de nouvelles bouteilles, après avoir relevé les anciennes et les avoir laissées debout quarante-huit heures pour donner aux dépôts flottants le temps de se rassembler.

« Je suppose donc que du vin vienne d'être mis en bouteilles. On a bouché à l'aiguille, à la mécanique ou non. On ficelle chaque bouteille, puis on les porte dans un bain-marie.... Afin de manier plus facilement les bouteilles, elles étaient placées dans un panier à bouteilles. L'eau doit s'élever jusqu'à la cordeline. Il ne m'est pas arrivé de noyer complètement les bouteilles. Je ne crois pas qu'il y aurait inconvénient à le faire, pourvu qu'il n'y eût pas de temps d'arrêt ni de refroidissement partiel pendant le chauffage qui exposerait à faire entrer un peu d'eau dans les bouteilles.

« Parmi les bouteilles on en place une pleine d'eau, à la partie inférieure de laquelle plonge la boule d'un thermomètre. Quand celui-ci marque le degré voulu, par exemple 60 degrés, on retire le panier. Il ne faut pas en remettre un autre tout de suite : l'eau trop chaude pourrait faire briser les bouteilles froides. On retire une portion de l'eau chaude et l'on abaisse un peu le degré de celle qui reste en ajoutant de l'eau froide. Mieux encore, on a commencé par chauffer les bouteilles du deuxième panier, afin de pouvoir les placer sans retard dans l'eau chaude qui vient de servir. »

Napoléon III s'intéressait aux études de Pasteur sur les vins, car il s'agissait là de sauvegarder une des principales richesses de la France, et pendant un des séjours de la cour à Compiègne, il s'initia même, ainsi que l'impératrice Eugénie, au détail des expériences. C'est le 3 décembre 1865 que Pasteur, armé de son microscope et de ses échantillons de vins, fit un cours sur la matière à l'empereur et à l'impératrice, et qu'il leur apprit à discerner, l'œil sur la lentille, les microbes du *tourné* ou de l'*amer*. Napoléon III s'étonnait que Pasteur ne songeât pas à gagner de l'argent avec ses découvertes qui valaient des dizaines de millions pour l'industrie, et celui-ci lui fit cette belle réponse : « En France, les savants croiraient démériter en agissant ainsi. » Selon sa conscience, il devaient se contenter de la gloire et de la satisfaction du devoir accompli.

Napoléon III aimait dans Pasteur l'homme et le savant, et maintes fois il l'invita, soit aux Tuileries, soit à Compiègne. On organisait des expériences chez l'impératrice, et Pasteur expliquait devant les dames d'honneur les mystères du monde des infiniment petits. Il lui arriva même une aventure singulière et qui l'aurait éloigné de la cour si l'affection qu'avait pour lui l'impératrice n'avait pas été aussi certaine. Pasteur avait eu besoin pour une démonstration, de grenouilles vivantes, qu'il avait demandées au jardinier-chef des parcs de Compiègne. L'expérience faite, le savant distrait les oublia dans un sac mal fermé. Elles envahirent l'appartement de l'impératrice, et celle-ci, se levant la nuit, mit le pied sur une grenouille froide et gluante.... Elle eut une frayeur terrible, faillit s'évanouir.... Elle rit plus tard de sa peur, et si elle n'en garda pas rancune à Pasteur, elle ne voulut plus supoprter même la vue des infortunées grenouilles!...

Pasteur reçut du jury de l'Exposition universelle de 1867 un grand prix pour ses travaux sur les vins. Napoléon III donna un dîner officiel aux exposants récompensés où Pasteur fut l'objet des plus vives attentions. L'impératrice lui dit : « C'est surtout vous, M. Pasteur, que l'Empereur a été fier de présenter aux suffrages universels.... »

Mais ses travaux sur les vins n'étaient pas encore absolument terminés, qu'il allait étendre sa gloire par de nouvelles études.

ATELIER DE GRAINAGE.

CHAPITRE V

LES MALADIES DES VERS A SOIE

DEPUIS quinze ans, un véritable fléau ravageait les départements du Midi de la France. L'industrie des éleveurs de vers à soie, jadis si prospère qu'on appelait le mûrier, *l'arbre d'or*, était en pleine décadence, perdant chaque année plus de 50 millions. La population était dans la misère, et les propriétaires très éprouvés, ne sachant comment combattre l'objet de leur ruine, s'étaient adressés au gouvernement. Des maladies étranges se propageaient parmi les vers à soie, qui mouraient innombrables, sans qu'aucun remède pût les guérir. Une pétition, signée par 3 574 propriétaires, adressée au Sénat, réclamait l'attention du gouvernement sur la détresse des départements séricicoles. Elle demandait que des mesures fussent prises « pour diminuer les charges de la propriété par le dégrèvement des impôts, pour mettre à la disposition des éleveurs des graines des meilleures provenances et pour assurer l'étude de toutes les questions qui se rattachaient à cette épizootie persistante, tant au point de vue de la pathologie qu'à celui de l'hygiène. » Dumas, chargé de rapporter le vœu des populations atteintes, auprès du Sénat, confiant dans le génie de Pasteur, lui avait demandé de consentir à aller étudier sur place la maladie des vers à soie, si néfaste à l'industrie nationale, que dans le seul arrondissement d'Alais, elle avait faite perdre en quinze ans près de 150 millions.

Pasteur répondit aux sollicitations de Dumas : « Votre proposition me jette dans une grande perplexité; elle est assurément très flatteuse pour moi, son but fort élevé, mais combien elle m'inquiète et m'embarrasse! Considérez, je vous prie, que je n'ai jamais touché à un ver à soie. Si j'avais une partie de vos connaissances sur le sujet, je n'hésiterais pas : il est peut-être dans le cadre de mes études présentes. Toutefois, le souvenir de vos bontés me laisserait des regrets amers si je refusais votre pressante invitation. Disposez de moi. » Dumas lui écrivit aussitôt, le 17 mai 1865 : « Je mets un prix extrême à voir votre attention fixée sur la question qui intéresse mon pauvre pays; la misère dépasse tout ce que vous pouvez imaginer. »

L'ILLUSTRE CHIMISTE DUMAS,
MAITRE ET PROTECTEUR DE PASTEUR.
Gravure de Henriquel Dupont (Bibl. Nat. Est.).

Pasteur ignorait les premiers éléments du problème, mais devant la permanence du danger qui conduisait à la plus noire détresse une partie de la France, il accepta de quitter son cher laboratoire de la rue d'Ulm et de recevoir une mission du ministère de l'Agriculture. C'est dans le deuil et la tristesse, qu'il devait conduire cette nouvelle étude — longue et difficile, de 1865 à 1870 — car en peu d'années il perdait son père et deux de ses filles. Son père! on sait qu'elle affection profonde le tenait au vieux soldat de l'Empire qui lui avait donné le goût du travail et cette forte conscience qui le guidait si droit dans la vie. Ses filles! la douceur et l'espoir de son foyer. Il eut de ces drames intimes quelques rides de plus à son visage austère, mais c'est avec un même cœur vaillant, un esprit aussi libre, une volonté aussi tenace qu'il poursuivit sa grande tâche humaine.

Pasteur partit de Paris dans les premiers jours de juin 1865, et il s'installa à Pont-Gisquet, dans une petite magnanerie, près d'Alais, en plein centre du désastre.

Les maladies de vers à soie avaient déjà été étudiées par Guérin-Menneville, Lebert et Frey, Osimo, Cantoni, et de Quatrefages qui avait donné le nom de la maladie la plus redoutable, la pébrine, de ce que le corps des vers qui en étaient atteints se couvrait de tâches semblables à de la poussière de poivre. On savait à peu près qu'elle était due à des corpuscules, mais quand il s'agissait de déterminer leur nature, le mode

Cl. Levy.

ALAIS, PANORAMA VU DU ROCHER DE ROCHEBELLE.

de leur invasion, il n'y avait que ténèbres et contradictions. Pour les remèdes, c'était du pur empirisme, on se servait du soufre, du sucre, de la farine de moutarde, de cendres, etc., et le tout du reste fort vainement.

Pasteur avait à se guider dans un dédale inextricable, sans connaissances spéciales, armé seulement de son esprit intuitif et de ses qualités premières d'expérimentateur. Dans l'*Histoire d'un Esprit*, Duclaux qui fut son collaborateur à Pont-Gisquet, avec Gernez et Maillot, raconte les diverses phases de six années de travail, avec leurs erreurs, leurs espoirs, leurs défaillances, parmi l'indifférence ou l'hostilité de ceux dont elle gênait les intérêts, et le triomphe final, certain, indiscutable, universellement acclamé.

« Pour bien comprendre les émouvantes péripéties de cette lutte contre un fléau aussi redoutable que l'était à ce moment, la maladie des vers à soie, il faut quelques notions et quelques détails préliminaires. Tout le monde connaît, au moins en gros, les phénomènes principaux de la vie du ver à soie : sa naissance d'un œuf auquel sa ressemblance avec certaines semences de végétaux a fait donner le nom de *graine*, ses quatre *mues* ou changements de peau pendant lesquels le ver cesse de manger, reste immobile, semble *dormir* sur sa litière, et se revêt, sous son ancienne peau, d'une peau nouvelle, souple et élastique, qui lui permet un nouveau développement. La quatrième de ces *mues* est suivie à deux ou trois jours de distance d'une période de voracité extrême pendant laquelle le ver augmente rapidement de volume et acquiert sa taille maximum : c'est la *grande frèze*. Puis cette période terminée, le ver ne mange plus, a l'air inquiet, et si on lui offre à ce moment des brindilles de bruyère le long desquelles il puisse monter, il se hâte d'y choisir une place commode pour y filer son cocon, espèce de prison soyeuse qui lui permet de subir en juin sa transformation en chrysalide d'abord, en papillon ensuite. »

Pasteur commença d'abord par se tromper en croyant que les corpuscules étaient le résultat de la pébrine et qu'ils n'apparaissaient qu'à un certain moment de la maladie. Il crut même longtemps que la maladie des corpuscules était constitutionnelle. Mais bien qu'il fut dans l'erreur, il établit que les papillons corpusculeux donnaient des graines corpusculeuses et que tout l'effort devait tendre à obtenir des graines saines. C'était le chemin ouvert à la vérité. Après des expériences d'une délicatesse inouie et qui sollicitaient une attention de tous les instants, Pasteur se convainquit que les corpuscules n'étaient pas en effet de la maladie, mais qu'ils en étaient la cause, en envahissant comme des parasites, l'organisme des vers à soie. Il établit que la pébrine était héréditaire et contagieuse, et que les variations que l'on constatait dans la maladie ne provenaient que de l'état de réceptivité des individus, plus ou moins sensibles à l'action du parasite. C'était l'embryon de la théorie des maladies microbiennes qui devait, quelques années plus tard, révolutionner la médecine.

Pasteur se fit éleveur de vers à soie, et après bien des alternatives de succès et d'échecs, il obtint des graines parfaitement saines. Sa méthode était simple. Il examinait au microscope le corps réduit en bouillie des papillons après la ponte, et toute ponte provenant de papillons corpusculeux était détruite. Cette opération si facile pourtant, rencontrait des résistances désespérées chez les marchands de graines dont elle gênait le commerce. Il fallut toute l'énergie de Pasteur pour la vaincre, toute son activité, car il se rendait à tous les appels des propriétaires qui sollicitaient ses graines ou ses conseils sur les bons procédés à employer. Une campagne d'injures et de calomnies s'était organisée contre le grand homme, et l'on racontait même qu'il avait dû fuir à Alais devant le peuple ameuté qui lui lançait des pierres. Pasteur était sensible à ces attaques de mauvaise foi, mais il n'en continuait pas moins son œuvre. Levé tôt le matin, il restait des heures entières debout, en observation devant les vers à soie, consignant chaque jour le résultat de ses expériences, jamais découragé, ou plutôt surmontant par sa volonté les moments où le but à atteindre lui paraissait si lointain, pour recommencer ses travaux, rectifier ses opinions d'après les faits nouveaux observés, ne s'arrêter que lorsqu'il avait saisi entre ses mains puissantes et tenaces l'indiscutable vérité!

Cl. Hachette.

EXAMEN MICROSCOPIQUE.

Quelle bataille héroïque! Et il ne faut pas oublier que Pasteur connaissait à peine les vers à soie quand il accepta de les guérir. Le célèbre entomologiste Henri Fabre raconte dans ses *Souvenirs* la visite qu'il lui fit en arrivant dans le Midi. Pasteur demande à voir des cocons, Fabre en apporte une poignée. Le savant illustre les reçoit dans la main, les tourne et les retourne, les secoue à son oreille, et s'écrie :

« Mais il y a quelque chose dedans.

— La chrysalide, répond Fabre.

— Comment, la chrysalide!...

— Oui, l'espèce de momie en laquelle se change la chenille avant de devenir papillon.

— Et dans tout cocon, il y a de ces choses-là?

— Évidemment, c'est pour la sauvegarder de la chrysalide que la chenille à filé.

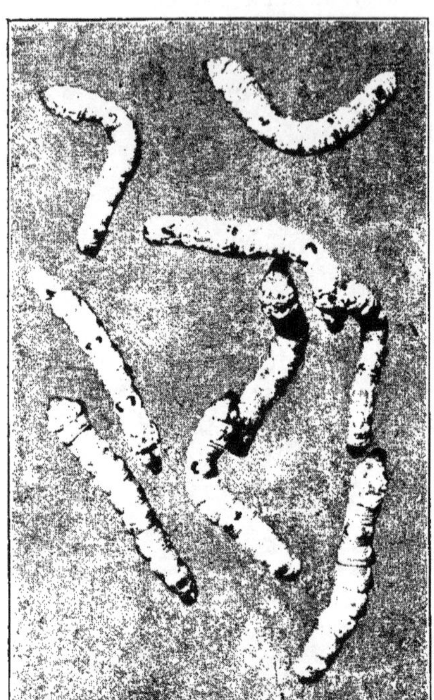

VERS A SOIE ADULTES.

— Ah! fit Pasteur simplement. »

N'est-elle pas admirable cette scène que raconte le vieil entomologiste Fabre?... Pasteur ne sait rien.... Pasteur travaille, observe, déduit, conclut, et là où tous ont échoué, lui seul réussit.... Puissance du génie.

Les travaux sur les vers à soie avaient des intermittences, et Pasteur essayait de concilier avec ses recherches personnelles ses fonctions de directeur des études scientifiques de l'École Normale. Il devait les abandonner du reste, en 1867, à la suite d'une petite rébellion des élèves, motivée par un discours de Sainte-Beuve au Sénat sur la liberté d'opinion. L'école avait été licenciée, et les directeurs Nisard, Pasteur et Jacquinet remplacés pour sa réorganisation,

Le ministre de l'Instruction publique, Duruy, nomma Pasteur professeur de chimie à la Sorbonne, mais où lui trouver un nouveau laboratoire? Le seul qui était suffisant à l'École Normale était occupé par Sainte-Claire-Deville, et il ne fallait plus penser aux méchantes pièces où avaient été faites les expériences sur les générations spontanées. C'est alors que Pasteur, modeste pour sa personne, mais sentant tout ce qu'il pouvait encore donner à la science, demanda qu'on lui construisît un laboratoire, et dans une note d'une telle élévation qu'il faut la citer en entier. Elle était adressée à Napoléon III.

« Sire, écrivait Pasteur, mes recherches sur les fermentations et sur le rôle des organismes microscopiques ont ouvert à la chimie physiologique des voies nouvelles dont les industries agricoles et les études médicales commencent à recueillir les fruits. Mais le champ qui reste à parcourir est immense. Mon plus grand désir serait de l'explorer avec une ardeur nouvelle, sans être à la merci de l'insuffisance des moyens matériels.

COCONS DE VERS A SOIE A LA BRUYÈRE.

« Qu'il s'agisse de rechercher, par une étude scientifique patiente de la putréfaction, quelques principes capables de nous guider dans la découverte des causes des maladies putrides ou contagieuses, je voudrais trouver dans les dépendances d'un laboratoire assez spacieux un emplacement où l'installation des expériences put avoir lieu commodément et sans danger pour la santé.

« Comment se livrer à des recherches sur la gangrène, sur les virus, à des expériences d'inoculation, sans un local propre à recevoir les animaux morts ou vivants? La viande de boucherie est à un prix exorbitant en Europe, elle est un embarras à Buenos-Ayres. Comment soumettre à des épreuves variées dans un laboratoire exigu et sans ressources, les procédés qui, peut-être, rendraient sa conservation et son transport faciles? La maladie dite du sang de rate fait perdre annuellement à la Beauce 4 millions de francs; il serait indispensable d'aller, pendant plusieurs années, sans doute, à l'époque des grandes chaleurs, passer quelques semaines dans les environs de Chartres, pour s'y livrer à de minutieuses observations.

« Ces recherches et mille autres qui correspondent dans ma pensée, au grand acte de la transformation de la matière organisée après la mort, et le retour obligé de tout ce qui a vécu au sol et à l'atmosphère, ne sont compatibles qu'avec l'installation d'un vaste laboratoire. Le temps est venu d'affranchir les sciences expérimentales des misères qui les entravent [1].... »

Napoléon III entendit cet appel éloquent où Pasteur traçait, en quelque sorte, le programme de ses travaux futurs. Il donna l'ordre à Duruy de répondre au désir légitime du savant, et le ministre de l'Instruction publique arrêta qu'un laboratoire lui serait édifié par l'État dans les jardins de l'École Normale. Mais il fallait compter avec les lenteurs administratives! Les plans furent donnés par l'architecte de l'École, M. Bouchot, sur les indications de Pasteur, en septembre 1867, et ce n'est qu'après une année que les travaux commencèrent, lorsque Pasteur eut dénoncé dans une brochure, le *Budget de la science*, les conditions lamentables dans lesquelles étaient les savants français pour leurs expériences, à côté de celles des savants de l'étranger, et notamment de l'Allemagne.

Cependant une catastrophe allait fondre sur Pasteur et mettre sa vie en danger. Le 19 octobre 1868, il était terrassé par une attaque de paralysie, du côté gauche, et si gravement que, durant vingt-quatre heures, on put craindre la plus funeste issue. Pasteur, triompha de la crise, par la robustesse de son tempérament, et c'est dans ces jours de douleur physique et morale, où il était immobile, comme foudroyé, qu'il montra le plus vivement l'élévation de sa pensée, la beauté de son caractère, et la grandeur stoïque de ses vertus.

Le deuxième après-midi de sa maladie, le docteur Godelier qui le soignait, pouvait noter ceci dans son bulletin de santé : « Causerait volontiers de science. » A Sainte-Claire-Deville qui l'encourageait par des paroles affectueuses, il répondit cette admirable phrase : « Je regrette de mourir; j'aurais voulu rendre plus de services à mon pays. » Ses préoccupations de savant ne le quittaient point, ainsi que le constatait le docteur Godelier, et huit jours après son attaque, il dictait une note à M. Gernez, son collaborateur, sur les maladies des vers à soie.

Pasteur était entouré des soins les plus dévoués par sa famille, par ses élèves qui l'aimaient comme un père un peu froid, un peu dis-

1. Cité par M. Vallery-Radot.

tant, mais qui cachait, sous des dehors réservés, un cœur chaud, toujours prêt à défendre ses amis. MM. Gernez, Duclaux, Raulin, Didon, Bertin, le veillaient tour à tour, suivant avec inquiétude les diverses phases de la maladie. Tout le monde savant en était ému, comme devant la possibilité d'un désastre, et Napoléon III faisait prendre des nouvelles chaque matin.

Six semaines après l'accident, Pasteur se leva et entra en convalescence. Il avait été affecté par l'arrêt de la construction de son laboratoire qui avait coïncidé avec le début de sa maladie, mais sur l'ordre de l'Empereur, elle avait été reprise, et de sa fenêtre, Pasteur pouvait voir apparaître les fondations. L'espoir de recommencer bientôt ses expériences avec les moyens matériels qu'il désirait depuis longtemps hâtait sa guérison. C'était comme une retraite spirituelle qu'il accomplissait, pendant qu'il reposait son corps. Il lisait ou il se faisait lire les *Pensées* de Pascal, *De la Connaissance de Dieu et de soi-même*, les *Œuvres* de Nicole. Ce savant, unique pour ses qualités d'expérimentateur, et qui abandonnait toutes les théories devant les faits, séparait la Science de la Foi.

Cl. Pierre Petit.

PASTEUR AU REPOS.

Dès qu'il fut transportable, Pasteur voulut partir dans le Midi afin de continuer ses études sur les vers à soie, éclairer certains points qui lui semblaient encore obscurs. Il ne se rendit à aucune raison de prudence, et malgré son état de faiblesse il s'installa, en janvier 1869, près d'Alais à Saint-Hippolyte-du-Pont. Peu après son arrivée, Pasteur qui avait encore des mouvements lourds du bras et de la jambe gauche, tomba à terre, et il lui fallut de nouveau s'aliter. Mais il n'en travailla pas moins, dictant les expériences à faire à ses collaborateurs Gernez, Raulin et Maillot, se rendant compte chaque jour des observations recueillies.

On combattait encore sa méthode, et si certains propriétaires proclamaient qu'elle était excellente, des groupements tels que la Commission des soies de Lyon doutaient de sa valeur. C'est aux membres de celle-ci que Pasteur adressa plusieurs lots de graines en indiquant d'avance quel résultat chacun devait donner. La hardiesse de ses prévisions indiquait sa certitude, et elles furent exactement, réalisées. Cependant ses adversaires ne désarmaient point, bien que l'étranger commençât à employer ses procédés, et que le gouvernement autrichien, en reconnaissance des services qu'il avait rendus à la sériculture, lui eut décerné un prix de dix mille francs. Non seulement Pasteur guérissait la pébrine, mais une seconde maladie des vers à soie, la flacherie, presque aussi redoutable que la première.

Lorsqu'il avait découvert que celle-ci était indépendante de la présence du corpuscule dans les vers à soie, il avait eu un moment de découragement. Ses collaborateurs remarquaient son inquiétude qui se traduisait par un visage douloureux. Ils n'osaient l'interroger, car malgré sa bonté, il était peu communicatif avec ceux qui l'entouraient et participaient à ses travaux. Un jour, vaincu par la souffrance du savant, il se laissa tomber sur une chaise, avec accablement, et il leur dit les larmes aux yeux :

« Il n'y a rien de fait..., il y a deux maladies. »

Ses élèves et ses collaborateurs le réconfortèrent : comme il avait trouvé le moyen de guérir la pébrine, il découvrirait celui de supprimer la maladie des *morts-flats* ou la flacherie. Et il en fut ainsi.

Le maréchal Vaillant, ministre de la maison de Napoléon III, résolut d'expérimenter la méthode de Pasteur dans un domaine de la Couronne. On choisit une vaste propriété, plantée de mûriers, appartenant au prince impérial, située à Villa Vicentina, dans le Frioul autrichien. Pasteur partit en novembre 1869, avec des graines saines obtenues par son procédé de grainage cellulaire, chez trois propriétaires, MM. Raybaud, Milhau et Gourdin, et aussitôt arrivé, il se mit à l'œuvre. Depuis dix années, le domaine impérial infesté par la pébrine et la flacherie ne produisait rien, et la récolte provenant des graines de Pasteur donna un bénéfice net de vingt-deux mille francs! C'était un joli profit pour la caisse du prince impérial....

Pasteur resta à Villa Vicentina pendant huit mois et il y paracheva son ouvrage où il coordonnait ses études sur les vers à soie. Son maître, Dumas, put le présenter à l'Académie des Sciences dans la séance du 11 avril 1870 et faire l'éloge des *Études sur la maladie des vers à soie, moyen pratique assuré de la combattre et d'en prévenir le retour.*

Ces *Études* étaient dédiées à l'impératrice Eugénie qui l'avait encouragé dans ses durs, longs et difficiles travaux, et dans la préface, il pouvait justement écrire :

« Aujourd'hui, j'ai la ferme conviction d'être arrivé à la connaissance d'un moyen pratique propre à prévenir sûrement le mal et à empêcher son retour à l'avenir. Aussi bien que j'aie consacré près de cinq années consécutives aux pénibles recherches expérimentales qui ont altéré ma santé, je suis heureux de les avoir entreprises et qu'une parole auguste m'ait donné le courage d'y persévérer. Les résultats auxquels je suis arrivé offrent peut-être moins d'éclat que ceux que j'aurais pu attendre de recherches poursuivies dans le champ de la science pure, mais j'ai la satisfaction d'avoir servi mon pays en m'appliquant dans la mesure de mes forces, à trouver un remède à de grandes misères. C'est l'honneur du savant de placer les découvertes qui ne peuvent avoir à leur naissance que l'estime de ses pairs bien au-dessus de celles qui conquièrent aussitôt la faveur de la foule par l'utilité d'une application immédiate, mais en face de l'infortune, c'est également un honneur de tout sacrifier pour tenter de la secourir. Peut-être aussi aurais-je donné aux jeunes savants le salutaire exemple des longs efforts dans un sujet difficile et ingrat. »

Pasteur avait été fait sénateur de l'Empire par un décret de Juillet, et il revenait en France impatient de commencer de nouveaux travaux, lorsqu'il apprit à Strasbourg, la déclaration de la guerre, avec un indicible serrement de cœur.

C'était l'éloignement de tous ses projets, de toutes les recherches qu'il voulait tenter pour le bien de l'humanité. La parole n'était plus aux savants!...

Cl. Hachette.

SALLE DES AUTOCLAVES (LABORATOIRE FERNBACH).

CHAPITRE VI

LE CULTE DE LA PATRIE

Pasteur était un fervent patriote, et les désastres de la France l'affectèrent profondément. Décidé à travailler, malgré la guerre — puisqu'il ne pouvait donner que son travail à la patrie — il ne s'y résigna point sans peine, tellement il partageait l'émotion publique. Retiré à Arbois, dans la maison paternelle, il se contentait d'étudier la fermentation du tan, à l'affût des nouvelles, vibrant avec l'âme populaire, à l'annonce de chaque deuil nouveau. Lorsque Paris fut bombardé, et que les obus atteignirent le Muséum d'Histoire naturelle, Chevreul fit entendre une haute protestation indignée, au nom de l'Académie des Sciences. Voici ce qu'il lisait devant ses confrères présents :

« Le Jardin des plantes médicinales, fondé à Paris par édit du roi Louis XIII, à la date du mois de janvier 1626,

« Devenu le Muséum d'histoire naturelle par décret de la Convention du 10 juin 1793,

« Fut bombardé,

« Sous le règne de Guillaume Ier, roi de Prusse, comte de Bismarck chancelier,

« Par l'armée prussienne, dans la nuit du 8 au 9 janvier 1871.

« Jusque-là, il avait été respecté de tous les partis et de tous les pouvoirs nationaux et étrangers. »

Pasteur regretta de n'avoir pas été à Paris pour signer la protestation avec ses confrères. Mais il se souvint qu'il avait reçu en 1868 un diplôme de l'Université de Bonn qui le nommait docteur honoraire pour ses éclatants travaux, et il résolut de le retourner au doyen. Il accompagna l'envoi d'une lettre toute frémissante du plus ardent patriotisme.

A Monsieur le Doyen de la Faculté de Médecine de Bonn (Prusse Rhénane).

« Arbois (Jura), le 18 janvier 1871.

« Monsieur le Doyen,

« En 1868, la Faculté de Médecine de l'Université de Bonn m'a fait l'honneur de me décerner d'office le titre de docteur en médecine, en récompense de mes travaux sur les fermentations et le rôle des organisations microscopiques. De toutes les distinctions que m'ont valu les découvertes qu'il m'a été donné d'accomplir depuis mon entrée dans la carrière des sciences, il y a vingt-deux ans, il n'en est pas, je l'avoue, qui m'ait procuré plus de satisfaction. C'était, à mes yeux, la légitimation d'une pensée intime dont je sentais la vérité s'affermir de plus en plus que mes recherches ont ouvert aux études médicales des horizons nouveaux.

« Je m'empressai même de mettre sous verre le diplôme d'honneur qui consacrait la décision de votre Faculté et j'en ornai mon cabinet de travail. Aujourd'hui la vue de ce parchemin m'est odieuse, et je me sens offensé de voir mon nom, avec qualification de *virum clarissimum* dont vous le décorez, se trouver placé sous les auspices d'un nom voué désormais à l'exécration de ma patrie, celui de *rex Guilelmus*.

« Tout en protestant hautement de mon profond respect envers vous et envers tous les professeurs célèbres qui ont apposé leur signature au bas de la décision des membres de votre ordre, j'obéis à un cri de ma conscience en venant vous prier de rayer mon nom des archives de votre Faculté et de reprendre ce diplôme en signe de l'indignation qu'inspirent à un savant français la barbarie et l'hypocrisie de celui qui, pour satisfaire un orgueil criminel, s'obstine dans le massacre de deux grands peuples.

« Depuis l'entrevue de Ferrières, la France combat pour le respect de la dignité humaine et la Prusse pour le triomphe du plus abominable des mensonges, savoir que la paix future de l'Allemagne est au prix du démembrement de la France, tandis que pour tout homme sensé la conquête de l'Alsace et de la Lorraine est l'enjeu d'une guerre sans limite. Malheur ou pitié aux peuples de l'Allemagne, si, plus voisins que nous du servage féodal, ils ne comprennent pas que la France, propriétaire des terres d'Alsace et de Lorraine, n'est pas maîtresse des consciences de leurs habitants. La Savoie serait encore piémontaise si, par un vote libre, ses habitants n'avaient consenti à devenir Français. Tel est le droit moderne des nations civilisées que votre roi foule aux pieds et pour la défense duquel la France est debout.

« Aussi, à aucune époque de son histoire peut-être, elle n'a mieux mérité d'être appelée la grande nation, l'initiatrice du progrès, la lumière des peuples. Voilà le peuple qui se lève devant vous, prêt à pousser jusqu'au bout du monde et à tout oser, parce qu'il a conscience de la justice et de la sainteté de sa cause.

« Veuillez agréer, Monsieur le Doyen, et faire agréer à vos savants collègues, l'hommage de mes sentiments de haute considération.

LOUIS PASTEUR,
Membre de l'Institut. »

Dans la lutte qui mettait aux prises deux peuples puissants, cette lettre de raison et d'humanité, d'un ton si noble et si fier, ne pouvait pas être comprise. Le docteur Neumann, doyen de la Faculté de Bonn, y répondit par un mot dur, affectant le dédain, mais où perçait l'irritation de la grande leçon si dignement donnée. Pasteur, fort de son droit, qui était celui de la nation, écrivit une seconde lettre, non plus indignée, mais triste, et déplorant les guerres meurtrières, qui séparent les hommes créés pour s'entendre et rechercher en commun le bonheur. Il disait :

« Monsieur le Doyen,

« En relisant votre lettre et la mienne, je me sens le cœur navré de penser que des hommes qui, comme vous et moi, ont consacré leur vie à la recherche de la vérité et aux progrès de l'esprit humain, se tiennent mutuellement un pareil langage motivé de ma part sur de tels actes. Voilà pourtant un des résultats du caractère imprimé à cette guerre par votre empereur.

« Vous me parlez de souillure, monsieur le Doyen. Elle est, soyez-en sûr et elle sera jusque dans les temps les plus reculés, pour la mémoire de ceux qui ont commencé le bombardement de Paris, alors que la capitulation par la famine était inévitable, et qui ont continué cet acte sauvage, quand il fut devenu évident pour tous qu'il n'avancerait pas d'une heure la reddition de l'héroïque cité.

Louis Pasteur. »

Aux angoisses patriotiques se joignaient les inquiétudes familiales, car le fils de Pasteur, qui n'avait que dix-huit ans, faisait partie de l'armée de l'Est, commandée par Bourbaki, comme caporal-fourrier. Depuis longtemps sans nouvelles, il était parti à sa recherche, parmi les troupes démoralisées, en pleine déroute, qui devaient échouer en Suisse, et il avait eu le bonheur de le trouver dans cette foule, — hâve, harrassé, mais vivant. Après quelques jours de repos à Genève, ce fils, digne du père, rentrait avec lui en France, et reprenait du service dans l'armée de la Défense nationale.

A la guerre étrangère succédait bientôt la guerre civile, et Pasteur, ne pouvant entrer à Paris ni retourner à Arbois, occupé par l'ennemi, alla s'installer au commencement de 1871, chez son ami et collaborateur, Émile Duclaux, qui était alors professeur de chimie à la Faculté de Clermont-Ferrand. Il lui écrivait le 29 mars 1871 :

« J'ai la tête pleine des plus beaux projets de travaux. La guerre a mis mon cerveau en jachère. Je suis prêt pour de nouvelles productions. Hélas! je me fais peut-être illusion! Dans tous les cas, j'essaierai. Ah! que ne suis-je riche, millionnaire! je vous dirais à vous, à Raulin, à Gernez, à Van Tieghem, etc., venez! nous allons transformer le monde par nos découvertes! Que vous êtes heureux d'être jeune et bien portant! Oh! que n'ai-je à recommencer une nouvelle vie d'étude et de travail. Pauvre

France! Chère Patrie, que ne puis-je contribuer à te relever de tes désastres! »

Pasteur à Clermont-Ferrand, hésitait entre plusieurs voies. Allait-il s'occuper encore des vers à soie ou commencer de nouveaux travaux. Le hasard et le désir de délivrer la consommation française d'une production presque exclusive de l'industrie allemande le dirigèrent vers l'étude de la bière. « Pourquoi n'aurions-nous pas de la bonne bière en France? », se demanda Pasteur, et pour répondre à sa propre question, il se mit aussitôt à l'œuvre. Il existait une petite brasserie à Chamelières, auprès de Clermont, et c'est là, chez le propriétaire, M. Kulm, qu'il entreprit ses premières expériences, vérifiées dans le laboratoire de Duclaux à la Faculté des Sciences et le laboratoire de chimie de l'École de médecine de Clermont. L'examen microscopique des moûts, des levures et des bières le convainquit bientôt que celles-ci acquéraient des mauvais goûts par des maladies analogues à celles des vins et dues à certains microbes. Dans la brasserie comme dans toutes les industries où la fermentation jouait le principal rôle, la fabrication était purement empirique, sans méthode ni science, et les résultats, bons ou mauvais, ne provenaient souvent que du hasard. Pasteur résolut de lui donner des bases sérieuses, expérimentalement établies, de telle sorte qu'elle n'eut que des produits parfaits.

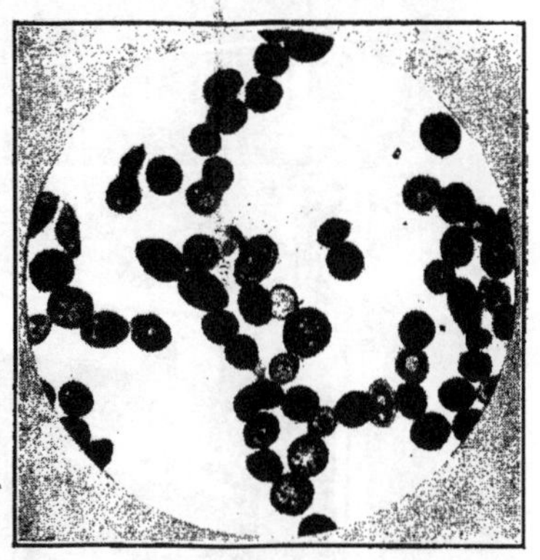

LEVURE DE BIÈRE.

Puisque les bières s'altéraient par suite de l'introduction dans leur milieu liquide de germes nuisibles, et que leur qualité était correspondante à la qualité de la levure qui donnait la fermentation, il fallait d'une part éviter les germes et d'autre part, obtenir une levure bien vivante et parfaitement pure. C'est à cela que s'appliqua Pasteur, et pendant son séjour à Clermont, il fabriqua de la bière sur ces données, et il put envoyer une douzaine de bouteilles à Dumas!...

Mais la brasserie de Chamalières était un champ trop restreint. Il partit, en septembre 1871, pour l'Angleterre, et il fit la stupéfaction des grands brasseurs de Londres, en leur indiquant les différentes qualités de leurs bières, celles qui étaient bonnes, celles qui étaient mauvaises, rien que par leur examen au microscope. Avec leur caractère pratique, les Anglais comprirent de quelle ressource la méthode du savant français pouvait être pour leur fabrication, et le microscope devint un instrument souvent consulté dans leurs brasseries.

Cl. Hachette.

APRÈS LES TRAVAUX DE PASTEUR SUR LES BIÈRES. UN COIN DE LA BRASSERIE A L'INSTITUT (Dr FERNBACH).

De retour à Paris, dans son laboratoire de l'École Normale, Pasteur continua ses études sur la bière. Il s'agissait de résoudre un problème fort délicat. En effet, une bière peut être bonne, parfaite même, et déplaire, car c'est une question de goût qui intervient, sans rapport avec la qualité de la fabrication.

« Or, pour cette œuvre d'adaptation et de détail, a écrit M. Duclaux, Pasteur n'avait rien de ce qu'il fallait. Il n'aimait pas la bière, et bien qu'à force de volonté, il fût arrivé à se faire un goût et un palais assez exercés, il restait insensible à des différences que relevaient les brasseurs, et qu'il était parfois stupéfait de voir finement appréciées aussi par son ami Bertin, qui habitait à côté de lui à l'École Normale (comme sous-directeur), et qui était fréquemment convoqué au laboratoire pour les séances de dégustation. Devant les critiques joyeusement faites, que lui adressait quelquefois son ami, Pasteur restait désorienté, sentant qu'elles l'entraînaient dans des régions qu'il ne souhaitait pas d'aborder, et il eût renoncé tout de suite à ce travail de Sisyphe, s'il n'avait eu l'imprudence de solliciter le concours pécuniaire d'une Société d'études, très large, très généreuse, mais vis-à-vis de laquelle il avait contracté l'engagement moral de réussir dans son entreprise. »

Le laboratoire ne lui suffisait pas pour arriver à conclure comme il le voulait; Pasteur alla poursuivre ses recherches chez les frères Tourtel, dans les grandes brasseries de Tantonville. Avant toute chose, il recom-

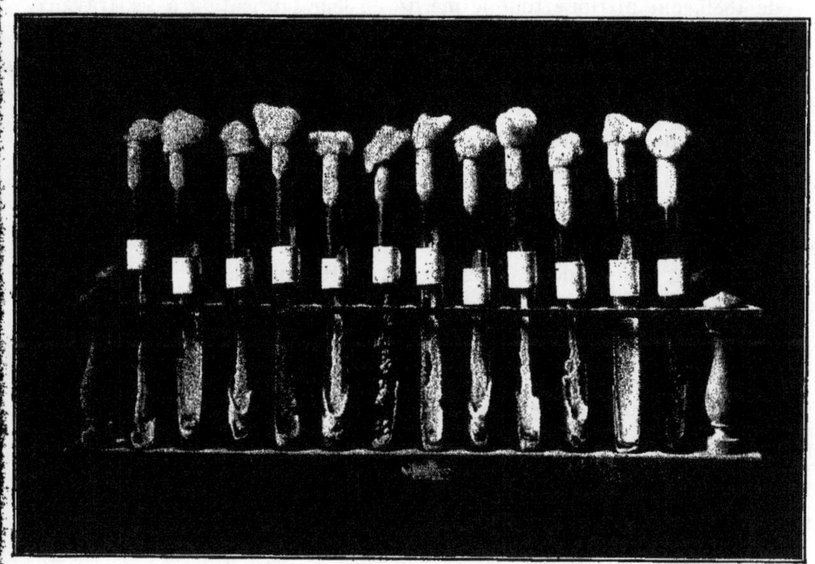

Cl. Hachette.

DIVERS FERMENTS (LABORATOIRE DE M. CROLBOIS).

manda la plus méticuleuse propreté dans les manipulations et sur les instruments de fabrication.

Ouvrons ici une parenthèse pour dire combien Pasteur usait de soins de propreté dans tous les actes de sa vie. Il ne se mettait jamais à table sans essuyer soigneusement, ses assiettes, son verre, le couteau et la fourchette, examinant le tout avec la plus sévère attention. Jamais il ne mangeait un fruit non pelé, et il râpait même la croûte de son pain dans la crainte qu'elle ne fut souillée par des microbes. On connaissait ces habitudes dans sa famille, mais elles ne laissaient pas que d'étonner un peu les maîtresses de maison lorsqu'il dînait en ville.

Après un court séjour dans la brasserie des frères Tourtel, en compagnie de M. Grenet, son préparateur, Pasteur formula que toutes les maladies des bières provenaient de microbes que l'on pouvait éviter par des précautions dans la fabrication, qu'il y avait lieu de sélectionner les levures, qu'en chauffant à 50 degrés les bières en bouteilles on les rendait inaltérables.

Sa méthode et ses procédés ont permis à nos fabricants de lutter contre la concurrence étrangère, et les brasseurs français, dans leur congrès de 1889, ont attribué tout le mérite de leur fabrication à ses travaux.

Pasteur publia en 1876 ses *Études sur la bière.* Il les dédiait à son père dans les termes les plus émouvants :

« A la mémoire de mon père, ancien militaire sous le premier Empire, chevalier de la Légion d'honneur.

« Plus j'ai avancé en âge, mieux j'ai compris ton amitié et la supériorité de ta raison.

« Les efforts que j'ai consacré à ces *Études* et à celles qui les ont précédées sont le fruit de tes exemples et de tes conseils.

« Voulant honorer ces pieux souvenirs, je dédie cet ouvrage à ta mémoire. »

Dans la préface il indiquait comment il avait été amené à étudier la bière, ses maladies, les causes qui les provoquent et pourquoi il avait voulu trouver un procédé qui pût la rendre inaltérable.

« L'idée de ces recherches, écrivit-il, m'a été inspirée par nos malheurs. Je les ai entreprises aussitôt après la guerre de 1870 et poursuivies sans relâche depuis cette époque, avec la résolution de les mener assez loin pour marquer d'un progrès durable une industrie dans laquelle l'Allemagne nous est supérieure.

« J'ai la conviction d'avoir trouvé une solution rigoureuse et pratique du problème ardu que je m'étais proposé, celui d'une fabrication applicable en toute saison et en tout lieu, sans la nécessité de recourir aux moyens frigorifiques dispendieux qu'exigent les procédés actuels et néanmoins avec l'avantage de la conservation indéfinie des produits.

« Ces nouvelles études reposent sur les mêmes principes qui ont servi de guide à mes recherches sur le vin, le vinaigre, et la maladie des vers à soie, principes dont la fécondité et les applications, sont à mon avis, sans limites. L'étiologie des maladies contagieuses est peut-être à la veille d'en recevoir une lumière inattendue.

« Qu'adviendra-t-il dans la grande industrie de la mise en œuvre du procédé de fabrication de la bière que j'ai déduit de mes observations et de l'utilité des faits nouveaux sur lesquels il est fondé? Je n'aurai pas la témérité de préjuger l'avenir sur ces questions. Le temps est le meilleur appréciateur des travaux scientifiques, et je n'ignore pas qu'une découverte industrielle porte rarement tous ses fruits entre les mains du premier inventeur. »

Les savants, après la guerre, appréciaient à ce point le génie de Pasteur qu'un Anglais célèbre, Huxley, pouvait déclarer que ses découvertes valaient les 5 milliards de la rançon de la France. Et cependant ce n'était que la première partie de son œuvre, celle qui, selon Duclaux, lui avait donné la gloire, tandis qu'il allait commencer la seconde — appliquée aux maladies humaines — qui devait lui assurer l'immortalité.

Cl. Hachette.

CHARTRES. MONUMENT ÉLEVÉ A PASTEUR EN MÉMOIRE DES EXPÉRIENCES SUR LA VACCINATION CHARBONNEUSE.

CHAPITRE VII

LE POISON GUÉRISSEUR

Les novateurs, que ce soit en art ou dans la science, sont d'abord combattus; Pasteur ne devait pas échapper à la règle générale qui exige que toute vérité soit imposée. Malgré l'évidence des théories qu'il avait tirées de ses longues et difficiles expériences sur les fermentations, un groupe de savants et non des moindres, n'acceptait pas ses conclusions. Il eut à lutter contre Trécul soutenant que les espèces microscopiques pouvaient se transformer les unes dans les autres, et il put démontrer que, contrairement à cette opinion, elles étaient fixes avec un caractère spécifique. Dans l'étude nécessitée par cette discussion, il fit des expériences sur la vie anaérobie (sans air) et aérobie (avec air) des microbes, et il découvrit qu'un certain nombre pouvait passer de l'une à l'autre vie, en changeant de forme et de fonction.

Mais ces travaux sur les fermentations où il devait encore réfuter

Claude Bernard, Berthelot, etc., qu'il poursuivait avec tant d'énergie et qui éclairaient des phénomènes, obscurs jusqu'à ce qu'il en eût donné l'interprétation, ne l'empêchaient pas de méditer sur le rôle des microbes dans les maladies infectieuses et de commencer à ce sujet des expériences.

Pasteur avait été nommé membre libre de l'Académie de Médecine, en 1873, et c'était là désormais qu'il allait lutter contre les préjugés, les mauvaises volontés, les partis pris, pour faire triompher ses idées qui apportaient la plus complète révolution qu'il y eut jamais dans la médecine.

« Pasteur qui avait renversé les idées de Liebig, a écrit Duclaux, sur le terrain des fermentations, devait, en poursuivant son œuvre, rencontrer et abattre les idées de Wirchow en pathologie. Si le sort avait voulu qu'il n'ait pas pu finir sa tâche, qu'il ait succombé à l'hémiplégie qui le frappa au moment de ses études sur les vers à soie, un autre savant serait venu, un Koch, par exemple, pour lequel Pasteur aurait été un précurseur, parce qu'il aurait montré la voie, et laissé les moyens de la suivre. Son œuvre pathologique a été le développement et le complément de son œuvre sur les fermentations. Mais Pasteur n'a pas eu de précurseur dans le sens qu'il faut donner à ce mot, c'est-à-dire qu'il n'a développé et étendu les idées de personne. Il reste l'égal de beaucoup lorsqu'il démontre l'origine du charbon ou d'autres maladies. Là où il sort de pair, c'est lorsqu'il découvre l'atténuation des virus, et qu'il introduit dans la science cette notion féconde qui permet d'agir sur la maladie en agissant, non plus sur le malade comme on l'avait fait jusque-là, mais sur le microbe pathogène. »

Par une courbe géniale, et sans solution de continuité, il était passé des cristaux aux fermentations, et des fermentations aux maladies d'origine microbienne. Mais ces divisions ont encore quelque chose d'inexact, car dans son vaste cerveau, toujours en travail, tous ses projets d'expériences, toutes ses idées étaient en germes. Aussi pouvait-il dire à l'Académie de Médecine en 1873 :

« Est-ce que toutes les recherches auxquelles je me suis livré depuis dix-sept ans ne sont pas, malgré les efforts qu'elles m'ont coûté, le produit des mêmes idées, des mêmes principes, poussés par un travail incessant, dans des conséquences toujours nouvelles? La meilleure preuve qu'un observateur est dans la vérité, c'est la fécondité non interrompue de ses travaux. »

Pendant des années, Pasteur dut batailler au sein de l'Académie de Médecine, et il le faisait avec une sorte de fougue âpre et vigoureuse lorsqu'il défendait la vérité contenue dans ses découvertes. Son œuvre, cependant, pour aussi combattue qu'elle fut, avait depuis longtemps dépassé le cercle des savants, et en 1874, l'Assemblée Nationale, pour honorer son rare mérite, lui décernait une récompense nationale, récompense qui, dans le siècle, n'avait été attribuée que deux fois, en 1839 à Daguerre et Niepce, en 1845, à l'ingénieur Vicat.

Cl. Pirou. St Germain.
PAUL BERT, QUI PRÉSENTA LE RAPPORT SUR LA RÉCOMPENSE NATIONALE ATTRIBUÉE A PASTEUR.

Ce fut Paul Bert qu'on chargea du rapport. « Les découvertes de M. Pasteur, y disait-il, après avoir éclairé d'un jour nouveau l'obscure question des fermentations et du mode d'apparition des êtres microscopiques, ont révolutionné certaines branches de l'industrie, de l'agriculture, de la pathologie. On est frappé d'admiration en voyant que tant de résultats, et si divers, procèdent, par un enchaînement de faits suivis pas à pas, où rien n'est laissé à l'hypothèse, d'études théoriques sur la manière dont l'acide tartrique dévie la lumière polarisée. Jamais le mot fameux : le génie, c'est la patience, n'a reçu une aussi éclatante confirmation.

« C'est cet admirable ensemble de travaux théoriques et pratiques que le gouvernement vous propose d'honorer par une récompense nationale. Votre Commission, à l'unanimité, approuve cette proposition.

« La récompense demandée consiste en une pension viagère de 12000 francs; cette somme représente à peu près les émoluments de la chaire de Sorbonne que la maladie force M. Pasteur à abandonner. »

Dans ce même rapport, Paul Bert rendait hommage au désintéressement de Pasteur, dont les découvertes avaient enrichi la France de nombreux millions, sans qu'il pensât à en retirer un bénéfice personnel.

Le projet de loi obtint 532 voix pour, 24 voix contre; c'était une majorité magnifique.

Pasteur dirigé vers les maladies infectieuses fréquentait assidûment l'Académie de Médecine. Il préconisait pour les opérations chirurgicales, appuyé sur ses découvertes des microbes dans l'atmosphère, une méthode de pansements antiseptiques, certain que la plupart des morts provenaient du contact de la blessure et des germes extérieurs. Le grand chirurgien anglais Lister, employait une méthode analogue et en avait obtenu d'excellents résultats, les médecins français qui acceptèrent celle de Pasteur virent le pourcentage des décès après opération descendre très rapidement. Elle ne fut pas adoptée sans résistance, mais son efficacité fut bientôt reconnue, et il n'est pas un chirurgien aujourd'hui qui n'en suive les méticuleuses prescriptions : flambage des instruments, stérilisation des pansements, lavage antiseptique de la plaie, etc.

VIBRION SEPTIQUE AVEC SES CILS.

C'est en 1876 que la science échappa à un réel danger. Pasteur, sollicité par un certain nombre d'électeurs, se présenta comme candidat anx élections sénatoriales du Jura. Il fit sa campagne électorale avec le même sérieux qu'il avait dans son laboratoire, proclamant dans ses affiches et dans ses circulaires que s'il désirait être élu, c'était encore pour servir la France. M. Grévy vint le combattre à Lons-le-Saulnier et il n'obtint que 62 voix. Pasteur ne ressentit aucune amertume de cet échec, mais il avoua que son incursion sur le domaine politique était une erreur.

La même année il eut un différend avec un journal du Jura qui montre, en même temps, la finesse de son esprit et l'excellence de son cœur. Un de ses amis, statuaire de talent, Jean-Joseph Perraud étant mort à Paris le 2 novembre 1876, Pasteur prononça devant sa tombe un discours où sous une forme voilée il reprochait à ses compatriotes de n'avoir pas reconnu les mérites de cet artiste. Il disait :

« Aujourd'hui déjà, dans nos riants vallons, les cent voix de la Renommée célèbrent ton nom et tes œuvres. Tu seras le sujet des conversations attendries dans les longues veillées et l'on verra pleurer, silencieux, ceux qui ont ignoré ou méconnu ta gloire; car il est dans notre Jura, telles places publiques où s'élèvent des statues faites d'hier et qui ont été confiées à d'autres mains que les tiennes.

« Quoiqu'il soit salutaire de rappeler aux cités qui l'oublient qu'elles ne vivent, à travers les âges que par le génie ou la vaillance de quelques-uns de leurs enfants, je veux seulement, par l'évocation de ce souvenir qui blessait ta fierté, mieux marquer un des traits de ton caractère et de ta vie. Ils t'avaient oublié parce que la fortune et le bruit attirent la foule et que tu marchais pauvre, sans autre parure que l'auréole du talent. »

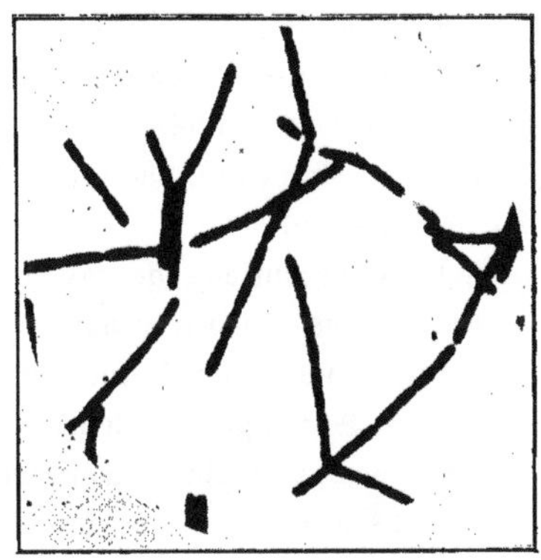

BACILLE DU CHARBON.

Ce rappel d'ignorance et d'insouciance avait piqué la *Sentinelle du Jura* qui en publiant une notice sur le statuaire ajoutait quelques lignes fort désobligeantes pour Pasteur touchant son discours. A la suite de cette publication une correspondance s'établissait entre le savant et Max Claudel, sculpteur ami de Perraud. Les lettres de Pasteur ont été publiées, par M. Charles Léger, et elles l'éclairent d'un jour nouveau[1] donnant à sa figure austère comme un sourire de charmante ironie. Max Claudel lui ayant adressé un exemplaire de la *Sentinelle* contenant une étude qu'il avait écrite sur Perraud, Pasteur lui répond le 4 décembre 1876 :

« Déjà j'ai lu avec le plus grand intérêt une partie de cette notice dans la *Sentinelle du Jura*, que je ne reçois pas; mais ce journal m'a fait l'honneur de m'envoyer un de ses numéros où la seconde partie de votre notice se trouvait. Cette gracieuseté du journal s'appliquait, non au désir de m'être agréable en me faisant connaître de nouveaux détails sur la vie de notre cher et regretté compatriote, mais à celui de mettre sous mes yeux quelques lignes fort désobligeantes concernant mon discours aux obsèques de Perraud. Le journal se plaint en termes presque injurieux de ce dont vous me louez, avec tant de raison dans votre dernière lettre

1. *Lettres inédites de Louis Pasteur*, par Charles Léger, Paris, édit. de la *Revue*.

d'avoir fait allusion à l'ignorance pour ne pas dire plus, où l'on était à Lons-le-Saunier, à Poligny et même à Salins de la valeur hors ligne de notre immortel sculpteur. »

La correspondance continue, et Pasteur qui ne peut oublier « les lignes désobligeantes » par un innocent stratagème va mettre en posture assez comique la *Sentinelle du Jura.*

Il envoie à Claudel une note relatant une anecdote sur ses relations avec Perraud.

« Voulez-vous me rendre ce service, écrit-il, et nous donner le plaisir de mettre à l'épreuve la sottise des messieurs de la *Sentinelle du Jura* qui ont été si grossiers à mon endroit dans leur article du 15 novembre?

« Envoyez-leur cette note que vous aurez soin de *recopier* (car ils connaissent peut-être l'écriture de Mme Pasteur) de votre belle écriture, telle que je vous l'envoie, en leur disant que vous préparez des notes sur le grand artiste et que peut-être, ils seront heureux d'en reproduire une par anticipation.

« Je serais curieux de savoir ce qu'ils répondront, s'ils inséreront l'anecdote sans y rien retrancher. Envoyez-moi le numéro, où ils en parleront et, à mon tour, je me donnerai peut-être le malin plaisir de les féliciter en leur rappelant ledit article du 15 novembre.

« Sachons avoir plus d'esprit et de cœur que tous ces gens-là et surtout ayons le culte de ce qui est grand et honorable pour notre cher Jura. »

La *Sentinelle* inséra la note que voici, d'après M. Charles Léger :

« En 1876, Perraud exposa au Salon, un excellent buste, en marbre, de son ami Pasteur. Le savant avait admiré, à loisir, cette œuvre, à l'atelier. Comme Perraud n'était pas riche, Pasteur, pour le dédommager, lui porta un rouleau d'or. Le statuaire refusa, disant que c'était à la fois un hommage au chimiste et à l'ami, et qu'il ne voulait nulle récompense.

« Pasteur tenait à offrir un souvenir. Il était très embarrassé. Enfin Perraud lui dit : « Puisque vous voulez absolument me donner quelque chose, en voici l'occasion. J'ai une voisine sans fortune, qui a deux fils. L'aîné est un grand garçon intelligent, qui brûle du désir de travailler et de se livrer à la chimie dont il a commencé un peu l'étude. Donnez-lui les moyens de s'instruire et de n'être plus à la charge de sa mère, et puis, si vous voulez absolument me laisser un souvenir, je n'ai jamais eu de montre, donnez-m'en une de cinquante francs et je serai content. »

« Quelque temps après, le protégé de Perraud fut placé comme aide-préparateur dans l'un des laboratoires de la Sorbonne et le statuaire reçut d'une bonne fabrique de Besançon, une très jolie montre....

« A l'âge de cinquante-sept ans, Perraud qui n'avait jamais eu de montre — ne se sentait pas de joie, d'en avoir une, cadeau de Pasteur. — Seulement, disait-il, elle est trop belle, tout de même, est-il gentil, Pasteur! Il me gâte. Pour le remercier, je veux faire le buste de sa fille qu'il aime tant.... »

L'anecdote est autant à l'honneur de l'artiste que du savant. La note envoyée si diplomatiquement par Pasteur parut dans la *Sentinelle* et, aussitôt publiée, il adressa cette lettre spirituelle au directeur du journal :

« Permettez-moi, monsieur, de vous reprocher d'avoir eu une défaillance comme journaliste, lorsque le 15 novembre 1876, rendant compte des paroles que j'ai prononcées sur la tombe de notre grand artiste, vous vous êtes étonné que je n'aie pas caché un des traits de l'histoire de la vie de Perraud, une de ses douleurs les plus amères, qui compte parmi celles qui ont abrégé ses jours. Je n'ai pas voulu répondre à l'article si peu mesuré et si peu obligeant pour ma personne et mon caractère, que vous avez publié à cette époque. Aujourd'hui je vous le pardonne cet article, puisque vous me donnez, avec l'occasion de vous remercier, le plaisir de me remémorer une page inédite de la vie de notre grand sculpteur. »

Mais Pasteur avait d'autres attaques à soutenir et d'autres adversaires à convaincre. Cet incident n'était qu'une sorte de délassement dans sa vie chargée de discussions et de travaux.

Il devait défendre son œuvre scientifique, de nouveau attaquée, alors qu'il croyait l'avoir définitivement établie. C'est ainsi que Bastian, malgré ce qu'elles avaient de probant, niait le résultat de ses expériences sur les générations spontanées, et Pasteur, qui aurait pu s'en tenir à ses anciens travaux, les répétait avec plus de soin, s'il était possible, pour lui répondre. Cette méthode expérimentale, cette observation des faits qui était à la base de toutes les découvertes de Pasteur, ce souci constant de ne rien laisser de douteux ni d'inachevé ont été confirmés, par M. Denys Cochin, membre de l'Académie française et député, dans une discussion sur les poudres de la marine à la Chambre. « J'ai fait quelque peu de chimie, disait-il, et je me rappelle le mot que m'a dit un jour un de nos plus illustres maîtres. J'avais fait un petit travail que j'avais soumis à M. Pasteur et qui commençait par cette phrase, qui est assez habituelle dans les manuels de chimie : « On sait que....

— Qu'est-ce qu'on sait? me dit Pasteur, on ne sait rien. »

« Je répondis : « Mais permettez, ce que j'ai cité, monsieur, c'est « un travail de vous. »

« Je croyais triompher; Pasteur répliqua cependant : « Cela ne fait rien du tout, il fallait le recommencer. »

Voilà le secret de Pasteur, il recommençait ses expériences jusqu'à ce qu'il fut certain de la vérité qu'elles contenaient, et c'est par là qu'il triomphait de ses adversaires. Dans la discussion avec Bastian, et pour combattre les conclusions d'un écrit posthume de Claude Bernard où celui-ci relatait des expériences faites sur des raisins, Pasteur, dont elles contredisaient les théories sur les germes avait renouvelé ses travaux sur la fermentation du vin. Il avait prouvé à nouveau que les germes étaient déposés de l'extérieur, pendant une période de la maturation, sur les grappes et les ceps, et que les raisins de ceps plantés dans une serre qu'il avait édifiée à Arbois, mis ainsi à l'abri de ces germes ne fermentaient pas. Il en était de même pour le moût isolé de la bourse et de la grappe. Et dans un enchaînement génial, il assimilait ces germes qui produisent la fermentation aux germes qui engendrent les maladies humaines. Il écrivait : « Les parasites des *saccharomyces* venant de l'extérieur à une époque déterminée de l'année, un abri mis à temps avait pu les éloigner, comme on préserve l'Europe du choléra, de la peste par des quarantaines....

BACILLE DE LA FIÈVRE TYPHOÏDE AVEC SES CILS.

« N'est-il pas permis de croire par analogie, qu'un jour viendra où des mesures préventives d'une application facile arrêteront ces fléaux qui, tout à coup, désolent et terrifient les populations, telle la fièvre jaune qui a envahi récemment le Sénégal et la vallée du Mississipi, ou la peste à bubons qui a sévi sur les bords de la Volga. »

Mais s'il était encore discuté, il avait la joie de voir certaines de ses méthodes adoptées avec empressement par de grands industriels. Dans une visite faite à une vaste magnanerie italienne, à l'occasion d'un congrès séricicole tenu à Milan, il pouvait lire son nom inscrit au fronton des bâtiments, comme un hommage éclatant aux services qu'il avait rendus à cette industrie. On lui montrait en même temps les merveilleux résultats obtenus par un procédé de grainage cellulaire, mis en pratique par des jeunes filles qui se servaient admirablement du microscope pour reconnaître les papillons corpusculeux.

Cl. Hachette.

Dr ROUX, esquisse, par Edelfelt.

Avec la fermentation des raisins, c'était la suite de sa théorie des germes, mais à cette époque il les étudiait davantage au point de vue pathologique, et nous savons qu'il s'intéressait surtout aux maladies d'origine microbienne. Là, encore, il devait avoir de rudes batailles à soutenir contre la routine et les préjugés, même à l'Académie de Médecine.

C'est à la maladie du charbon qui décimait annuellement les troupeaux en France que Pasteur s'attaqua en premier lieu. Davaine et Royer, étudiant à Chartres cette étrange maladie en 1850, avaient reconnu que le sang des animaux qui en étaient atteints, contenait de petits bâtonnets rectilignes, vibrions qu'ils avaient nommés de leur forme, bactéridies. Ils leur en attribuaient la cause. En 1855, Pollender avait recommencé les expériences de Davaine et il était arrivé aux mêmes conclusions, trouvant les bactéridies dans le sang charbonneux mais sans pouvoir dire quel était leur rôle exact. Après Pollender, Branell, Delafond étudièrent la question et Davaine la reprit pour soutenir contre MM. Gaillard et Leplat, professeurs au Val-de-Grâce, et Paul Bert, par des expériences, que le charbon provenait de la bactéridie elle-même et non d'un virus. Koch soutenait Davaine, mais les tenants de chaque théorie n'avaient produit rien de décisif contre leurs adversaires.

C'est au point précis de la discussion, où l'on se trouvait en présence d'opinions contradictoires, étayées également sur des faits, que Pasteur intervint, avec la collaboration de MM. Joubert, Chamberland et Roux, à sa manière accoutumée, très simple, très claire, et rigoureusement scientifique.

Après avoir recueilli une goutte de sang charbonneux frais, Pasteur cultiva les bactéridies dans des milieux artificiels, en prenant pour ensemencer chaque liquide nouveau une goutte de celui qui le précédait immédiatement, de telle sorte qu'à la dixième culture, il obtenait la bactéridie pure. Celle-ci inoculée donnait le charbon, sans le secours du sang qui avait disparu, la goutte primitive étant diluée, jusqu'à n'être plus sensible, dans les différentes cultures. C'était reconnaître exacte l'opinion de Davaine, la bactéridie était la cause de la maladie charbonneuse. Pour rendre son expérience plus concluante, Pasteur en faisait la contre-épreuve, en inoculant le liquide d'une culture d'où il avait supprimé les bactéridies par un filtrage sur du plâtre; le liquide ne donnait pas le charbon.

BACILLE DE LA DIPHTÉRIE.

Poursuivant ses études, il démontrait que MM. Gaillard et Leplat qui affirmaient avoir communiqué le charbon à des animaux avec du sang qui ne contenait point de bactéridies, s'étaient trompés, et que c'était une maladie différente qu'ils inoculaient avec une bactéridie nouvelle qu'il appelait vibrion septique. Il réfutait de même Paul Bert, qui, après avoir détruit les bactéridies charbonneuses sous l'oxygène comprimé, affirmait que le sang qui en était ainsi dépourvu, pouvait quand même donner le charbon, en montrant que ce sang contenait encore des germes ou spores de bactéridies plus résistantes que celles-ci, et que c'était de là que venait la maladie charbonneuse, causée de toute façon par la bactéridie ou par ses spores. Il déterminait ainsi nettement le caractère parasitaire de la maladie infectieuse.

Mais comment le charbon se communiquait-il aux animaux. Pouvait-on espérer les en préserver? Le ministère de l'Agriculture, comme pour les vers à soie, avait chargé Pasteur d'étudier cette maladie qui ravageait les pays d'élevage, causant des pertes qui s'élevaient chaque année à des dizaines de millions. On savait seulement que les animaux qui mangeaient dans certains champs que l'on appelait *champs maudits*, étaient atteints du charbon. Pasteur s'installa aux environs de Chartres et commença son enquête. Il était accompagné par M. Roux qui a constaté la perspicacité de ses observations, dirigées sur place :

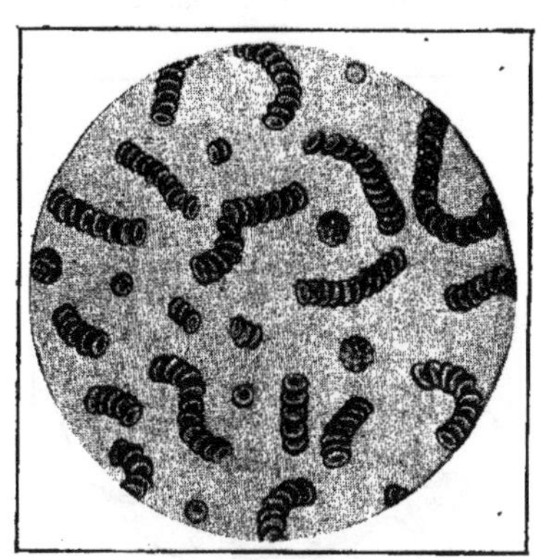

SANG D'UN ANIMAL SAIN.

« La moisson était faite, a-t-il écrit, il ne restait plus que les chaumes. L'attention de Pasteur fut attirée sur une portion de champ, à cause de la teinte différente de la terre. Le propriétaire expliqua que l'année précédente, on avait enfoui en cet endroit des moutons morts du charbon. Pasteur, qui examinait toujours les choses de près, remarqua à la surface du sol, une multitude de ces petits tortillons de terre que rejettent les vers. L'idée lui vint alors que dans leur voyage continuel de la profondeur à la surface, les vers apportaient sur le sol la terre riche en humus qui entoure le cadavre et avec elle les spores charbonneuses qu'elle contient. Pasteur ne s'arrêtait jamais aux conceptions. Il passait de suite à l'expérience. Celle-ci justifia les prévisions. La terre contenue dans l'un des vers, inoculée à des cobayes, leur donna le charbon. »

Pasteur avait étudié l'agent de la maladie, puis son mode de propagation; les spores pénétraient dans l'organisme des animaux, bœufs ou moutons, par les muqueuses buccales que déchiraient les herbes sèches et piquantes. Comment préserver le bétail, comment sauver les troupeaux? C'est dans ses études sur le choléra des poules, qu'il menait de front avec celles du charbon, qu'il fut mis sur la voie. Il avait remarqué que les microbes du choléra (le mot microbe pour désigner les vibrions, les bactéridies, etc., venait d'être créé par Sédillot, chirurgien à Strasbourg, approuvé par Littré et adopté par les savants), laissés à l'air, puis semés dans un liquide neuf, perdaient de leur virulence, jusqu'à devenir même inoffensifs. Cette atténuation était due à l'oxygène de l'atmosphère. La découverte devait révolutionner la science médicale, et conduire Pasteur à l'emploi des vaccins qu'il obtint après plusieurs années d'expériences extrêmement délicates.

C'est le 28 février 1881, que Pasteur fit sa communication à l'Académie des Sciences sur le vaccin du charbon. Elle fut accueillie par les uns avec enthousiasme et par les autres avec méfiance. Pasteur était certain

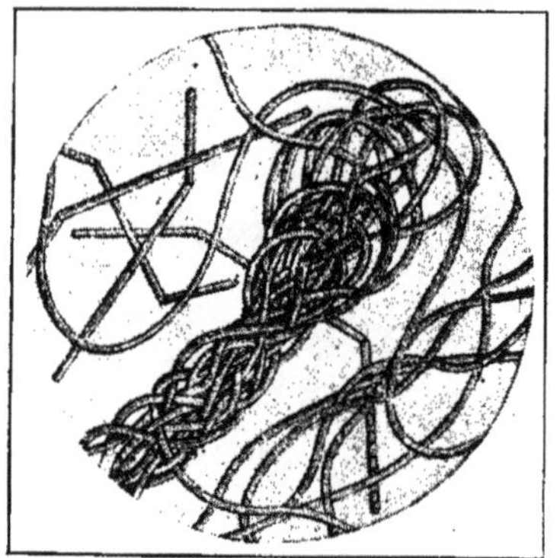

SANG D'UN ANIMAL MORT CHARBONNEUX.

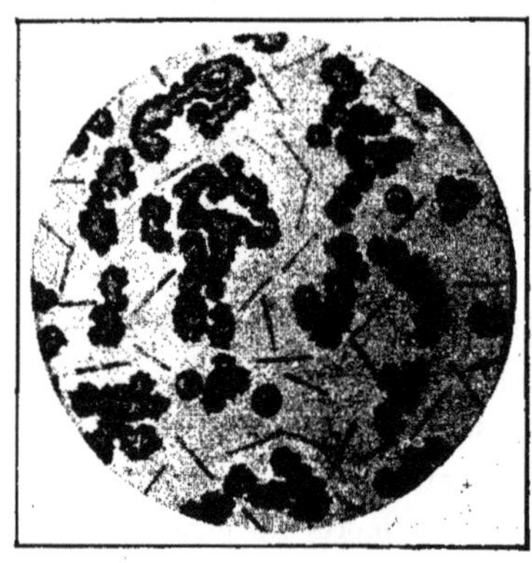

CULTURE DU SANG CHARBONNEUX.

des effets de sa découverte, le virus atténué inoculé aux animaux sains les immunisait contre le charbon. Il accepta de faire une expérience en grand et elle est justement restée célèbre. Elle commença le 5 mai 1881 dans une ferme de Pouilly-le-Fort, près de Melun, sous les auspices de la Société d'Agriculture de cette ville. Les conditions en étaient des plus rigoureuses, mais Pasteur avait confiance dans la victoire. On lui confiait 50 moutons et 10 vaches; sur le premier lot, 25 devaient être vaccinés avec un virus atténué, puis recevoir avec les 25 autres non vaccinés, un microbe de charbon très virulent; pour le second lot, l'expérience portait sur 6 vaccinés et 4 non vaccinés.

Pasteur affirmait que tous les vaccinés résisteraient à la maladie du charbon, tandis que les non vaccinés en mourraient tous. C'était d'une hardiesse géniale et pendant la durée des expériences, l'illustre savant eut des alternatives de joyeux espoir et de fièvre douloureuse. Mais le 2 juin, jour fixé par Pasteur pour juger les suites de l'inoculation de la bactéridie virulente, faite le 31 mai, ce fut pour lui un triomphe dans la ferme de Pouilly-le-Fort. Le préfet de Seine-et-Marne, des députés, des sénateurs, des vétérinaires, des journalistes étaient là, vibrants d'impatience, et les affirmations de Pasteur se réalisèrent de tout point, dans l'émotion d'une foule enthousiaste : tous les animaux inoculés et non vaccinés avaient pris le charbon et moururent, tandis que les animaux inoculés et vaccinés ne furent aucunement malades.

Cl. Hachette.

BUSTE DE CHAMBERLAND, par P. Richer.

Le 13 juin Pasteur faisait connaître le succès de ses expériences de Pouilly-le-Fort, qui devait désormais s'appeler « Clos Pasteur », à l'Académie des Sciences. Il pouvait dire, devant leur résultat, qui avait eu un énorme retentissement :

« Nous possédons maintenant des virus-vaccins du charbon, capables de préserver de la maladie mortelle, sans jamais être eux-mêmes mortels, vaccins vivants, cultivables à volonté, transportables partout sans altération, préparés enfin par une méthode qu'on peut croire susceptible de généralisation, puisque, une première fois, elle a servi à trouver le vaccin du choléra des poules. Par le caractère des conditions que j'énumère ici, et à n'envisager les choses qu'au point de vue scientifique, la découverte des vaccins charbonneux constitue un progrès sensible sur le vaccin jennerien, puisque ce dernier n'a jamais été obtenu expérimentalement. »

Pasteur ne rencontrait plus les mêmes obstacles que pour sa méthode de grainage des vers à soie; ses vaccins charbonneux étaient demandés dans toutes les contrées d'élevage de la France. Un an après les expériences on avait vacciné 613 740 moutons et 83 946 bœufs! Et d'une statistique dressée par Chamberland en 1894, il ressortait qu'en moins de dix ans, il avait été vacciné 438 000 bovidés et 3 400 000 moutons avec moins de 1/100 de mortalité. De cette vaccination l'agriculture française avait gagné 7 millions de francs.

Mais avant ce triomphe — même disputé dans certains milieux — il avait dû soutenir de nombreuses critiques à l'Académie de Médecine où trop de « médecins » ne voulaient le considérer que comme un chimiste. Il lui fallait lutter pour sa théorie des germes contre les tenants de la vieille école qui refusaient d'accepter non seulement leur nocivité, mais encore leur présence. Il devait défendre ses expériences mises en doute, et un jour, il apportait des poules dans une séance de l'Académie de Médecine, pour convaincre Colin qu'il pouvait leur donner le charbon! Pasteur était un adversaire énergique, parfois violent, lorsqu'on feignait de ne pas le comprendre et il défendait la vérité avec une âpre et rude éloquence. Elle faillit lui amener un duel avec Jules Guérin, en octobre 1881, pour l'avoir assez malmené à propos de la variole.

Toute cette époque de la vie de Pasteur, qui va de 1877 à 1882, fut extrêmement féconde. Il avait comme une fièvre de travail et ses idées rayonnaient dans tous les sens. Son laboratoire était une véritable ruche.

Dans les diverses expériences faites sur le charbon, Leplat et Gaillard avaient démontré contre Davaine que des moutons inoculés avec du sang charbonneux mouraient sans que l'on trouvât de bactéridies dans leur sang. Davaine s'était défendu en disant que la maladie décrite par Leplat et Gaillard n'était pas le charbon, mais il n'avait pas fourni la preuve de son affirmation. Ce fut Pasteur qui la donna. Le microbe de cette seconde maladie existait dans la sérosité abdominale des animaux où ni Davaine, ni Leplat et Gaillard ne l'avaient observé. Pasteur le découvrit, l'étudia, lui reconnut un caractère anaérobie, le nomma vibrion septique et la maladie qu'il causait septicémie. Cette étude lui permit de définir l'action de l'oxygène sur ce microbe extrêmement répandu et non toujours pathogène.

« En exposant un liquide chargé de vibrions septiques au contact de l'air pur, a-t-il écrit, on devait tuer les vibrions et supprimer toute virulence. C'est ce qui arriva. Qu'on place quelques gouttes de sérosité septique, étalée en très mince épaisseur dans un tube couché horizontalement, et en moins d'une demi-journée, le liquide deviendra absolument inoffensif, alors même qu'il était au début à ce point virulent qu'il entraînait la mort par l'inoculation d'une très minime fraction de goutte.

« Il y a plus : tous les vibrions qui remplissent à profusion le liquide sous forme de fils mouvants se détruisent et disparaissent. On ne trouve après l'action de l'air, que de fines granulations amorphes, impropres à toute culture, non moins qu'à la communication d'une maladie quelconque. On dirait que l'air brûle les vibrions.

« S'il est terrifiant de penser que la vie puisse être à la merci de la multiplication de ces infiniment petits, il est consolant aussi d'espérer que la science ne restera pas toujours impuissante devant de tels ennemis lorsqu'on la voit prenant à peine possession de leur étude, nous apprendre, par exemple, que le simple contact de l'air suffit parfois pour les détruire. » (*La théorie des germes et ses applications à la médecine et à la chirurgie.*)

On pourrait s'étonner que dans ces conditions le vibrion septique ne résistant pas à l'oxygène de l'air put communiquer la septicémie aux animaux, mais souvent ce n'est pas le vibrion qui détermine la maladie, ce sont ses spores qui ne périssent pas dans l'air.

Avec le vaccin charbonneux, il trouvait en outre celui du choléra des poules; son élève Thuillier découvrait le microbe du rouget des porcs. Mais Pasteur, parmi les polémiques et ses divers travaux, se préoccupait surtout des maladies humaines. Il s'occupait de la fièvre puerpérale, et démontrant qu'elle avait comme origine un microbe, il édictait pour les médecins toute une série de mesures de propreté et de précautions qui sauvaient de nombreuses mères. Son point de vue n'était pas universellement accepté, et le docteur Roux a relaté une séance curieuse à l'Académie de Médecine.

« Un jour, a-t-il écrit, dans une discussion sur la fièvre puerpérale à l'Académie de Médecine, un de ses collègues les plus écoutés, dissertait éloquemment sur les causes des épidémies dans les maternités. Pasteur l'interrompt de sa place : « Ce qui cause l'épidémie, ce n'est rien de tout cela! C'est le médecin et son personnel qui transportent le microbe d'une femme malade à une femme saine? » Et comme l'orateur répondit qu'il craignait fort qu'on ne trouve jamais ce microbe, Pasteur s'élance vers le tableau noir et dessine l'organisme en chapelets de grains en disant : « Tenez, voici sa figure! » Sa conviction était si forte qu'il ne pouvait s'empêcher de s'exprimer fortement. On ne saurait se rendre compte aujourd'hui de l'état de surprise, de stupéfaction même, dans lequel il mettait médecins et élèves lorsque, à l'hôpital, avec une simplicité et une assurance qui semblait déconcertante chez un homme qui entrait pour la première fois dans un service d'accouchement, il critiquait les méthodes de pansement et déclarait que tous les linges devaient passer au four à stériliser. »

Il rédigeait des notes sur la peste, il étudiait les furoncles, les premiers sur son collaborateur Duclaux, et il y découvrait le staphylocoque, il parcourait les hôpitaux en compagnie de ses élèves, malgré sa sensibilité et sa répugnance physique.

« La vue des cadavres, la triste besogne des autopsies, lui causaient un véritable dégoût a dit M. Roux. Que de fois nous l'avons vu sortir malade de ces amphithéâtres d'hôpitaux! Mais son amour de la science, sa curiosité du vrai, étaient plus forts : il revenait le lendemain. »

Après s'être vaincu lui-même pour apporter à l'humanité les remèdes aux maladies infectieuses, Pasteur devait vaincre, les autres, les médecins, attachés aux vieilles formules, aux antiques conceptions, et qui ne voyaient pas sans ennui ou sans terreur bouleverser leur quiétude et leurs pratiques de tout repos.

Mais l'émotion soulevée par la découverte du vaccin charbonneux, qui ouvrait tant d'espoir sur l'avenir, était consacrée par les grandes Sociétés et les Pouvoirs publics.

La Société des Agriculteurs de France décernait à Pasteur, le 21 février 1881, une médaille d'honneur, et le gouvernement lui accordait le grand cordon de la Légion d'honneur. Ici se place un trait du caractère de Pasteur. Il fit savoir qu'il n'accepterait cette élévation de grade que si ses deux collaborateurs, Chamberland et Roux, recevaient le ruban rouge. C'était ainsi rendre hommage aux mérites de deux grands savants.

Photo Dornac.

PASTEUR DANS SON CABINET DE TRAVAIL.

CHAPITRE VIII

LA SOUVERAINETÉ DU GÉNIE

En dépit d'un petit groupe réfractaire, l'ascension de Pasteur était continue, et son génie rayonnait sur toute l'Europe savante. Le gouvernement l'avait délégué au Congrès médical international de Londres, en avril 1881, et il y fut l'objet d'honneurs exceptionnels. M. Vallery-Radot cite une fort belle lettre qu'il écrivit à Mme Pasteur sur les hommages qu'il recevait. Le président du Congrès, Sir James Paget, ayant prononcé son nom, toute la salle éclata en applaudissements, et Pasteur dut se lever pour saluer ses confrères.

« J'étais bien fier, disait-il, bien fier intérieurement, non pour moi — tu sais ce que je suis devant les triomphes — mais pour mon pays, en songeant que j'étais distingué exceptionnellement au milieu de ce concours immense d'étrangers, d'Allemands surtout, qui sont ici en nombre considérable, bien plus nombreux que les Français, dont le total cependant ne s'élève pas à moins de 250. Jean-Baptiste et René étaient dans la salle. Tu juges de leur émotion.

« Après la séance, lunch chez sir James Paget, avec le prince de Prusse à sa droite, le prince de Galles à sa gauche. Puis, réunion de vingt-cinq à trente convives dans le salon. Sir James m'a présenté au prince de Galles devant qui je me suis incliné, en lui disant que j'étais heureux de saluer un ami de la France.

« — Oui, m'a-t-il dit, un grand ami. »

« Sir James Paget a eu le bon goût de ne pas me demander de me présenter au prince de Prusse; quoiqu'il n'y ait place, dans de telles circonstances que pour la courtoisie, je n'aurais pu me décider à paraître avoir demandé à lui être présenté. Mais voilà que lui-même s'approchant de moi me dit :

« — Monsieur Pasteur, permettez-moi de me présenter à vous « et de vous dire que je vous ai applaudi tout à l'heure. »

« Il a continué, fort aimable du reste. »

Les réceptions et les cérémonies ne faisaient pas oublier à Pasteur le travail sérieux, et dans une conférence donnée pour répondre à Bastian qui affirmait que les germes naissent de l'organisme, il exposa ses travaux, sa méthode, sa découverte des vaccins et comment il avait démontré expérimentalement que les germes étaient des parasites. Cet exposé de Pasteur, où il résumait toute sa vie de savant, et tous les espoirs qu'elle permettait à l'avenir de la science, fut imprimé en anglais et remis à tous les députés de la Chambre des Communes. Les plus grands savants anglais, Tyndall, Paget, Lister, s'étaient ralliés à la méthode pastorienne.

De retour en France, il partait aussitôt pour Bordeaux, où il espérait pouvoir étudier la fièvre jaune qui s'était déclarée parmi les hommes du bateau le *Condé* en provenance du Sénégal. Et pendant qu'il s'inquiétait des malades chez lesquels il pensait avoir des sujets d'expérience, il mettait ses moments de loisir à profit, pour aller à la bibliothèque de Bordeaux où il lisait les ouvrages de Littré, assidûment, et la plume à la main. En effet, certains membres de l'Académie française, parmi lesquels Alexandre Dumas, avaient demandé à Pasteur de se présenter au fauteuil du savant linguiste, mort récemment.

Nous avons dit que Pasteur grand révolutionnaire de la science, était très respectueux des grades, des hiérarchies, des cadres sociaux, des distinctions honorifiques, et il lui parût que c'était un honneur peu en rapport avec ses titres littéraires. Il hésita, et il fallut l'insistance de ses amis, ainsi que l'idée de voir la science honorée plus que sa personne, pour le décider à poser sa candidature. Il fut élu le 8 décembre 1881, occupant le trente et unième fauteuil qui avait eu comme titulaires, de la Chambre (1635), Desmarais (1670), La Monnaye (1713), La Rivière (1723), Hardieux (1730), Thomas (1766), Guilbert (1786), Fontanes (1803), Villemain (1821), Littré (1881). On peut dire que bien qu'il ne fut pas un homme de lettres, Pasteur restera la plus haute illustration de ce fauteuil.

Cl. Hachette.

L. THUILLIER,
BAS-RELIEF, DANS LE JARDIN DE L'INSTITUT.

La réception eut lieu le 27 avril 1882, et ce fut le philosophe Ernest Renan, directeur en exercice, qui reçut le savant. Leurs deux discours, chacun dans sa forme et dans son esprit, sont d'admirables monuments de la langue et de la pensée française : celui de Pasteur, grave, austère, profond, rendant hommage au mérite de Littré, ouvrant des vues merveilleuses sur les abîmes de l'infini; celui de Renan, respectueux de la science, caressant, spirituel, d'une sereine philosophie.

Louis Pasteur fut écouté religieusement, et il y eut comme un frisson, lorsqu'il lut de sa voix un peu sourde, mais animée par une conviction ardente, ce passage célèbre :

« Au delà de cette voûte étoilée, qu'y a-t-il? De nouveaux cieux étoilés. Soit! Et au delà? L'esprit humain, poussé par une force invincible, ne cessera jamais de se demander : Qu'y a-t-il au delà? Veut-il s'arrêter soit dans le temps, soit dans l'espace? Comme le point où il s'arrête n'est qu'une grandeur finie, plus grande seulement que toutes celles qui l'ont précédée, à peine commence-t-il à l'envisager que revient l'implacable question, et toujours, sans qu'il puisse faire taire sa curiosité. Il ne sert de rien de répondre : Au delà sont des espaces, des temps ou des grandeurs sans limites. Nul ne comprend ces paroles. Celui qui proclame l'existence de l'infini, et personne ne peut y échapper, accumule dans cette affirmation plus de surnaturel qu'il n'y en a dans les miracles de toutes les religions; car la notion de l'infini a ce double caractère de s'imposer et d'être incompréhensible. Quand cette notion s'empare de l'entendement, il n'y a plus qu'à se prosterner. Encore, à ce moment de poignantes angoisses, il faut demander grâce à sa raison; tous les ressorts de la vie intellectuelle menacent de se détendre; on se sent près d'être saisi par la sublime folie de Pascal. Cette notion positive et primordiale, le positivisme l'écarte gratuitement, elle et toutes ses conséquences, dans la vie des Sociétés.

« La notion de l'infini dans le monde, j'en vois partout l'inévitable expression. Par elle, le surnaturel est au fond de tous les cœurs. L'idée de Dieu est une forme de l'idée de l'infini. Tant que le mystère de l'infini pèsera sur la pensée humaine, des temples seront élevés au culte de l'infini, que le Dieu s'appelle Brahma, Allah, Jéhovah ou Jésus. Et sur la dalle de ces temples, vous verrez des hommes agenouillés, prosternés, abîmés dans la pensée de l'infini. La métaphysique ne fait que traduire au dedans de nous la notion dominatrice de l'infini. La conception de l'idéal n'est-elle pas encore la faculté, reflet de l'infini, qui, en présence de la beauté, nous porte à imaginer une beauté supérieure? La science et la passion de comprendre sont-elles autre chose que l'effet de l'aiguillon du savoir que met en notre âme le mystère de l'Univers? Où sont les vraies sources de la dignité humaine, de la liberté et de la démocratie moderne, sinon dans la notion de l'infini devant laquelle tous les hommes sont égaux? »

On avait applaudi les paroles du savant qui scrutait les mystères du monde avec le vertige; on allait entendre les phrases du philosophe qui les considérait avec un sourire. Ernest Renan accueillit Pasteur par des mots d'une bonne grâce fleurie et d'une très noble distinction.

« Nous sommes bien incompétents pour louer ce qui fait votre gloire véritable, lui dit-il, ces admirables expériences par lesquelles vous atteignez jusqu'aux confins de la vie, cette ingénieuse façon d'interroger la nature qui tant de fois vous a valu de sa part les plus claires réponses, ces précieuses découvertes qui se transforment chaque jour, en conquêtes de premier ordre pour l'humanité. Vous répudieriez nos éloges, habitué que vous êtes à n'estimer que les jugements de vos pairs, et, dans les débats scientifiques que soulèvent tant d'idées neuves, vous ne voudriez pas voir des appréciations littéraires venir se mêler au suffrage des savants que rapproche de vous la confraternité de la gloire et du travail. Entre vous et vos savants émules, nous n'avons point à intervenir. Mais, en dehors du fond de la doctrine, qui n'est point de notre ressort, il est une maîtrise, Monsieur, où notre pratique de l'esprit humain nous donne le droit d'émettre un avis. Il y a quelque chose que nous savons reconnaître dans les applications les plus diverses, quelque chose qui appartient au même degré à Galilée, à Pascal, à Michel-Ange, à Molière; quelque chose qui fait la sublimité du poète, la profondeur du philosophe, la fascination de l'orateur, la divination du savant. Cette base commune de toutes les œuvres belles et vraies, cette flamme divine, ce souffle indéfinissable qui inspire la science, la littérature et l'art, nous l'avons trouvé en vous, Monsieur; c'est le génie. Nul n'a parcouru d'une marche aussi sûre les cercles de la nature élémentaire; votre vie scientifique est comme une traînée lumineuse dans la grande nuit de l'infiniment petit, dans ces derniers abîmes de l'être où naît la vie. »

Cl. Gerschel.

RENAN, QUI REÇUT PASTEUR A L'ACADÉMIE FRANÇAISE.

Après une analyse de l'œuvre de Pasteur, où il montrait la forte continuité de ses travaux, Renan parlait de ses vertus.

« Votre vie austère, disait-il, toute consacrée à la recherche désintéressée, est la meilleure réponse à ceux qui regardent notre siècle comme déshérité des grands dons de l'âme. Votre laborieuse assiduité n'a voulu connaître ni distraction ni repos. »

Puis les mérites de Littré reconnus, Renan concluait, avec sa finesse indulgente et rare.

« Votre dévouement absolu à la science vous donnait le droit, Monsieur, de succéder à un tel homme et de rappeler ici cette grande et sainte mémoire. Vous trouverez à nos séances un délassement pour votre esprit toujours préoccupé de découvertes nouvelles. Cette rencontre en une même Compagnie de toutes les opinions et de tous les genres d'esprit vous plaira : ici, le rire charmant de la comédie, le roman pur et tendre, la poésie au puissant coup d'aile, au rythme harmonieux; là, toute la finesse de l'observation morale, l'analyse la plus exquise des ouvrages de l'esprit, le sens profond de l'histoire. Tout cela n'ébranlera pas votre foi en vos expériences; l'acide droit restera l'acide droit; l'acide gauche restera l'acide gauche. Mais vous trouverez que les prudentes obstentions de M. Littré avaient du bon. Vous assisterez avec quelque intérêt aux peines que se donne notre philosophie critique pour faire la part de l'erreur, en se défiant de ses procédés, en limitant l'étendue de ses propres observations. A la vue de tant de bonnes choses qu'enseignent les lettres en apparence frivoles, vous arriverez à penser que le doute discret, le sourire, l'esprit de finesse dont parle Pascal, ont bien aussi leur prix. Vous n'aurez pas chez nous d'expériences à faire; mais cette modeste observation, que vous maltraitez si fort, suffira pour vous procurer de bien douces heures. Nous vous communiquerons nos hésitations; vous nous communiquerez votre assurance. Vous nous apporterez surtout votre gloire, votre génie, l'éclat de vos découvertes. Soyez le bienvenu, Monsieur. »

Pasteur eut comme successeur à l'Académie française, Gaston Paris, le restaurateur de notre vieille littérature nationale, et lors de sa réception, l'illustre savant, J. Bertrand, qui répondait à son discours, a donné des anecdotes savoureuses sur le savant, ses travaux et son caractère.

« Illustre déjà, disait-il, mais pas encore célèbre, Pasteur fut chargé de porter à Sens, devant la statue de Thénard, les hommages de l'École Normale. On l'inscrivit au dernier rang des orateurs. Lorsqu'il prit la parole, la foule, fatiguée d'éloquence, applaudissait encore, mais n'écoutait plus. Sans prendre occasion de raconter pour la quinzième fois d'insignifiantes anecdotes et de douteuses légendes, sans mentionner même l'eau oxygénée, Pasteur ne voulut — quelle admirable louange! — ne remercier Thénard que de sa bonté, ne faire souvenir que de sa justice. Dès les premiers mots, sa parole vive et efficace pénétra jusque dans les cœurs, et quand les derniers les suivirent de près, de douces larmes mouillaient tous les yeux. De telles occasions étaient rares. Pasteur, pour montrer l'éclat de son esprit, attendait qu'on l'y forçât. Un jour, à l'Académie des Sciences, deux contradicteurs opposaient à des découvertes certaines des objections indignes d'attention. Après une réponse foudroyante, Pasteur, les apostrophant tous les deux ensemble, dit à l'un : « Savez-vous ce « qui vous manque? Vous « ignorez l'art d'observer! » et à l'autre : « Et vous, celui « de raisonner! » Un murmure s'éleva. L'Académie protestait contre la dureté de la forme. Pasteur s'arrêta tout à coup.

Cl. Reutlinger.

GASTON PARIS SUCCESSEUR DE PASTEUR A L'ACADÉMIE FRANÇAISE.

« L'ardeur de la discussion « m'a emporté, dit-il, je re- « grette ma vivacité. Je prie « mes confrères de recevoir « toutes mes excuses. »

« On admirait tant de simplicité et de franchise, lorsqu'il ajouta :

« J'ai reconnu mes torts, je « me suis exécuté de bonne « grâce; ne m'est-il pas « permis d'invoquer une cir- « constance atténuante? Tout ce que j'ai dit était vrai! »

« Et, après réflexion, il ajouta :

« Absolument vrai! »

« Un rire universel et bienveillant égaya l'Académie, et, en gens d'esprit, ses deux adversaires y prirent part. »

Donnons aussi quelques extraits du discours de Gaston Paris, infatiguable explorateur et commentateur de textes, comme le savant auquel il succédait, avait été un infatiguable explorateur de la nature. Il disait : « Dans tous les ordres de la pensée ou de l'activité humaine, c'est la puissance de l'imagination qui fait les grands hommes et Pasteur aussi fut avant tout un homme d'imagination. Le savant a besoin d'imagination tout autant que l'artiste, mais celle qu'il doit avoir est d'un autre ordre. Elle lui montre des combinaisons de rapports et non de formes, d'idées et non de sentiments. Elle lui procure d'ailleurs les mêmes jouissances; elle lui cause les mêmes troubles et souvent les mêmes angoisses par la difficulté qu'il éprouve, lui aussi, à réaliser les visions qui passent devant son esprit.

« L'imagination de Pasteur était dans un perpétuel bouillonnement; elle le tourmentait comme une passion. Il lui arrivait au milieu du repas de famille, de se lever brusquement et de partir, sans que les siens, habitués à ses allures, lui adressent de questions. Souvent quand il habitait l'École Normale, les dormeurs étaient réveillés au milieu de la nuit par son pas à la fois pesant et précipité qui descendait l'escalier : une idée impérieuse lui était soudainement apparue, et il ne pouvait résister au désir d'aller immédiatement contrôler, dans son laboratoire, la suggestion tyrannique qui ne lui laissait pas de repos; tel un joueur à l'esprit duquel se présente une combinaison imprévue n'a pas de cesse qu'il ne l'ait mise à l'épreuve Les grandes découvertes de Pasteur sont les fleurs et les fruits d'innombrables hypothèses conçues avec enthousiasme, contrôlées ensuite avec une infatiguable patience, abandonnées pour d'autres quand elles ne se montraient pas conciliables avec les faits.

« Cette imagination toujours en travail aurait pu, en effet, être un danger pour lui et l'entraîner dans des spéculations hasardées s'il n'avait toujours soumis ses idées à la critique rigoureuse qu'il savait si bien appliquer aux idées des autres. Dans les sciences qu'il a cultivées, la critique c'est l'expérimentation. Pasteur fut le génie même de l'expérimentation. On a loué avec raison la méthode qu'il y a appliquée, méthode tellement parfaite qu'elle élimine presque toutes les chances d'erreur Mais la meilleure méthode n'est qu'un flambeau qui éclaire la route, elle ne mène au but que celui qui se fait son chemin. Pour être un grand expérimentateur il ne suffit pas de partir d'hypothèses qui soient d'accord avec la nature des choses; il faut une étendue de vue, une intensité d'attention, une persévérance à l'abri des découragements, une obstination que rien ne rebute et une souplesse prête à toutes les volte-face, une suite et en même temps une mobilité dans les idées qui ne sont données qu'à peu d'hommes. Il faut tendre à la vérité des pièges toujours nouveaux, la capter dans des filets aussi subtils et aussi tenaces que les mailles invisibles où le forgeron divin surprit Aphrodite; il faut l'épier sans se lasser, la deviner sous ses déguisements, la reconnaître au passage dans ses apparitions souvent fugaces, savoir interpréter les signes équivoques de sa présence, être toujours en garde contre les conclusions

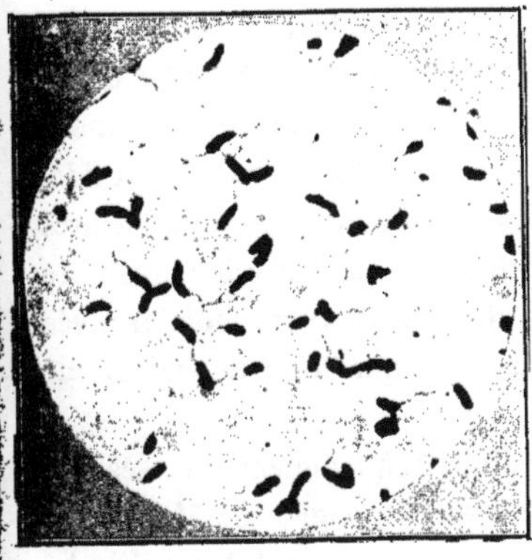

VIBRION DU CHOLÉRA.

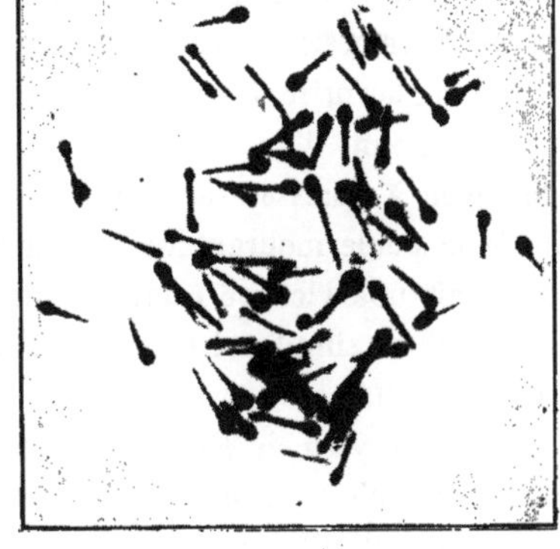

BACILLE DU TÉTANOS AVEC SPORE.

hâtives et les apparences si facilement décevantes. Il faut de l'imagination, plus peut-être que pour concevoir les hypothèses; il faut même

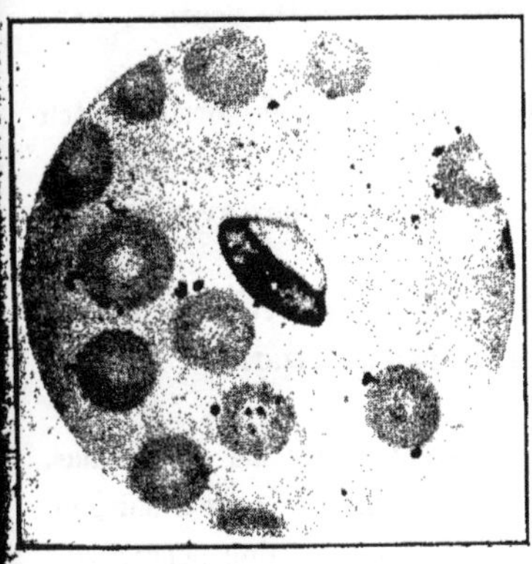

HÉMATOZOAIRE DU PALUDISME FORME EN CROISSANT.

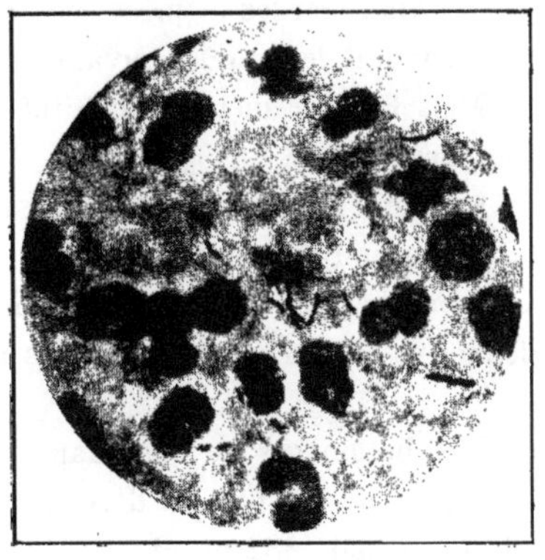

BACILLE DE LA TUBERCULOSE DANS UN CRACHAT.

des inspirations subites. La vie de Pasteur abonde en inspirations de ce genre, dont le récit fait parfois sourire comme le conte fameux de l'œuf de Colomb. « Pourquoi, se demandait-il, au cours de ses expérience sur le charbon, les poules résistent-elles toujours aux inoculations charbonneuses les plus virulentes, à celles qui tuent rapidement des animaux vingt fois plus gros? L'idée lui vint tout à coup que la température élevée du corps des oiseaux pouvait être un obstacle à la multiplication des parasites infectieux. Aussitôt devant ses préparateurs qui le regardaient faire avec surprise, il prend une poule, l'inocule comme il avait vainement fait avec tant d'autres, et lui fait maintenir les pattes dans l'eau froide, de façon à abaisser sa température de 4 à 5 degrés. Quelques heures après la poule mourait infestée de bactéridies, et la théorie parasitaire comptait une victoire éclatante de plus. La solution une fois trouvée paraît d'une simplicité enfantine : mais il n'y a que le génie qui ait de ces simplicités. »

Selon le vœu de Renan, Pasteur assistait fréquemment aux séances de l'Académie française. Il y allait parfois en compagnie de M. Duruy, le ministre de l'Instruction publique qui l'avait encouragé à ses débuts, l'un habitant à l'École Normale, rue d'Ulm, et l'autre rue de Médicis. Un jeudi qu'ils avaient pris un modeste fiacre pour se faire conduire à l'Institut, ce fut Duruy qui, à destination, offrit cinq francs au cocher.

« Pas de monnaie, dit celui-ci.

— Alors gardez la pièce entière en souvenir de cette course : vous avez conduit le premier savant du siècle.... »

Mais Pasteur mettant aussitôt la main à la poche, en sortit un écu tout neuf :

« Tenez, mon ami, gardez aussi celle-là, puisque vous avez conduit le plus grand ministre du second Empire!... »

Le cocher eut une mine un peu ahurie, mais joyeuse, et les deux académiciens entrèrent en riant dans la cour du palais Mazarin.

Les hommages se succédaient pour Pasteur. La ville d'Aubenas, tirée de la misère par ses découvertes sur la maladie des vers à soie, lui offrait en mai 1882 un objet d'art où figurait le microscope permettant les élevages des graines saines. Puis c'était Nîmes qui lui décernait une médaille pour son vaccin anticharbonneux; Montpellier où la Société d'Agriculture organisait une séance solennelle pour le remercier d'avoir vaincu le charbon et pour lui demander de guérir la clavelée et le phylloxéra. C'était le grand magicien....

Mais il y avait contre lui, des confrères qui, de bonne foi ou autrement, combattaient les doctrines microbiennes, et il eut à soutenir contre Peter de dures joutes à l'Académie de Médecine. D'autre part, l'école allemande, ayant à sa tête le docteur Koch, discutait ses travaux, allant jusqu'à nier la valeur de ses observations. Mais il était à ce point certain de leurs résultats positifs qu'il déléguait son élève Thuillier en Allemagne, avec des cultures virulentes du charbon et des virus atté-

Cl. Hachette.

INJECTION A UNE SOURIS.

nués, portant ses expériences sur le terrain même de ses adversaires.

Il souffrait de ces mauvais vouloirs, de ces querelles sans cesse renouvelées; cependant ses rancœurs étaient adoucies par l'admiration du plus grand nombre des savants. Sur l'initiative de l'Académie des Sciences, les sociétés savantes souscrivaient pour lui offrir une médaille, son profil modelé par Alphée Dubois, avec cette inscription : « A Louis Pasteur, ses confrères, ses amis, ses admirateurs. »

Cette œuvre d'art lui était remise le 25 juin 1882, et Pasteur avait la joie de voir son vieux maître, Dumas, conduisant la délégation composée de Boussingault, Bouley, Jamin, Daubrée, Bertin, Tisserand,

Davaine, et de lui entendre prendre la parole pour le célébrer lui, qui, jeune homme obscur, suivait ses cours de la Sorbonne et en sortait ému jusqu'aux larmes.

Le gouvernement ne restait pas insensible au mouvement enthousiaste qui consacrait les découvertes de Pasteur. Sur un second rapport de Paul Bert, les Chambres françaises élevaient sa pension à 25 000 francs, ainsi qu'il avait été fait pour Jenner recevant 250 000 francs en 1802 et 500 000 en 1807 pour son vaccin de la variole. Le rapporteur résumait les travaux de Pasteur.

« Ils peuvent, écrivait-il, être classés en trois séries, ils constituent trois grandes découvertes :

« La première peut être formulée ainsi : *Chaque fermentation est le produit du développement d'un microbe spécial.*

« La seconde a pour formule : *Chaque maladie infectieuse* (celles au moins étudiées par M. Pasteur et ses disciples immédiats) *est produite par le développement dans l'organisme d'un microbe spécial.*

« La troisième peut être exprimée ainsi : *Le microbe d'une maladie infectieuse, cultivé dans certaines conditions déterminées, est atténué dans son activité nocive; de virus il est devenu vaccin.*

« Comme conséquences pratiques de la première découverte, M. Pasteur a donné les règles de la fabrication du vinaigre et de la bière, et il a montré comment on peut préserver la bière et le vin contre les fermentations secondaires qui les amènent à l'aigre, à l'amer, à la graisse, à la pousse, et s'opposent à leur transport et même souvent à leur conservation sur place.

« Comme conséquences pratiques de la seconde, M. Pasteur a donné des règles à suivre pour mettre les troupeaux à l'abri des contaminations charbonneuses, et les vers à soie à l'abri des maladies qui les détruisent. Les chirurgiens, d'autre part, sont arrivés, en la prenant comme guide, à faire disparaître à peu près complètement les érysipèles et les infections purulentes qui, jadis, amenaient la mort de tant d'opérés.

« Comme conséquences pratiques de la troisième, M. Pasteur a donné les règles à suivre pour préserver, et a préservé, en effet, les chevaux, les bœufs et les moutons de la maladie charbonneuse, qui en tue chaque année en France pour une vingtaine de millions de francs. Les porcs vont être également mis à l'abri du rouget qui les décime, et les oiseaux de basse-cour, du choléra qui fait parmi eux de terribles ravages. Tout fait espérer que la rage sera, elle aussi, bientôt domptée. »

Le projet de loi portant augmentation de la récompense nationale fut voté à l'unanimité, mais une cérémonie plus douce au cœur de Pasteur, que cet hommage de reconnaissance de tout un peuple, se préparait dans sa petite ville natale. Le 14 juillet 1883, on plaçait sur la maison où il était né une plaque commémorative, et M. Kaempfen, directeur des Beaux-Arts, délégué du gouvernement, disait en l'inaugurant :

« Au nom du gouvernement de la République, je salue l'inscription

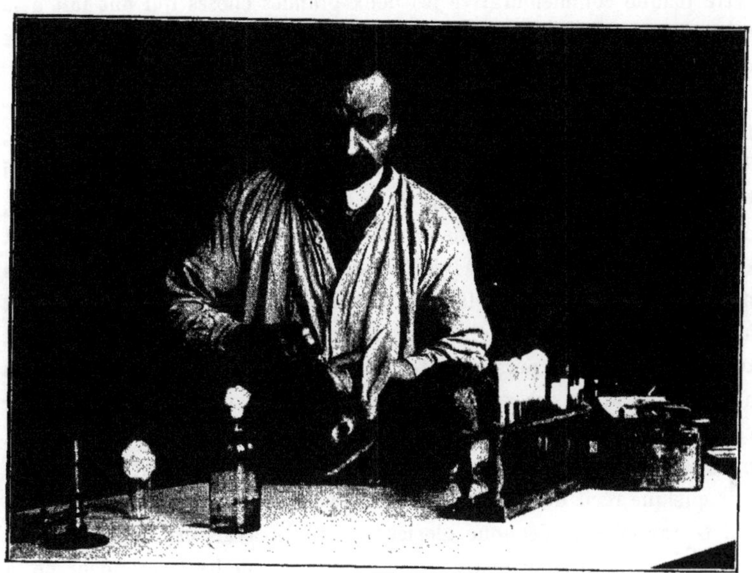

Cl. Hachette.

INJECTION DANS L'OREILLE D'UN LAPIN.

qui rappelle que, le 27 décembre 1822, dans cette petite rue, est né celui qui devait être un des premiers savants de ce siècle si grand par la science et qui a, par ses admirables travaux, accru la gloire de la patrie et bien mérité de l'humanité tout entière. »

Pasteur lui répondait, et son discours révèle toutes les richesses de son cœur fervent, toute la modestie qu'il avait pour sa personne, et l'orgueil qu'il gardait seulement pour la science.

« Messieurs, disait-il, je suis profondément ému de l'honneur que me fait la ville de Dôle; mais permettez-moi, tout en vous exprimant ma reconnaissance, de m'élever contre cet excès de gloire. En m'accordant un hommage qui ne se rend qu'aux morts illustres, vous empiétez trop vite sur le jugement de la postérité.

« Ratifiera-t-elle votre décision et n'auriez-vous pas dû, monsieur le Maire, prévenir prudemment le conseil municipal de ne pas prendre une résolution aussi hâtive?

« Mais après avoir protesté, messieurs, contre les dehors éclatants d'une admiration que je ne mérite pas, laissez-moi vous dire que je suis touché et remué jusqu'au fond de l'âme. Votre sympathie a réuni sur cette plaque commémorative les deux grandes choses qui ont fait à la fois la passion et le charme de ma vie : l'amour de la science et le culte du foyer paternel.

« Oh! mon père et ma mère! oh! mes chers disparus, qui avez si modestement vécu dans cette petite maison, c'est à vous que je dois tout. Tes enthousiasmes, ma vaillante mère, tu les as fait passer en moi. Si j'ai toujours associé la grandeur de la science à la grandeur de la patrie, c'est que j'étais imprégné des sentiments que tu m'avais inspirés. Et toi, mon cher père, dont la vie fut aussi rude que ton rude métier, tu m'as montré ce que peut faire la patience dans les longs efforts. C'est à toi que je dois la ténacité dans le travail quotidien. Non seulement tu avais les qualités persévérantes qui font les vies utiles, mais tu avais aussi l'admiration des grands hommes et des grandes choses. Regarder en haut, apprendre au delà, chercher à s'élever toujours, voilà ce que tu m'as enseigné. Je te vois encore, après ta journée de labeur, lisant le soir quelque récit de bataille d'un de ces livres d'histoire contemporaine qui te rappelaient l'époque glorieuse dont tu avais été le témoin. En m'apprenant à lire, tu avais le souci de m'apprendre la grandeur de la France.

« Soyez bénis l'un et l'autre, mes chers parents, pour ce que vous avez été et laissez-moi vous reporter l'hommage fait aujourd'hui à cette maison.

« Messieurs, je vous remercie de m'avoir permis de dire, bien haut ce que je pense depuis soixante ans. Je vous remercie de cette fête et de votre accueil et je remercie la ville de Dôle, qui ne perd de vue aucun de ses enfants et qui m'a gardé un tel souvenir. »

Mais les honneurs que l'on rendait à son génie, qu'ils fussent intimes ou éclatants, ne le détournaient point de sa laborieuse tâche. Au commencement du mois d'août 1883, il envoyait en Égypte, où venait de se déclarer une redoutable épidémie de choléra, une petite troupe de ses élèves, MM. Roux, Nocard, Strauss, Thuillier, pour étudier l'effrayante maladie et rechercher les moyens d'en prévenir les ravages. Thuillier devait mourir dans cette expédition scientifique, frappé par le fléau, en pleine jeunesse, en plein espoir; il n'avait que vingt-six ans. Par les soins pieux de l'Institut Pasteur, son médaillon qui orne l'un des murs des jardins, rappelle sa vaillance et son dévouement.

Les études de Pasteur et de ses élèves portaient à cette époque sur toutes les maladies d'origine infectieuse, mais plus particulièrement sur la rage, cet effroi des campagnes, que le savant voulait vaincre à force de patience et de génie. Il en était détourné pendant quelques semaines par l'obligation de représenter la France aux fêtes du troisième centenaire de l'Université d'Edimbourg, en compagnie de MM. Caro, Gréard, de Lesseps, Guizot, Eugène Guillaume, Alfred Mezières.

A propos de ce voyage, M. Fr. Bournand, dans son *Pasteur, sa vie et son œuvre* (p. 119 et suiv.), reproduit un récit d'Alfred Mézières qui montre le savant illustre plein de reconnaissance et d'admiration pour les maîtres qui l'avaient encouragé au commencement de sa carrière. « M. Pasteur, a écrit Alfred Mézières, a eu toutes les vertus. Le devoir, tout le devoir, est la règle constante de cette vie si bien remplie

« Seulement les devoirs se contrarient quelquefois. Il y a des moments où l'on éprouve un grand embarras à les concilier. Un jour j'ai été témoin, chez notre illustre ami, d'un conflit de scrupules qui lui fait le plus grand honneur. M. Pasteur, un certain nombre de savants et moi, nous étions désignés en 1889, pour représenter l'Université de France et nos Académies respectives au troisième centenaire de l'Université d'Edimbourg. Des réceptions triomphales nous attendaient. En mémoire des services que M. Pasteur avait rendus aux fabricants de bière, un grand brasseur écossais avait commandé pour nous un train spécial de Londres à Edimbourg.

« Au moment où nous allions partir on apprit la mort du grand chimiste J.-B. Dumas. Les funérailles devaient se faire le jour même de notre départ. J.-B. Dumas, qui aimait et protégeait très généreusement tous les jeunes gens, dans lesquels il devinait de futurs savants avait beaucoup aidé M. Pasteur à ses débuts. M. Pasteur avait pour lui autant de reconnaissance que d'affection. J'allai chez lui pour régler les derniers détails d'un voyage qui ne pouvait pas être différé. Nous étions attendus à Edimbourg à jour fixe. Je le trouvai tout en larmes, il m'annonça avec une profonde émotion qu'il renonçait à partir, qu'il ne pouvait accepter l'idée de ne pas suivre le char funèbre de son cher et vénéré maître.

« Cette résolution me consterna. Je sentais que si M. Pasteur nous abandonnait l'effet de notre voyage était manqué.

« En face des plus illustres savants allemands, de Virchow et de Helmholtz, il allait représenter la gloire de la science française. Lui de moins, nous étions découronnés.

« Heureusement je savais ce qu'aurait pensé et dit en pareil cas J.-B. Dumas si attentif aux intérêts de la science française, à tout ce qui pouvait en augmenter le renom dans le monde. J'invoquai contre l'émotion de M. Pasteur les sentiments bien connus de son maître. Je lui dis que la meilleure manière d'honorer cette grande mémoire était de s'inspirer de sa pensée, ce qu'il aurait souhaité que l'on fît. Si sa présence à Paris était un devoir pieux, sa présence à Edimbourg était aussi un devoir d'un ordre plus élevé et plus général.

« Ce n'était pas en France, c'était en Écosse qu'il fallait représenter les traditions léguées par toute la vie de J.-B. Dumas.

« M. Pasteur se rendit à cette évocation, c'est au nom de J.-B. Dumas que j'obtins qu'il renonçât à assister aux funérailles de J.-B. Dumas. La science française y trouva son compte.

« Le voyage de M. Pasteur ne fut qu'une longue ovation; toutes les gloires étrangères pâlirent devant la sienne. Grâce à cette victoire remportée sur ses sentiments intimes, au sacrifice qu'il voulut bien faire d'un devoir qu'il considérait comme sacré, nous gardâmes le rang qui nous appartenait dans le monde scientifique, le premier. »

Les délégués français trouvaient à Londres un wagon-salon particulier destiné à leur transport, grâce à M. Younger, un brasseur écossais qui voulait ainsi remercier Pasteur de ses études sur la bière. C'était reconnaître la belle générosité du savant français qui prodigua les millions au commerce ou à l'industrie, sans vouloir rien en retenir pour lui-même. Et c'est un des côtés les plus purs de notre gloire nationale.

Cl. Pierre Petit.

PASTEUR ET LES ENFANTS VACCINÉS.

CHAPITRE IX

LA RAGE

Le chien enragé était la terreur des campagnes. Le caractère mystérieux de la maladie, ses effets sur les hommes lorsqu'ils en étaient atteints, la classaient parmi les fléaux des champs contre lesquels il n'y avait pas de remède.

Dans l'antiquité, Pline l'Ancien conseillait à ceux qui avaient été mordus, de manger le foie des chiens cause du mal, Gallien prescrivait des yeux d'écrevisses! Pendant le moyen âge, hanté par les chiens fous, on employait les omelettes de coquilles d'huîtres pillées, les cautérisations des morsures au fer rouge, mais le plus souvent, on étouffait les malheureux enragés entre deux matelas.

Au XVIIIe siècle, le lieutenant de police Lenoir fondait un prix de 1 200 livres qui devait être attribué par la Société royale de Médecine à l'auteur du meilleur mémoire sur les moyens de guérir la rage. Ce fut le docteur Le Roux, médecin à Dijon, qui l'obtint, et parmi les procédés pour sauver les mordus, il indiquait la cautérisation par le fer ardent et surtout par le beurre d'antimoine.

Pendant les cinquante premières années du XIXe siècle le problème de la rage, bien qu'il fut étudié plus scientifiquement, ne fit que peu de progrès, jusqu'à ce que Pasteur en eut trouvé la solution d'une manière éclatante. Il commença ses recherches en 1880, avec la collaboration des docteurs Chamberland, Roux et Thuillier. On ne peut pas les suivre en tous leurs détails, dans la suite des expériences si délicates et si souvent recommencées, pour arriver à des résultats certains, mais un résumé très simple permettra de juger que le génie de Pasteur était toujours aussi fécond, et que par la maladie, il n'avait rien perdu de ses qualités d'expérimentateur.

D'une statistique établie par M. Leblanc, vétérinaire, membre de l'Académie de Médecine, sur les cas de rage dans le département de la Seine, il ressortait qu'en 1878, il y avait eu 103 mordus et 24 morts; en 1879, 76 mordus et 12 morts; en 1880, 68 mordus et 5 morts; en 1881, 156 mordus et 23 morts; en 1882, 57 mordus et 11 morts; en 1883, 45 mordus et 6 morts. La proportion des décès dus à la rage était donc de 1 pour 6 personnes atteintes de cette maladie, avant que fut employée la méthode antirabique.

Le 10 décembre 1880, Pasteur averti par le docteur Lannelongue qu'il avait un enfant de cinq ans dans son service, à Trousseau, mordu par un chien enragé, vint recueillir un peu de salive. Il y reconnut un microbe, qui n'était pas celui de la rage, et qui, inoculé à des lapins, les faisait mourir en deux jours d'une maladie différente. La salive contenait cependant le microbe rabique, mais celui-ci perdait toute virulence après vingt-quatre heures. La rage affectant surtout les centres nerveux — remarque déjà faite par le docteur Duboué, de Pau — Pasteur inocula aux lapins et aux chiens des moelles craniennes de chiens hydrophobes. Les inoculés prenaient la rage après des temps plus ou moins longs, et les expériences devenaient difficiles à suivre et à contrôler. Pasteur pour hâter la déclaration de la rage pensait à injecter la matière rabique dans le crâne des chiens, mais il répugnait à l'idée de la trépanation, pourtant nécessaire pour cette injection.

« D'ordinaire, une expérience conçue et discutée était mise en train sans retard, a écrit le docteur Roux, celle-ci, sur laquelle nous comptions beaucoup, ne fut pas exécutée aussitôt : Pasteur, qui a dû sacrifier tant d'animaux dans le cours de ses bienfaisantes études, éprouvait une véritable répugnance pour la vivisection.

« Il assistait sans trop de peine à une opération simple comme une inoculation sous-cutanée, et encore, si l'animal criait un peu, Pasteur

Cl. Hachette.

STATUE DU BERGER JUPILLE, ÉLEVÉE DEVANT L'INSTITUT PASTEUR.

se sauvait, aussitôt pris de pitié, et prodiguait à la victime des consolations et des encouragements, qui auraient paru comiques s'ils n'avaient été touchants. La pensée qu'on allait perforer le crâne d'un chien lui était désagréable. Il souhaitait vivement que l'expérience fut réalisée, et il craignait de la voir entreprendre. Je la fis un jour qu'il était absent. Le lendemain, comme je lui rendais compte que l'inoculation intracranienne ne présentait aucune difficulté, il s'apitoya sur le chien :

« Pauvre bête! son cerveau est sans doute lésé; il doit être paralysé. »

« Sans répondre, je descendis au sous-sol chercher l'animal et je le fis entrer au laboratoire. Pasteur n'aimait pas les chiens; mais quand il vit celui-ci, plein de vivacité, fureter partout en curieux, il témoigna la satisfaction la plus vive et se mit à lui prodiguer les mots les plus aimables. Il savait un gré infini à ce chien de si bien supporter la trépanation et de faire ainsi tomber tous ses scrupules pour les trépanations futures [1]. »

Cl. Hachette.

BUSTE DU Dr GRANCHER, par Auguste Maillard.

L'expérience réussit, la prise de la rage était réduite à vingt jours, et il était démontré que le siège principal de la maladie résidait dans les centres nerveux. A ces premiers résultats qui avaient un caractère théorique, Pasteur ambitionnait d'en ajouter d'autres, d'un ordre pratique. Pouvait-on immuniser les chiens mordus, de la rage, comme il avait immunisé les bœufs, les moutons, du charbon, et cette immunisation pouvait-elle aller jusqu'à l'homme?

Le problème était très complexe, car il ne connaissait pas le microbe de la rage, entrevu par le docteur Roux sous la forme de points presque imperceptibles sous les plus forts grossissements. C'est là que se révéla le génie inventif de Pasteur. Puisqu'il ne pouvait pas cultiver des microbes dans les liquides appropriés, les atténuer suivant la méthode dont il s'était servi pour le charbon, le choléra des poules, il eut l'idée de les cultiver de lapin à lapin, et il obtint ainsi un maximum de virulence

1. *L'Œuvre médicale de Pasteur*, par M. le docteur Roux, *Agenda du chimiste*, 1896.

fixe qui réduisait le temps de la déclaration de la rage à sept jours. Mais comment transformer le virus en vaccin? Pasteur observa que les moelles rabiques en contact avec de l'air sec perdaient d'autant plus de leur virulence qu'elles étaient plus longtemps exposées, jusqu'à devenir à peu près inoffensives après quinze jours.

L'atténuation du virus était trouvée, par un procédé peu scientifique, mais certain. Il s'agissait alors de savoir : 1° si l'inoculation du vaccin-virus rendait les chiens réfractaires à la rage, et 2° si l'inoculation empêchait la rage de se déclarer et de se développer chez les animaux mordus.

Cl. Hachette.

M. JOSEPH MEISTER,
PREMIER INOCULÉ CONTRE LA RAGE.

Les expériences furent longues avec des difficultés souvent répétées. Le laboratoire de la rue d'Ulm ne suffisant plus à contenir tous les sujets, l'État accorda à Pasteur des locaux plus vastes à Villeneuve-l'Étang, près de Saint-Cloud. Elles eurent lieu dans plusieurs endroits et elles aboutirent à ce double résultat : la rage pouvait être donnée à des animaux par inoculation, et d'autre part, l'inoculation des virus atténués rendait les chiens réfractaires à la rage, et empêchait chez les mordus la maladie de se déclarer.

Pasteur était assuré de l'efficacité de sa découverte, mais il hésitait à employer sa méthode en dehors des animaux.

« Je n'ai rien osé tenter jusqu'ici sur l'homme, écrivait-il à l'empereur du Brésil, malgré ma confiance dans le résultat et malgré les occasions nombreuses qui m'ont été offertes depuis ma dernière lecture à l'Académie des Sciences. Je crains trop qu'un échec ne vienne compromettre l'avenir. Je veux réunir d'abord une foule de succès sur les animaux. A cet égard, les choses marchent bien. J'ai déjà plusieurs exemples de chiens rendus réfractaires après morsures rabiques. Je prends deux chiens, je les fais mordre par un chien enragé. Je vaccine l'un et je laisse l'autre sans traitement, celui-ci meurt de rage; le vacciné résiste.

« Mais alors même que j'aurais multiplié les exemples de prophylaxie de la rage chez les chiens, il me semble que la main me tremblera quand il faudra passer à l'espèce humaine.

« C'est ici que pourrait intervenir très utilement la haute et puissante initiative d'un chef d'État pour le plus grand bien de l'humanité. Si j'étais roi ou empereur ou même président de la République, voici comment j'exercerais le droit de grâce sur les condamnés à mort. J'offrirais à l'avocat du condamné, la veille de l'exécution de ce dernier, de choisir entre la mort imminente et une expérience qui consisterait dans des inoculations préventives de la rage pour amener la constitution du sujet à être réfractaire à la rage. Moyennant ces épreuves, la vie du condamné serait sauve. Au cas où elle le serait — et j'ai la persuasion qu'elle le serait, en effet — pour garantie vis-à-vis de la Société qui a condamné le criminel, on le soumettrait à une surveillance à vie.

« Tous les condamnés accepteraient. Le condamné à mort n'appréhende que la mort.

« Ceci m'amène au choléra dont votre Majesté a également la bonté de m'entretenir. Ni les docteurs Strauss et Roux, ni le docteur Koch n'ont réussi à donner le choléra à des animaux, et dès lors une grande incertitude règne au sujet du bacille auquel le docteur Koch rapporte la cause du choléra. On devrait pouvoir essayer de communiquer le choléra à des condamnés à mort en leur faisant ingérer des cultures de bacilles. Dès que la maladie serait déclarée, on éprouverait des remèdes qui sont conseillés comme étant les plus efficaces en apparence.

« J'attache tant d'importance à ces mesures que si Votre Majesté partageait mes vues, malgré mon âge et mon état de santé, je me rendrais volontiers à Rio-de-Janeiro, pour me livrer à de telles études de prophylaxie de la rage ou de contagion du choléra et des remèdes à lui appliquer. » (Lettre citée par M. Vallery-Radot, *La Vie de Pasteur.*)

La conscience troublée par sa responsabilité, l'illustre savant pensait à s'inoculer lui-même, lorsque ses expériences répétées sur les animaux lui donnèrent des résultats si évidents qu'il résolut d'appliquer sa méthode à l'homme.

Il donna un résumé de ses expériences et il exposa les résultats acquis dans sa communication fameuse du 26 octobre 1885 à l'Académie des Sciences. Ce document capital devrait être reproduit en entier; voici ses parties principales :

« Après des expériences, pour ainsi dire sans nombre, je suis arrivé à une méthode prophylactique, pratique et prompte, dont les succès sur le chien, sont déjà assez nombreux et sûrs, pour que j'aie confiance dans la généralité de son application à tous les animaux et à l'homme lui-même. Cette méthode repose essentiellement sur les faits suivants :

« L'inoculation au lapin, par la trépanation sous la dure-mère, d'une moelle rabique de chien à rage des rues, donne toujours la rage aux animaux après une durée moyenne d'incubation de quinze jours environ.

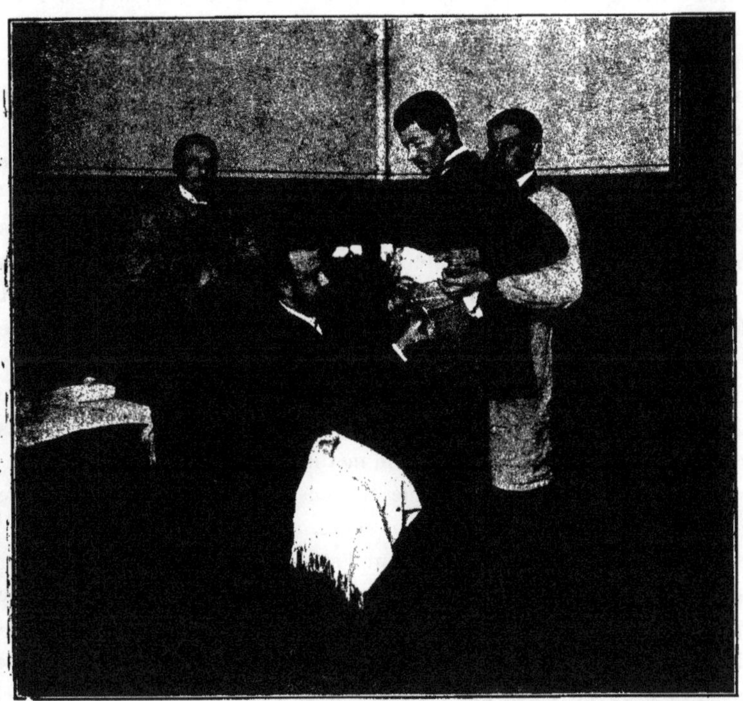

Cl. Mairet.

INOCULATION CONTRE LA RAGE DANS LE SERVICE DE L'INSTITUT PASTEUR.

« Passe-t-on du virus de ce premier lapin à un second, de celui-ci à un troisième et ainsi de suite, par le mode d'inoculation précédent, il se manifeste bientôt une tendance de plus en plus accusée dans la diminution de la durée d'incubation de la rage chez les lapins successivement inoculés.

« Après vingt à vingt-cinq passages de lapin à lapin, on rencontre des durées d'incubation de huit jours qui se maintiennent pendant une période nouvelle de vingt à vingt-cinq passages. Puis on atteint une durée d'incubation de sept jours, que l'on retrouve avec une régularité frappante pendant une série nouvelle de passages allant jusqu'au quatre-vingt-dixième. C'est du moins à ce chiffre que je suis en ce moment; et c'est à peine s'il se manifeste actuellement une tendance à une durée d'incubation d'un peu moins de sept jours. Ce genre d'expériences commencé en novembre 1882, a déjà trois années de durée sans que la série ait été jamais interrompue, sans que jamais non plus, on ait dû recourir à un virus autre que celui des lapins, successivement morts rabiques. Rien de plus facile en conséquence, d'avoir constamment à sa disposition, pendant des intervalles de temps considérables, un virus rabique d'une pureté parfaite, toujours identique à lui-même ou à très peu près. C'est là le *côté pratique* de la méthode.

« Les moelles de ces lapins sont rabiques dans toute leur étendue avec constance dans la virulence.

« Si l'on détache de ces moelles des longueurs de quelques centimètres avec des précautions de pureté aussi grandes qu'il est possible de les réaliser, et qu'on les suspende dans un air sec, la virulence disparaît lentement dans ces moelles jusqu'à s'éteindre tout à fait. La durée de l'extinction de la virulence varie quelque peu avec l'épaisseur des bouts de moelle, mais surtout avec la température extérieure. Plus la température est basse et plus durable est la conservation de la virulence. Ces résultats constituent le point *scientifique* de la méthode.

« Ces faits étant établis, voici les moyens de rendre un chien réfractaire à la rage, en un temps relativement court.

« Dans une série de flacons dont l'air est entretenu à l'état sec, par des fragments de potasse déposés sur le fond du vase, on suspend chaque jour un bout de moelle rabique fraiche de lapin mort de rage, rage développée après sept jours d'incubation. Chaque jour également, on inocule sous la peau du chien une pleine seringue Pravaz de bouillon stérilisé, dans lequel on a délayé un petit fragment d'une de ces moelles en dessiccation en commençant par une moelle d'un numéro d'ordre assez éloigné du jour où l'on opère pour être bien sûr que cette moelle n'est pas du tout virulente. Des expériences préalables ont éclairé à cet égard. Les jours suivants, on opère de même avec des moelles plus récentes, séparées par un intervalle de deux jours, jusqu'à ce qu'on arrive à une dernière moelle très virulente, placée depuis un jour ou deux en flacon.

« Le chien est alors rendu réfractaire à la rage. On peut lui inoculer du virus rabique sous la peau et même à la surface du cerveau avec trépanation sans que la rage se déclare. »

Le docteur Vulpian répondit à la communication en rendant hommage au génie du Pasteur.

« L'Académie ne s'étonnera pas si, comme membre de la Section de médecine et de chirurgie, je demande la parole pour exprimer les sentiments d'admiration que m'inspire la communication de M. Pasteur. Ces sentiments seront partagés, j'en ai la conviction, par le corps médical tout entier.

« La rage, cette maladie terrible, contre laquelle toutes les tentatives thérapeutiques avaient échoué jusqu'ici, a enfin trouvé son remède! M. Pasteur qui n'a eu, dans cette voie, aucun autre précurseur que lui-même, a été conduit, par une série de recherches poursuivies sans interruption pendant des années, à créer une méthode de traitement à l'aide de laquelle on peut empêcher, à coup sûr, le développement de la rage chez l'homme mordu récemment par un chien enragé. Je dis à coup sûr, parce que d'après ce que j'ai vu dans le laboratoire de M. Pasteur, je ne doute pas du succès constant de ce traitement, lorsqu'il sera mis en pratique dans toute sa teneur, peu de jours après la morsure rabique.

« Il devient dès à présent nécessaire de se préoccuper de l'organisation d'un service de traitement de la rage, par la méthode de Pasteur. Il faut que toute personne mordue par un chien enragé puisse bénéficier de cette grande découverte qui met le sceau à la gloire de notre illustre confrère et qui jettera le plus vif éclat sur notre pays. »

Pasteur était certain de sa méthode, à la suite de ses expériences sur les animaux, mais ses hésitations n'avaient pas cessé lorsqu'il s'agissait de l'appliquer à l'homme. Très noble scrupule du savant!

Le 6 juillet, il recevait dans son laboratoire la visite de trois personnes qui venaient d'Alsace : c'était Théodore Vone, marchand épicier à Messengott près Schlestadt, mordu le 4 juillet au bras par son chien qui était enragé, puis Joseph Meister agé de neuf ans, accompagné de sa mère, mordu le 4 juillet également, à huit heures du matin par le même chien. Après examen de Théodore Vone, il fut prouvé que les morsures avaient été atténuées par les vêtements et que les crocs de l'animal n'avaient pas pénétré dans les chairs. Sur le conseil de Pasteur, il retourna le lendemain en Alsace. Mais il en était autrement de l'enfant. Joseph Meister avait été terrassé par le chien, et il portait de nombreuses blessures à la main, aux jambes et aux cuisses. Certaines étaient profondes. Douze heures après avoir été attaqué, ses plaies avaient été cautérisées à l'acide phénique par le docteur Weber de Villé. Que faire? A l'autopsie, le chien fut reconnu enragé, l'estomac plein de paille, de foin et de morceaux de bois. La vie de l'enfant était en danger et tout laissait prévoir qu'il devait mourir de la rage. Cependant Pasteur hésitait encore à pratiquer sur l'homme les inoculations qui lui avaient constamment réussi sur les animaux.

A la séance hebdomadaire de l'Académie des Sciences du 6 juillet, il parla de Joseph Meister au docteur Vulpian et au docteur Grancher; ceux-ci vinrent aussitôt visiter l'enfant et constatèrent qu'il n'avait pas moins de quatorze blessures. La rage était certaine, dans le délai d'incubation ordinaire et la mort semblait, pour le petit Alsacien, inévitable. Dans ces conditions, les savants consultés furent d'avis qu'il fallait tenter de le sauver.

« Je me décidai, à écrit Pasteur, non sans de vives et cruelles inquiétudes, on doit bien le penser à tenter sur Joseph Meister, la méthode qui m'avait constamment réussi sur les chiens.

« Mes cinquante chiens, il est vrai, n'avaient pas été mordus avant que je détermine leur état réfractaire à la rage; mais je savais que cette circonstance pouvait être écartée de mes préoccupations, parce que j'avais déjà obtenu l'état réfractaire à la rage sur un grand nombre de chiens après morsure. J'avais rendu témoins, cette année, les membres de la Commission de la rage, de ce nouveau et important progrès.

« En conséquence, le 6 juillet, à huit heures du soir, soixante heures après les morsures du 4 juillet et en présence des docteurs Vulpian et Grancher, on inocula, sous un pli fait sous la peau de l'hypocondre droit du petit Meister, une demi-seringue Pravaz d'une moelle de lapin mort rabique, le 21 juin, et conservée depuis lors en flacon à air sec, c'est-à-dire depuis quinze jours. »

L'expérience était tentée : elle réussit d'une façon éclatante. Le traitement dura quinze jours, avec treize injections, allant des moins actives aux plus virulentes. Dans les derniers jours Joseph Meister avait reçu le virus rabique qui donnait la rage aux lapins en sept jours et aux chiens en dix jours. L'enfant les supporta sans troubles notables, et deux mois après avoir été mordu, la rage chez lui ne s'était pas encore déclarée. Depuis le jeune Meister n'en éprouva aucun des symptômes.

Ce fut encore un enfant qui s'était conduit en héros, le berger J.-B. Jupille, qui subit avec succès le second traitement antirabique. Ce garçon, âgé de quinze ans, s'était battu contre un chien enragé, sur le territoire de Villers-Farlay, dans le Jura, pour sauver ses camarades,

Cl. Sauvanaud.

VACCINATION DES RUSSES MORDUS PAR DES LOUPS ENRAGÉS. Dessin d'Émile Bayard.

cinq jeunes bergers. Il avait été mordu profondément dans la lutte, et son cas était plus grave que celui de Meister, car il s'était écoulé une semaine entre le jour où il avait reçu ses blessures et celui où il pouvait être vacciné. Comme le premier, il fut piqué par le docteur Grancher avec l'assistance de Vulpian, le mardi 20 octobre 1885, et après la série des injections des vaccins, il fut indemne de la rage.

Dans la séance de l'Académie de Médecine où Pasteur relata la conduite héroïque de Jupille, le baron Larrey demanda que l'Académie française réservât l'un de ses prix à cet enfant si brave, en disant : « Celui qui a eu tout à coup l'inspiration et le courage, l'adresse et la force de museler ce chien enragé menaçant les vies des assistants épouvantés, a mis l'animal furieux dans l'impuissance de répandre plus loin la terreur : un tel acte de bravoure attend sa récompense. »

Le 2 mars 1886, Pasteur faisait connaître à l'Académie de Médecine les résultats de l'application de sa méthode pour prévenir la rage après morsure. En cinq mois, trois cent-cinquante personnes avaient été traitées, et il n'y avait eu qu'un seul cas de mort. Pasteur pouvait terminer sa communication par ces paroles : « La prophylaxie de la rage après morsure est fondée. Il y a lieu de créer un établissement vaccinal contre la rage. » Applaudissements prolongés, relate le compte rendu de l'Académie. Puis lorsqu'ils eurent cessé le Président répondit à Pasteur : « Les applaudissements réitérés de l'Académie ne laissent plus à son président d'autre rôle que de constater combien l'Académie a été profondément émue par la communication, d'un si haut intérêt scientifique et humanitaire, présentée par notre illustre collègue. »

Il était dans la destinée de Pasteur de ne jamais triompher pour chacune de ses découvertes, sans avoir à vaincre des résistances acharnées. On mettait en doute la valeur de sa méthode, parmi de nombreux savants, on le chansonnait, et les petits journaux publiaient sur son œuvre des caricatures.

De Pasteur, quelque temps avant cette époque, M. Gabriel Hanotaux nous a tracé un portrait d'une vérité saisissante et d'un haut relief. Le fils de Pasteur, entré dans la diplomatie, occupait un bureau aux Affaires Étrangères commun à Taine et M. Hanotaux. Le savant y venait parfois et l'historien de la Révolution l'interrogeait sur ses travaux et ses recherches. « Quoiqu'il fut né à Vouziers (Taine) on ne reconnaissait pas en lui au premier abord, le sanglier des Ardennes », a écrit M. Gabriel Hanotaux.

« Des deux, c'est plutôt M. Pasteur qui eût été le sanglier. Rien qu'à le voir, on comprenait que Paris l'avait conquis sans le vaincre et qu'il tenait encore par toutes les fibres de son être à son Jura, à son coteau d'Arbois où la jolie vigne fleurit, à l'existence forte et vigoureuse des champs, en un mot, à sa province, à son terroir. Barbe grise et dure, cheveux drus, regard droit et perçant, mâchoire lourde, figure large, tout cela adouci par la bonhomie d'un nez rustique et, si j'ose dire, en pomme de terre!

« Quoiqu'il y eut de la lenteur dans la démarche et même un certain embarras dans le langage, — car M. Pasteur avait été déjà gravement atteint, — le vigoureux bonhomme restait plein et rond sur ses jambes solides.

« M. Pasteur ne portait nul bagage avec lui. Net dans son veston bleu, il laissait sa boutique, sa science et ses cornues à la maison. On n'eut jamais pensé que cet homme si calme fut tourmenté, alors, par l'inquiétude des plus difficiles recherches. Il était dans le plein de ses travaux sur la rage; mais il se taisait, attendant la certitude. Je me souviens seulement qu'un jour, je ne sais à quelle occasion, il raconta brièvement une expérience à laquelle il venait de se livrer sur un chien enragé. Il avait fait lier le dogue, et il s'était penché sur la tête furieuse, pour prélever, à même, à l'aide d'un chalumeau, la salive dans la gueule ouverte et hurlante. L'impression de ce court récit nous fut terrible.

« M. Taine et M. Pasteur abordaient, d'un mouvement familier, les hauts problèmes. M. Taine interrogeait encore. Mais, ici, M. Pasteur affirmait. Il était franchement spiritualiste et son ton avait quelque chose d'obstiné et de fermé qui surprenait parfois l'écrivain des *Philosophes Classiques.* Celui-ci écoutait. Il n'insistait pas, son vague regard errait au dedans de lui-même, tandis que Pasteur, si réservé d'ordinaire, donnait des arguments qui venaient du cœur, — il y avait eu de grandes douleurs dans cette vie si éclatante — « de ces raisons que la raison ne connaît pas. » — « Non, non, concluait-il, je ne puis me résigner à penser que l'homme disparaît entièrement comme un vibrion. » Cette parole avait de la saveur dans la bouche de l'empereur des microbes. Il ne mettait pas très haut ses sujets dans l'ordre de la création.

« Si la discussion se prolongeait la nuit, on la continuait sur le boulevard Saint-Germain tandis que les becs de gaz s'allumaient. » (*Le Journal*, 1er août 1904.)

Les ennemis de Pasteur qui ne désarmaient pas devant son génie, renouvelèrent leurs attaques, à propos d'un insuccès qui eut lieu en décembre 1885; la mort d'une fillette, Louise Lepelletier, qui avait été inoculée trente-sept jours après avoir été mordue. Un débat s'était élevé également à propos de la mort de cinq Russes blessés par des loups enragés. La morsure de ceux-ci était plus dangereuse que celle des chiens et l'incubation de la rage était plus rapide. Les décès atteignaient cent pour cent chez les personnes atteintes. Pasteur modifia son traitement pour les Russes subsistant en leur faisant injecter des moelles fraîches de 4, 3 et même 2 jours; sur dix-neuf mordus seize furent guéris.

Cependant toutes les résistances, toutes les perfidies, disparaissaient dans l'immense flot d'enthousiasme qu'avait suscité les découvertes de Pasteur. Un service de vaccination contre la rage avait été installé avec la collaboration du Dr Terrillon, du Dr Roux, du Dr Chantemesse et du Dr Charrin. On y accourait de tous les départements de la France et de tous les pays de l'étranger. En une année, d'octobre 1885 à octobre 1886, il y était traité 490 personnes mordues, sur lesquelles 31 seulement succombaient. Le traitement était de 10 jours : chaque jour on donnait une injection de moelle de lapin, en commençant par une moelle du quatorzième jour et en finissant par une moelle de 5 jours. Dans les cas très graves et quand il y avait des morsures à la face, trois traitements en 10 jours conduisaient trois fois des moelles les plus anciennes aux moelles les plus fraîches.

Dans une année les personnes traitées se décomposaient ainsi par nationalités : Angleterre, 80; Autriche-Hongrie, 52; Allemagne, 9; Belgique, 57; Espagne, 107; Grèce, 10; Hollande, 14; Italie, 165; Portugal, 25; Russie, 191; Indes Anglaises, 2; Roumanie, 22; Turquie, 7; Suisse, 2; États-Unis, 18; Brésil, 31; France et Colonies, 1726. L'efficacité de la méthode était démontrée.

Pasteur s'intéressait aux enfants qu'il soignait, il les comblait de caresses et de friandises, il leur écrivait lorsque leur traitement était terminé, cherchant à les suivre dans la vie, en leur recommandant le travail et l'honnêteté. Le grand homme environné de gloire, chargé de travaux et de pensées, se penchait paternellement vers les petits — et c'était son meilleur repos.

Cl. Hachette.

LES PREMIERS BATIMENTS DE L'INSTITUT PASTEUR.

CHAPITRE X

L'INSTITUT PASTEUR

Au lendemain de la guerre de 1870, Pasteur écrivait à Émile Duclaux pour lui exprimer tout son désir d'avoir ses élèves dans un établissement dont il serait le maître, et où l'on pourrait travailler pour la science et la guérison des maladies, selon ses procédés et ses fécondes méthodes. Près de vingt années devaient s'écouler avant qu'il ne vit se réaliser ce vœu qui lui était si cher, et c'est malade, presque impotent, qu'il entra dans la maison qui devait porter son nom.

Grâce au mouvement d'enthousiasme universel qu'avait suscité la guérison de la rage, une souscription internationale fut ouverte sur l'initiative de l'Académie des Sciences, pour fonder un établissement de vaccination et d'études scientifiques sous le titre d'*Institut Pasteur.* L'Académie de Médecine lui votait à l'unanimité une somme de 10 000 fr. dans sa séance du 16 mars 1886, sous la présidence de Trélat. Le 17 mars, Pasteur écrivait cette lettre de remerciements au secrétaire perpétuel :

« De tous les témoignages en faveur de l'Institut Pasteur, celui de l'Académie de Médecine m'est un des plus précieux. Si l'occasion vous en est offerte je vous serais obligé d'être auprès de son conseil d'Administration et de tous ses membres l'interprète de mes sentiments de vive gratitude. »

En quelques mois, les piécettes modiques des pauvres, les billets des riches généreux formèrent la somme de 2 586 680 fr. Une des souscriptions qui fut des plus sensibles à Pasteur lui vint de l'Alsace-Lorraine où les journaux avaient réuni plus de 40 000 fr. Dans sa lettre de remerciements à Gustave Fischbach, directeur du *Journal d'Alsace*, il laissait passer toute sa sensibilité :

Cl. Pierre Petit.

M. OSIRIS,
BIENFAITEUR DE L'INSTITUT PASTEUR.

« Ce n'est pas sans une vive émotion, disait-il, que je lis les titres de ces journaux qui ont désiré ouvrir leurs colonnes aux souscriptions en faveur du nouvel établissement. Je n'ai pas été moins heureux et touché lorsque parmi la foule des noms des souscripteurs, que je voudrais pouvoir remercier tous individuellement, j'ai aperçu celui de mon jeune petit Joseph Meister, le premier de ceux que la nouvelle méthode de prophylaxie de la rage a arrachés à la mort, car il était, de vos compatriotes, le premier mordu et inoculé !

« Ce fut une joie pour moi de me rappeler cette circonstance le jour où je pus croire que Joseph Meister devait être considéré comme à l'abri de tout danger. C'est plus sûr encore aujourd'hui. Voilà bientôt onze mois qu'il a été attaqué par ce chien dont les autorités allemandes ont reconnu, après une très sévère enquête, la rage la plus confirmée.

« Je le porte dans mon cœur, ce cher enfant, qui a été pour moi, pendant de longue semaines, le sujet de tant d'alarmes. »

Des terrains furent acquis rue Dutot, couvrant une superficie de 11 000 mètres, et les bâtiments de l'Institut, édifiés lentement, furent inaugurés par le président de la République, Sadi Carnot, le 14 novembre 1888. La cérémonie eut lieu dans la salle de la bibliothèque, où étaient

Mme BOUCICAUT.
Buste par H. Chapu.

Mme FURTADO HEINE.
Buste par Guilbert.

LE TSAR ALEXANDRE III.
Buste (plâtre).

Cte DE LAUBESPIN.
Buste par Portalis.

Bon A. DE ROTHSCHILD.
Buste par W. Godfary.

DON PEDRO II.
Buste par E. Guillaume.

Clichés Hachette.

réunis les délégués des Sociétés savantes, les ministres, les membres du Comité de l'Institut, présidé par Joseph Bertrand, des hommes politiques, d'anciens ministres. Le docteur Grancher, trésorier du Comité, qui, l'un des premiers avait reconnu la valeur de la vaccination antirabique, célébra les découvertes de l'illustre savant, déjà presque vaincu par la vie. Pendant quelque temps il avait été atteint d'une paralysie de la langue.

« Vous savez, dit-il, aux auditeurs éminents qui l'écoutaient, que M. Pasteur est un novateur, que son imagination créatrice, réglée par l'observation rigoureuse des faits, a renversé bien des erreurs et édifié à leur place toute une science nouvelle. Les découvertes sur les ferments, sur la génération des infiniment petits, sur les microbes, causes des maladies contagieuses, et sur la vaccination contre ces maladies, ont été pour la chimie biologique, pour l'art vétérinaire et pour la médecine non pas un progrès régulier, mais une révolution radicale. Or, les révolutions, même celles qu'inspire la démonstration scientifique, laissent partout où elles passent des victimes qui ne pardonnent pas aisément. M. Pasteur a donc, de par le monde, beaucoup d'adversaires, sans compter ces Français d'Athènes qui n'aiment pas que le même homme soit toujours juste ou toujours heureux. Et comme si ses adversaires n'étaient pas encore assez nombreux, M. Pasteur s'en fait d'autres par la rigueur implacable de sa dialectique et par la forme absolue qu'il donne quelquefois à sa pensée. »

Au discours de Grancher, Pasteur répondait par de hautes et nobles paroles où il y avait de la mélancolie, de la fierté, et tout l'espoir qu'il avait dans les vertus de la science.

« Et le jour où, pressentant l'avenir qui allait s'ouvrir devant la découverte des virus — faisait-il lire à son fils, car il était trop souffrant et trop ému pour parler lui-même — je me suis adressé directement à mon pays pour qu'il nous permît par la force et l'élan d'initiatives privées, d'élever des laboratoires qui s'appliqueraient non seulement à la méthode de la prophylaxie de la rage, mais encore à l'étude des maladies virulentes et contagieuses, ce jour-là la France nous a donné à pleines mains....

« La voilà donc bâtie, cette grande maison dont on pourrait dire qu'il n'y a pas une pierre qui ne soit le signe matériel d'une généreuse pensée. Toutes les vertus se sont cotisées pour élever cette demeure du travail.

« Hélas! j'ai la poignante mélancolie d'y entrer comme un homme « vaincu du temps », qui n'a plus autour de lui aucun de ses maîtres, ni même aucun de ses compagnons de lutte, ni Dumas, ni Bouley, ni

Paul Bert, ni Vulpian qui, après avoir été avec vous, mon cher Grancher, le conseiller de la première heure, a été le défenseur le plus convaincu et le plus énergique de la méthode !

« Toutefois, si j'ai la douleur de me dire : Ils ne sont plus, après avoir pris vaillamment leur part des discussions que je n'ai jamais provoquées mais que j'ai dû subir ; s'ils ne peuvent m'entendre proclamer ce que je dois à leurs conseils et à leur appui ; si je me sens aussi triste de leur absence qu'au lendemain de leur mort, j'ai du moins la consolation de penser que tout ce que nous avons défendu ensemble ne périra pas. Notre foi scientifique, les collaborateurs et les disciples qui sont ici la partagent.

« Cet enthousiasme que vous avez eu dès la première heure, gardez-le, mes chers collaborateurs, mais donnez-lui pour compagnon inséparable un sévère contrôle. N'avancez rien qui ne puisse être prouvé d'une façon simple et décisive.

« Ayez le culte de l'esprit critique. Réduit à lui seul, il n'est ni un éveilleur d'idées, ni un stimulant de grandes choses. Sans lui, tout est caduc. Il a toujours le dernier mot. Ce que je vous demande là, et ce que vous demanderez à votre tour aux disciples que vous formerez, est ce qu'il y a de plus difficile à l'inventeur.

« Croire que l'on a trouvé un fait scientifique important, avoir la fièvre de l'annoncer, et se contraindre des journées, des semaines, parfois des années à se combattre soi-même, à s'efforcer de ruiner ses propres expériences, et ne proclamer sa découverte que lorsqu'on a épuisé toutes les hypothèses contraires, oui, c'est une tâche ardue.

« Mais quand, après tant d'efforts, on est enfin arrivé à la certitude, on éprouve une des plus grandes joies que puisse ressentir l'âme humaine, et la pensée que l'on contribuera à l'honneur de son pays rend cette joie plus profonde encore.

« Si la science n'a pas de patrie, l'homme de science doit en avoir une, et c'est à elle qu'il doit reporter l'influence que ses travaux peuvent avoir dans le monde.

« S'il m'était permis, monsieur le Président, de terminer par une réflexion philosophique provoquée en moi par votre présence dans cette salle de travail, je dirais que deux lois contraires semblent aujourd'hui en lutte : une loi de sang et de mort qui, en imaginant chaque jour de nouveaux moyens de combat, oblige des peuples à être toujours prêts pour le champ de bataille, et une loi de paix, de travail, de salut, qui ne songe qu'à délivrer l'homme des fléaux qui l'assiègent.

Cl. Hachette.

ENSEMBLE DU LABORATOIRE DE CHIMIE THÉRAPEUTIQUE. INSTITUT PASTEUR.

« L'une ne cherche que les conquêtes violentes, l'autre que le soulagement de l'humanité. Celle-ci met une vie humaine au-dessus de toutes les victoires; celle-là sacrifierait des centaines de mille d'existences à l'ambition d'un seul. La loi dont nous sommes les instruments cherche même, à travers le carnage, à guérir les maux sanglants de cette loi de guerre. Les pansements inspirés par nos méthodes antiseptiques peuvent préserver des milliers de soldats. Laquelle de ces deux lois l'emportera sur l'autre? Dieu seul le sait. Mais ce que nous pouvons assurer, c'est

Cl. Hachette.

INSTITUT PASTEUR. — CHIMIE BIOLOGIQUE.

que la science française se sera efforcée, en obéissant à cette loi d'humanité, de reculer les frontières de la vie. »

Quels accents et comme ils résument la philosophie du long et laborieux effort que Pasteur avait soutenu sans défaillance. Il arrivait dans sa maison, vaincu par la vie, selon son expression, mais elle était peuplée de travailleurs actifs, ses élèves et ses disciples, pénétrés de sa méthode, qui allaient poursuivre son œuvre, chacun suivant son tempérament scientifique et son génie.

Les premiers bâtiments élevés rue Dutot sont consacrés aux services de l'Institut bactériologique. Ils couvrent une superficie de 11 000 mètres, composés de deux vastes pavillons à deux étages, parallèles à la rue, et réunis par un troisième placé dans leur axe.

Un logement avait été réservé pour Pasteur et sa famille, à droite du perron d'entrée C'est au-dessous que fut construite la crypte sur les plans de Girault où repose le grand homme qui semble encore présider aux travaux de ses collaborateurs. Cette crypte fut décorée par Olivier Merson qui représenta, dans des figures allégoriques, les principales découvertes de Pasteur et orna la voûte des images de la Foi, de l'Espérance, de la Charité et de la Science. Le corps est inhumé sous une dalle de granit de Suède.

En face de l'appartement de Pasteur, on trouve la bibliothèque, vaste salle, au plafond à caissons porté par des colonnes cannelées, la plus riche de toutes celles de l'Institut. Elle est composés des livres de Pasteur et de J. Reiset, membre de l'Institut, mis à la disposition des travailleurs, aidés par l'érudite expérience du bibliothécaire M. Raveau. Elle renferme les bustes de Pasteur, par Paul Dubois, puis des bienfaiteurs, Don Pedro, Alexandre III, Mme Furtado-Heine, Mme Boucicaut, A. de Rothschild, comte de Laubespin, Chauchard. Plusieurs tableaux disposés sur des chevalets ornent le centre de la bibliothèque, les portraits du docteur Roux, par Bordes, d'Émile Duclaux, de Metchnikoff. Les cendres de ce dernier sont contenues dans un petit monument encastré dans le mur.

Nous décrivons les bâtiments d'après une brochure sans nom d'auteur, paru chez Narcisse Faucon, mais que nous savons avoir été rédigée par Duclaux, sous le titre *Institut Pasteur*.

De grandes galeries de 4 m. 50 de large bien éclairées et constituant de vastes salles de pas-perdus, réunissent tous les étages du premier corps de bâtiment à ceux du second corps, placé à l'arrière et entièrement occupé par les laboratoires. Ce second bâtiment est divisé comme le premier, en deux ailes ayant chacune 25 mètres de longueur sur près de 15 mètres de large.

Au rez-de-chaussée tout le côté droit est occupé par le service de la rage. Les malades entrent d'abord, à l'extrémité de l'aile, dans une salle d'attente, entourée de bancs, chauffée et bien éclairée. Ils passent de là dans la salle où se fait l'examen des morsures et l'inscription, puis dans la salle des inoculations. Une chambre spéciale est réservée aux femmes et aux enfants. Une salle d'archives, une salle de pansements, un lavabo et des cabinets spéciaux complètent le service.

Tout à côté se trouve la salle de préparation des moelles, la température y est maintenue à 23° par un poêle à gaz muni d'un régulateur; une obscurité presque complète y règne. C'est là que sont conservées, sur des étagères fixées au mur, les moelles de lapins qui servent à la préparation des vaccins antirabiques.

L'aile gauche renferme une salle de cours pouvant contenir une cinquantaine d'auditeurs, un laboratoire pour la préparation en grand des bouillons de culture, auquel est annexé une petite salle pour le travail du verre, une salle avec chambre noire pour la photographie microscopique, une salle pour la dissection des grands animaux.

Cl. Hachette.

DISTILLATION FRACTIONNÉE.

Le premier étage est consacré tout entier aux cours de microbie technique, aux travaux pratiques. Les deux ailes sont d'ailleurs construites sur le même plan. Un couloir central conduit dans chacune à une vaste salle de travail carrée, ayant à peu près 12 mètres de côté, admirablement éclairée par neuf grandes fenêtres. Sept tables de travail occupent le pourtour de la salle; elles sont couvertes d'une plaque épaisse de volvic, émaillée à la surface et ayant l'aspect d'une immense lame de faïence; elles sont à deux places. Chaque travailleur a à sa disposition l'eau, le gaz, et peut en tirant une petite tablette latérale, se faire un petit réduit où il est entouré de ses instruments de travail, mais la consigne générale est qu'à la fin de la journée il enlève tout ce qui est sur les tables, sauf le microscope, pour l'enfermer dans les deux petites armoires fixées à la muraille et mise à sa disposition.

Le second étage est formé d'une série de petits laboratoires où les travailleurs, agréés par les chefs de service, effectuent des recherches originales.

Toutes les salles de travail, quelles que soient leurs dimensions, sont établies sur le même modèle, sans tentures, les murs vernissés, de telle sorte qu'il y règne toujours la plus absolue propreté.

L'activité de l'Institut bactériologique se répartit dans quatre grands services; le service des vaccins, le service de la rage, le service de la microbie technique et le service de Metchnikoff.

Dans le service des vaccins qui eut comme premier directeur Chamberland, on prépare les vaccins contre le charbon et le rouget des porcs, de la malléïne et de la tuberculine, ces deux derniers produits contrôlés au début par M. Nocard et le docteur Roux. La malléïne qui provient d'une culture des microbes de la morve sert à découvrir par inoculation, selon que la température s'élève ou non chez l'inoculé, si l'animal est indemne ou atteint de cette maladie. La tuberculine qui fut découverte par Koch remplit le même rôle pour les bovidés. Nous savons comment est organisé le service de la rage.

Le service de microbie technique dirigé par le docteur Roux, comprend chaque année deux séries de cours, en novembre-décembre et en février-mars. Ils sont fréquentés par des professeurs d'universités françaises et étrangères, des médecins, des pharmaciens, des biologistes et des chimistes.

Quant au service du docteur Metchnikoff, il recevait les chercheurs qui poursuivaient des études personnelles en accord avec ce savant aux idées si originales et parfois si profondes.

Diverses annexes élevées dans le jardin contiennent les animaux d'expériences, cobayes et lapins; plus loin on a construit une volière pour les poules, les pigeons et les oies, puis un chenil pour les chiens.

Ces bâtiments furent les premiers édifiés mais on reconnut bientôt qu'ils étaient insuffisants pour tous les services qu'ils devaient contenir. A la suite de la célèbre découverte, par le docteur Roux, du sérum antidiphtérique, en 1894, *Le Figaro* ouvrit une souscription pour la propagation de la méthode et l'élévation de nouveaux bâtiments. On acheta des chevaux et l'on construisit des écuries à Garches, puis à la suite d'un don, l'Institut put acheter 14 000 mètres de terrain sur lesquels furent édifiés également rue Dutot, en face des premiers bâtiments, les nouveaux qui reçurent la dénomination *d'Institut de chimie biologique.*

C'est dans ces bâtiments que l'on prépare les sérums préventifs et curatifs, les toxines et les antitoxines. « La pièce principale, a écrit M. Duclaux, est une grande galerie, en maçonnerie à sa partie inférieure, vitrée à sa partie supérieure. Au rez-de-chaussée est la force motrice représentée par 3 générateurs destinés au chauffage par la vapeur, à l'éclairage par l'électricité et à la mise en mouvement des appareils d'évaporation, de broyage, de tamisage, des centrifugeurs, des presses et autres grands outils rassemblés au premier étage du hall.

Cl. Hachette.

EXTRACTION A L'ÉTHER.

« Autour de ce hall central, et communiquant avec lui par plusieurs passages, se trouvent la salle de cours et les laboratoires. Deux de ces laboratoires, les plus voisins de la galerie des machines, sont surtout voués à l'étude des liquides organiques.

« Chaque laboratoire se compose de deux étages. Au premier étage sur le jardin existe une salle rectangulaire bien éclairée, pouvant contenir une trentaine de travailleurs. Il a paru utile de les réunir pour qu'ils pussent causer, s'entr'aider, partager les fruits de leur expérience personnelle. A ceux d'entre eux auxquels la nature de leurs recherches ou leurs habitudes de travail, ou leur maîtrise feraient préférer l'isolement, on peut offrir des chambres pourvues de tous les moyens de travail. Un certain nombre de salles sont aussi réservées aux services généraux (chambre noire, étuve, salle des balances, etc.).

« L'ensemble du service est complété par un jardin, dont les plantes ont été choisies en prévision de certaines recherches, et par une petite serre chaude. »

Les premiers bâtiments sont élevés dans un jardin planté d'arbres où se dressent deux monuments : celui du *Berger Jupille luttant contre un chien enragé* et une *Maternité* offerte par le sculpteur Marcel Debut.

Le retentissement de la communication du docteur Roux au Congrès de Buda-Pest sur la sérothérapie de la diphtérie attira de nouveaux donateurs à l'Institut Pasteur. Une bienfaitrice offrit des fonds pour l'édification et l'entretien d'un hôpital où seraient appliquées les méthodes pastoriennes aux maladies d'origine microbienne. Les plans de cet hôpital furent établis par l'architecte F. Martin sous la direction du directeur Roux et du docteur Martin. Les bâtiments sont construits derrière ceux de l'Institut de chimie biologique; ils se composent de deux grands pavillons auxquels sont jointes des constructions annexes pour les divers services de la dépense, des cuisines, de la buanderie, de la lingerie, etc.

« Les deux pavillons sont absolument semblables, lit-on dans la brochure déjà citée, *L'Institut Pasteur*; chacun d'eux comprend une partie rectangulaire centrale, avec deux étages de chambres d'isolement et, à chaque extrémité, une aile un peu plus large. C'est par celle qui regarde la rue de Vaugirard que se trouvent les perrons d'entrée : latéral pour les malades, terminal pour le médecin. L'autre aile, qui communique, au rez-de-chaussée, avec le jardin d'hiver, comprend des chambres communes pour les convalescents.

« Le malade en entrant trouve un vestiaire où il change de vêtements (les siens devant être désinfectés); il est ensuite placé sur un lit et dirigé sur la chambre qu'il doit occuper jusqu'à sa convalescence; un monte-charge amène les lits au premier étage....

« La partie centrale du pavillon se compose, à chaque étage, de douze chambres, desservies par un couloir central. Toute cette partie peut être isolée facilement du reste du pavillon : un couloir la sépare complètement de chaque aile; de plus, les chambres s'ouvrent sur un large balcon qui est également en relation avec les couloirs des extrémités. Cette dernière disposition permet d'isoler spécialement une

PREMIER COURS DE MICROBIE TECHNIQUE, PAR LE Dr ROUX, CHEF DE SERVICE; Dr YERSIN, PRÉPARATEUR.

THIRDOIX, Dr BATTLE, Dr ARCHINARD, Dr RÉMOND, Dr PRÉEL, HALLION, ETTLINGER,
Dr LORIS MÉLIKOFF, MARQUOY, OUSTANIOL,
Dr LEWITSKY, REPIN, Dr LAVERAN, Dr ROUX, Dr METCHNIKOFF, Dr YERSIN, Dr SCHLEMMER, Dr SUZANNE.

chambre déterminée. On peut ainsi obtenir un isolement complet du quartier des contagieux en général et, en cas de nécessité, réaliser l'isolement absolu d'un malade particulièrement dangereux.

« Chaque chambre mérite une description spéciale. Toutes les cloisons, sauf une, sont vitrées le soleil aide à la désinfection; la surveillance est facilitée. La cloison non vitrée est un mur creux qui renferme les diverses canalisations d'eau, d'air chaud, de gaz, les fils pour l'électricité. Sur les murs, aucun tuyau saillant; seulement un jeu de robinets pour l'eau chaude et froide, le gaz, une lampe électrique. Dans un coin, une bouche de chaleur; ailleurs une bonde ferme l'ouverture nécessaire pour l'écoulement des eaux de lavage. Le parquet est en carreaux de grès cérame; du grès émaillé revêt les cloisons jusqu'à 1 m. 10 de hauteur. Tous les angles sont arrondis. Le balayage est interdit; le lavage se fait à grande eau; le parquet et le revêtement en grès des murs peuvent d'ailleurs être frottés à la pierre ponce. La désinfection peut donc s'effectuer dans les meilleures conditions possibles. »

Cl. Hachette.

Dr ROUX.
Dessin anonyme d'un auditeur de ses cours.

L'hôpital est placé sous la haute direction du docteur Martin.

Le budget général de l'Institut s'élève à plus de 9 millions : il lui faut un économe, M. Fontête, qui le gère avec une rare compétence.

L'ensemble de l'Institut Pasteur, qui eut comme premier directeur l'illustre savant Emile Duclaux, forme un vaste organisme où s'élaborent les plus précieuses découvertes. Il est fréquenté par de nombreux élèves français et étrangers, et toutes les maladies d'origine microbienne y sont étudiées par des maîtres. Il a essaimé dans le monde entier, et il n'est pas un pays qui ne compte un Institut Pasteur : la Russie, la Turquie, l'Italie, le Brésil, l'Argentine, nos colonies, la Tunisie, l'Indo-Chine, le Maroc, le Cambodge, etc.

Chaque année une nouvelle maison s'élève sur un point de la terre où il y a une maladie spéciale à vaincre, où l'on peut apporter la guérison. Des missions partent de l'Institut de la rue Dutot pour aller étudier sur place les grandes épidémies, fléaux modernes qu'il faut vaincre.

L'Institut Pasteur, aujourd'hui dirigé par le docteur Roux, est un incomparable laboratoire de travail et c'est un admirable instrument de rayonnement pour la science française.

Cl. Hachette.

JUBILÉ DE PASTEUR.

Tableau de Laurent Gsell, à l'École Normale (fragment).

CHAPITRE XI

L'HOMMAGE SUPRÊME

Pasteur avait soixante-dix ans; depuis ses premières années d'étude, il avait consacré sa vie à la science, et sans défaillance, avec une inlassable énergie, que n'avaient abattue, ni les attaques de ses adversaires ni la maladie, il avait poursuivi, dans un enchaînement de forte et harmonieuse logique, la révolution que son génie avait apportée dans la science et dans la médecine. Maintenant, en dépit des dernières résistances intéressées de ceux qui ne veulent pas se rendre à l'évidence de la vérité, son nom est glorieux dans le monde, ses méthodes sont introduites dans de nombreux laboratoires, ses découvertes sont appliquées avec succès. Pasteur souffrant et vieilli, qui ne peut guère plus travailler lui-même, est entouré de l'admiration universelle, et de l'affection des savants qui, dans son Institut, se livrent à leurs recherches personnelles dans la voie qu'il a tracée.

C'est à cette époque que divers comités se formèrent en France et à l'étranger, dans le but de célébrer le soixante-dixième anniversaire de sa naissance. Le mouvement partit du Danemark. En mai, un comité s'y constitua pour fêter le grand savant français, et un artiste danois de talent, Sinding, fut chargé de modeler une médaille où la Science était représentée gravant sur un rocher les découvertes de Pasteur. La Suède suivit, puis la Norvège; et à Paris, l'Académie des Sciences était saisie, le 7 novembre 1892, d'une lettre de sa section de médecine et de chirurgie qui prenait l'initiative de l'hommage français.

« Monsieur le Président,

« M. Pasteur aura soixante-dix ans le 27 décembre prochain.

« La section de médecine et de chirurgie a pensé qu'elle devait prendre l'initiative de célébrer ce glorieux anniversaire. Si la médecine et la chirurgie doivent à Pasteur une admiration et une reconnaissance sans bornes nous savons que l'Institut tout entier est uni dans le même sentiment.

« Nous venons donc provoquer parmi nos confrères de l'Institut et parmi ceux qui, dans le domaine de la recherche scientifique ou de la pratique de leur art, ont bénéficié des travaux et des découvertes de M. Pasteur, une souscription pour offrir à notre compatriote, à l'occasion de ce jubilé, un souvenir et un hommage.

« La section de médecine et de chirurgie se constitue, à cet effet, en comité de souscription. M. Duclaux a bien voulu s'adjoindre à nous et M. le professeur Grancher accepte les fonctions de secrétaire du comité.

« Nous venons prier nos confrères d'adresser leur obole aux bureaux du secrétariat de l'Institut.

« Les membres du comité : Marey, Charcot, Brown-Sequard, Grancher, Bouchard, Verneuil, Guyon, Duclaux. »

L'Académie des Sciences s'empressa d'accueillir le vœu de sa section de médecine, et dans la séance suivante, Pasteur remercia ses confrères.

« Je n'assistais pas, dit-il, au début de la dernière séance, lorsque M. le Président a donné lecture de la lettre de la section de médecine et de chirurgie.

« Une personne obligeante m'avait retenu hors de la salle. Elle a bien fait. J'aurais été trop ému pour remercier comme il convenait mes confrères de l'honneur excessif qu'ils me réservent. Aujourd'hui encore, je ne puis exprimer tout ce que je ressens d'émotion et de reconnaissance. »

On confia à Roty, membre de l'Institut, l'exécution de la plaquette

Cl. Hachette.

LE JUBILÉ DE PASTEUR.
Tableau de Rixens (Sorbonne).

qui devait être offerte à Pasteur, et MM. Bouchard et Guyon assurèrent l'organisation du *Jubilé*.

Il eut lieu le 27 décembre 1892, en présence du président de la République, Sadi Carnot, dans le grand amphithéâtre de la nouvelle Sorbonne.

On remarquait sur l'estrade, à droite du fauteuil présidentiel, MM. d'Abbadie, président de l'Académie des Sciences, Le Royer, président du Sénat, Ribot, président du Conseil des ministres, les ambassadeurs de Russie, d'Angleterre, d'Autriche-Hongrie, de Belgique, de Portugal, des Pays-Bas, de Suède et Norvège, de Danemark, de Bavière; à gauche MM. Joseph Bertrand, secrétaire perpétuel de l'Académie des Sciences, Charles Floquet, président de la Chambre, Charles Dupuy, ministre de l'Instruction publique, et tous les ministres. Derrière les personnages officiels, il y avait les délégations de l'Institut, de l'Académie de Médecine, des Sociétés savantes étrangères; M. Gréard, vice-recteur de l'Académie de Paris, M. Perrot, directeur de l'École Normale, les doyens des Facultés, les présidents de la Cour de cassation, du Conseil d'État et de la Cour d'appel.

Les délégations des écoles, des facultés occupaient l'hémicycle : Association générale des étudiants, Internes en médecine, École Normale supérieure, École Polytechnique, École de pharmacie, Écoles vétérinaires et Écoles d'agriculture, Faculté de Médecine, Faculté des Sciences.

C'était une assemblée d'élite, frémissante d'enthousiasme, qui comptait les meilleurs représentants de l'art, de la science et de la pensée. A dix heures et demie, Louis Pasteur, au bras du président de la République, Sadi Carnot, fit son entrée, pendant que la musique de la Garde républicaine le saluait d'une marche triomphale, et que toute la salle debout l'acclamait et l'applaudissait longuement.

Pasteur s'assit devant une petite table, sur l'estrade, pour recevoir les adresses des délégués, et le président de l'Académie des Sciences, M. d'Abbadie, déclara la séance ouverte en donnant la parole à M. Charles Dupuy, ministre de l'Instruction publique. Après avoir résumé les travaux de Pasteur et salué les délégués étrangers, M. Dupuy concluait, en indiquant le sens du *Jubilé*.

« Mais ce qui caractérise avant tout cette cérémonie, ce qui donne à votre jubilé sa marque propre, disait-il, c'est que nos hommages vont moins au passé qu'à l'avenir; la science, dont tout l'univers vous est redevable, a reçu de vous sa méthode sûre et son principe certain; mais, vous l'avez dit vous-même, l'ère des applications ne fait que commencer.

« L'Institut Pasteur, bâti et doté par la reconnaissance et l'admiration des peuples et les gouvernements, pour être à la fois un foyer de haute culture scientifique et une source d'adoucissement aux maux de la famille humaine, réalisera vos espérances.

« Puissiez-vous longtemps, cher et illustre maître, présider aux destinées de cette jeune et glorieuse maison et animer de votre ardeur féconde cette phalange de disciples qui saura tenir les promesses de la doctrine pastorienne! Puisse la France vous posséder de longues années encore, et vous montrer au monde comme un digne objet de son amour, de sa reconnaissance et de sa fierté. »

Après que M. d'Abbadie eut remis à Pasteur la grande plaquette d'or gravée par Roty, des discours furent prononcés par MM. Bertrand et Daubrée, puis par l'illustre chirurgien anglais Lister, au nom de la Société royale de Londres.

« Monsieur Pasteur, dit-il, le grand honneur m'a été accordé de vous apporter l'hommage de la médecine et de la chirurgie.

« Vraiment, il n'existe dans le monde entier aucun individu auquel doivent plus qu'à vous les sciences médicales. Vos recherches sur les fermentations ont jeté un rayon puissant qui a illuminé les ténèbres funestes de la chirurgie et changé le traitement des plaies, d'une affaire d'empirisme incertain et trop souvent désastreux en un art scientifique sûrement bienfaisant.

« Grâce à vous, la chirurgie a subi une révolution complète qui l'a dépouillée de ses erreurs et a élargi presque sans limite son pouvoir efficace.

« La médecine ne doit pas moins que la chirurgie à vos études profondes et philosophiques. Vous avez levé le voile qui avait couvert pendant des siècles les maladies infectieuses. Vous avez découvert et démontré leur nature microbienne; grâce à votre initiative et, dans beaucoup de cas, à vos propres travaux spéciaux, il y a déjà une foule de ces désordres pernicieux dont nous connaissons complètement les causes.

« *Felix qui potuit rerum cognoscere causas.*

« Cette connaissance a déjà perfectionné d'une façon surprenante le diagnostic de ces fléaux du genre humain et a indiqué la route qu'il faut suivre pour leur traitement prophylactique et curatif. Dans cette route, vos belles découvertes de l'atténuation et du renforcement des virus et des inoculations préventives servent et serviront toujours comme étoile conductrice.

« Comme illustration éclatante, je puis signaler vos travaux sur la rage. Leur originalité était si frappante, aussi bien dans la pathologie que dans la thérapeutique, que beaucoup de médecins se sont d'abord méfiés de vous.

« Est-il possible, me disaient-ils, qu'un homme qui n'est ni médecin ni biologiste, puisse nous instruire d'une telle façon sur une maladie sur laquelle se sont exercées en vain les plus belles intelligences de la médecine ?

« *Qui novus hic nostris successit sedibus hospes?*

« Pour moi, je connaissais trop bien la clarté de votre génie, le soin scrupuleux de vos inductions et votre honnêteté absolue, pour que j'aie pu partager un moment de tels sentiments. Ma confiance a été si bien justifiée par l'événement, qu'à l'exception insignifiante de quelques ignorants, tout le monde reconnaît maintenant la grandeur de ce que vous avez accompli contre cette terrible maladie. Vous avez fourni un diagnostic qui dissipe à coup sûr les angoisses d'incertitudes qui hantaient autrefois celui qui avait été mordu par un chien sain soupçonné de la rage. Rien que cela aurait suffi pour vous assurer la gratitude éternelle de l'humanité.

Cl. Hachette.

PLAQUETTE DE ROTY OFFERTE A PASTEUR POUR SON *Jubilé.*

« Mais par votre système merveilleux d'inoculations antirabiques, vous avez su poursuivre le poison après son entrée dans le système et l'y vaincre.

« Monsieur Pasteur, les maladies infectieuses constituent, vous le savez, la grande majorité des maladies qui affligent le genre humain. Vous pouvez donc bien comprendre que la médecine et la chirurgie s'empressent, en cette occasion solennelle, de vous apporter l'hommage profond de leur admiration et de leur reconnaissance. »

A la suite de ce discours les deux grands savants, s'embrassèrent au milieu de l'enthousiasme le plus éclatant. Des allocutions furent encore prononcées par M. Bergeron, secrétaire perpétuel de l'Académie de Médecine, et Sauton, président du Conseil municipal de Paris. Les délégations défilèrent ensuite devant la petite table derrière laquelle était assis Pasteur et remirent leurs adresses.

L'Angleterre était représentée non seulement par Lister mais par Burdon-Sanderson, Grath, Molloy, Pavy, Percival Wright, Roscoe, Rey Lancester, Ruffer, Sydney Martin, Woodhead, Plimmer; l'Allemagne, par Haskovec et Schotteluis; la Belgique, par Berlier, Van Beneden, Casimir, Depaire, Errera, Laurent, Parmentier, Pechère, Rousseau, Rufferath, de Wilde; le Danemark, par Jacobsen, Salomonsen, Studsgaard, Wanscher; l'Espagne, par Chiron, Gener; la Hollande, par Engelmann, Pekelharing, Sponck, Stokvis, Van Overbecle de Meyer; l'Italie, par Campano et Perroncito. Ce dernier délégué dit en s'inclinant :

« Je viens présenter nos hommages et l'expression de notre profond respect au fondateur de la chimie moderne, à l'homme de génie qui non seulement illustre la France, mais aussi le monde entier.

« Je salue le grand savant qui dans sa vieillesse a conservé encore sa vigueur et j'espère que nous pourrons encore célébrer ses nouveaux anniversaires en France et à l'étranger. »

Les délégations continuèrent à défiler, la Russie, représentée par Metchnikoff et Winogradsky; la Pologne, par Benni, Bujwid, Galezowski; la Suède et la Norvège par Hjartdahl, Malm, Lindstrom, Nordenson, Selander; la Suisse, par de Cerenville, d'Espine, Ladame, Soret, Tarel, Sulzer. Les hautes sociétés savantes avaient aussi leurs délégués; l'Université d'Athènes, M. Panas; la Société de Médecine de Berlin et la Faculté de Médecine, M. Bouchard. Il y avait encore des délégations de la Société de Médecine de Berne, de la Société belge de Microscopie et de la Société des élèves des Hôpitaux civils de Bruxelles, de Bucarest, du collège académique et de l'Université de Christiania, de l'Association d'Hygiène de Cologne, de l'Académie de Copenhague, etc.

Les délégations françaises furent appelées à leur tour et l'on remarqua celles de Dôle et d'Arbois, qui rappelaient, dans cette cérémonie glorieuse, les humbles origines de Pasteur : le maire de Dôle lui offrait au nom de ses concitoyens un album où étaient reproduits son acte de naissance et la petite maison natale. C'était la note intime, émue et touchante.

Le fils de Pasteur dut lire la réponse de son père aux discours qui célébraient sa gloire; c'est une page d'une grave éloquence, qui forme comme son testament moral et scientifique. En voici le texte complet qui mérite d'être conservé à l'égal des plus beaux monuments de la pensée française

« Monsieur le Président de la République,

« Votre présence transforme tout : une fête intime devient une grande fête et le simple anniversaire de la naissance d'un savant restera, grâce à vous, une date pour la science française.

« Monsieur le Ministre,

« Messieurs,

« A travers cet éclat, ma première pensée se reporte avec mélancolie vers le souvenir de tant d'hommes de science qui n'ont connu que des épreuves. Dans le passé, ils eurent à lutter contre les préjugés qui étouffaient leurs idées. Ces préjugés vaincus, ils se heurtèrent à des obstacles et à des difficultés de toutes sortes.

« Il y a peu d'années encore, avant que les Pouvoirs publics et le Conseil municipal eussent donné à la science de magnifiques demeures, un homme que j'ai tant aimé et admiré, Claude Bernard, n'avait pour laboratoire, à quelques pas d'ici, qu'une cave humide et basse. Peut-être est-ce là qu'il fut atteint de la maladie qui l'emporta. En apprenant ce que vous me réserviez ici, son souvenir s'est levé tout d'abord devant mon esprit : je salue cette grande mémoire.

« Messieurs, par une pensée ingénieuse et délicate, il semble que vous avez voulu passer sous mes yeux ma vie tout entière. Un de mes compatriotes du Jura, le maire de la ville de Dôle, m'a apporté la photographie de la maison très humble où ont vécu si difficilement mon père et ma mère.

« La présence de tous les élèves de l'École me rappelle l'éblouissement de mes premiers enthousiasmes scientifiques.

« Les représentants de la Faculté de Lille évoquent pour moi mes premières études sur la cristallographie et les fermentations, qui m'ont ouvert tout un monde nouveau. De quelles espérances je fus saisi quand je pressentis qu'il y avait des lois derrière tant de phénomènes obscurs.

« Par quelle série de déductions il m'a été permis, en disciple de la méthode expérimentale, d'arriver aux études physiologiques, vous en avez été témoins mes chers confrères. Si parfois j'ai troublé le calme de nos Académies par des discussions un peu vives, c'est que je défendais passionnément la vérité.

« Vous, enfin, délégués des nations étrangères, qui êtes venus de si loin donner une preuve de sympathie à la France, vous m'apportez la joie la plus profonde que puisse éprouver un homme qui croit invinciblement que la science et la paix triompheront de l'ignorance et de la guerre; que les peuples s'entendront non pour détruire mais pour édifier, et que l'avenir appartiendra à ceux qui auront le plus fait pour l'humanité souffrante. J'en appelle à vous, mon cher Lister, et à vous tous, illustres représentants de la science, de la médecine et de la chirurgie.

« Jeunes gens, jeunes gens, confiez-vous à ces méthodes sûres, puissantes dont nous ne connaissons encore que les premiers secrets. Et tous, quelle que soit votre carrière, ne vous laissez pas atteindre par le scepticisme dénigrant et stérile, ne vous laissez pas décourager par les tristesses de certaines heures qui passent sur une nation. Vivez dans la paix sereine des laboratoires et des bibliothèques. Dites-vous d'abord : qu'ai-je fait pour mon instruction? Puis, à mesure que vous avancerez : qu'ai-je fait pour mon pays? Jusqu'au moment où vous aurez peut-être cet immense bonheur de penser que vous avez contribué en quelque chose au progrès et au bien de l'humanité. Mais que les efforts soient plus ou moins favorisés par la vie, il faut, quand on approche du grand but, être en droit de se dire : « J'ai fait ce que j'ai pu. »

« Messieurs, je vous exprime ma profonde émotion et ma vive reconnaissance. De même que sur le revers de cette médaille, Roty, le grand artiste, a caché sous des roses la date si lourde qui pèse sur ma vie, de même vous avez voulu, mes chers confrères, donner à ma vieillesse le spectacle qui pouvait la réjouir davantage, celui de cette jeunesse si vivante et si aimante. »

La cérémonie, bien qu'officielle, se terminait dans un enthousiasme qui lui donnait une haute signification humaine.

Louis Pasteur avait rempli sa tâche. Sans qu'il en ait eu le moindre orgueil, les distinctions honorifiques et les titres académiques lui étaient venus nombreux durant sa longue carrière. Il avait reçu de la Société royale de Londres la médaille Rumford en 1856, la médaille Copley en 1874, un prix de 10 000 fr. en 1868 du Ministre de l'agriculture de l'Empire

Haut { EUG. VIALA, REBOUR, MÉRIEUX, A. FERNBACH, Dr CHAILLON, Dr BORREL, Dr MARMIER, Dr MARIE, Dr VEILLON, L. FERNBACH
Bas { Dr CALMETTE, Dr LOUIS MARTIN, Dr ROUX, M. PASTEUR, NOCARD, Dr POTTEVIN, MESNIL.

(1893).

d'Autriche pour ses procédés contre la maladie des vers à soie, en 1875 un grand prix de 12 000 fr. de la Société d'Encouragement, en 1874 une pension viagère de 12 000 fr. votée par l'Assemblée nationale et élevée, en 1883, à 25 000 fr., pension reversible à sa veuve et à ses enfants. En 1882, des médailles lui étaient décernées pour l'ensemble de ses travaux, par le conseil de la Société des arts et manufactures, par la Société d'économie rurale russe, par un comité composé de membres de l'Académie de Médecine et de l'Académie des Sciences.

Pasteur avait été nommé chevalier de la Légion d'honneur en 1853, et successivement promu officier en 1863, commandeur en 1868, grand officier en 1878 et grand-croix en 1881. Il était également titulaire de nombreux ordres étrangers, du Danebrog de Danemark, de Sainte-Anne de Russie, de l'Étoile-Polaire de Suède, du Nicham-Iftikar, du Sauveur de Grèce, de la Rose du Brésil, de Saint-Olaf de Norvège, de Léopold, de Saint-Jacques de Portugal, d'Isabelle-la-Catholique, des Saints-Maurice-et-Lazare, il était commandeur de la Couronne-d'Italie, etc.

Le 8 décembre 1862 il avait été nommé membre de l'Académie des Sciences. Il faisait aussi partie de l'Académie de Médecine et de la Société centrale et nationale d'Agriculture. Les sociétés étrangères considéraient comme un honneur de l'avoir comme membre correspondant ou associé. Il était de la Société royale de Londres, de l'Académie des Sciences de Stockholm, de Hongrie, de Belgique, d'Amsterdam, de Washington, de la Société royale et médicale d'Edimbourg, de l'Académie royale de Médecine de Bruxelles, de l'Académie royale de Dublin, de l'Académie royale des Sciences du Danemark, de l'Institut lombard-vénitien, etc.

Le robuste ouvrier, pétri de génie et de volonté, pouvait se reposer parmi des disciples qui luttaient après lui, et selon ses méthodes, pour la science, et contre les maux, afin « d'éloigner les frontières de la vie. »

Cl. Illustration.

A L'INSTITUT PASTEUR : LA DESCENTE DU CERCUEIL.

CHAPITRE XII

LES DERNIERS JOURS D'UN GRAND HOMME

De ses premières attaques de paralysie, Pasteur avait gardé une certaine lourdeur dans les mouvements, et bien que son cerveau fût intact, les expériences qui nécessitent une suprême habileté de main lui étaient devenues difficiles. Il devait abandonner ses travaux, avec regret, non satisfait encore de son œuvre, l'imagination agissante, et rêvant aux découvertes qui lui échappaient. Pasteur suivait les expériences de ses disciples, nées de sa méthode, mais c'est par lui-même qu'il aurait voulu aller jusqu'aux extrêmes limites dans la voie nouvelle que son génie avait ouverte. Cependant il acceptait son destin sans amertune. Il pouvait se réjouir des travaux du docteur Roux aboutissant à la découverte du vaccin de la diphtérie qui décimait les enfants. Le croup était vaincu comme auparavant la rage ou le charbon : des milliers d'existences, et des plus précieuses, car en elles sommeillait l'avenir, venaient d'être sauvées. De son côté, le docteur Yersin isolait le microbe de la peste, et tous ceux qu'on appelait les pastoriens, chacun selon ses aptitudes et ses goûts, rivalisaient de zèle pour la science et pour l'humanité.

C'est dans cette période de travaux et de découvertes, basés sur ses doctrines et ses procédés d'expérimentateur, que Louis Pasteur fut atteint de la maladie dont il devait mourir. Le 1er novembre 1894, il eut une crise d'urémie, et ce fut pendant de longs mois, avec des alternatives d'espoir et de désespérance, une lente agonie. Pasteur la supporta stoïquement, la science chez lui n'avait point détruit la foi, et il avait été toute sa vie un catholique pratiquant. Ses élèves et ses collaborateurs, le Dr Grancher, le Dr Chantemesse, Metchnikoff le veillaient tour à tour, démontrant que s'il avait su animer leur enthousiasme scientifique, il se les était attachés en outre par ses qualités de cœur, sa bonté.

ALEXANDRE DUMAS FILS, par Meissonier.

« A la fin de décembre, écrit M. Vallery-Radot, on commença d'espérer. Le 1er janvier, après avoir reçu tous ses collaborateurs et jusqu'au plus jeune garçon de laboratoire, Pasteur vit entrer dans sa chambre un de ses confrères de l'Académie française.

« C'était Alexandre Dumas. Il arrivait avec un bouquet de roses. Une de ses filles l'accompagnait :

« J'ai voulu bien commencer l'année, dit-il, je vous apporte tous mes « vœux. »

« Depuis douze ans qu'ils se rencontraient le jeudi à l'Académie française, Alexandre Dumas et Pasteur s'étaient sentis attirés l'un vers l'autre. Pasteur, d'abord charmé par cet esprit étincelant aux rapprochements

Cl. Hachette.

FUNÉRAILLES DE PASTEUR (E. Detaille).

imprévus, avait été surpris, touché, ému par les prévenances et les délicatesses d'un cœur qui s'ouvrait d'autant mieux qu'il ne s'ouvrait qu'à bon escient. Dumas, qui avait observé bien des hommes, aimait et admirait Pasteur, génie sans orgueil et plein de bonté. Dans l'après-midi de ce jour de l'an, il se mit à causer avec une cordialité qui avait quelque chose de la gaiété puissante de son père. Comme, dans cette chambre voisine du laboratoire, il était loin de tous les mondes qu'il avait suscités, où s'agitaient les personnages qu'il avait peints, les « vibrions à forme humaine, » comme il disait, êtres dangereux, ridicules ou vils! Parfois cependant il avait montré dans son théâtre l'homme tel qu'il peut, tel qu'il doit être, un Montaiglin, un Claude, « pauvre homme de bien égaré dans nos temps. » Car il y avait, dans cet auteur dramatique, un homme avide d'action morale, dans ce réaliste un symboliste, dans ce satirique un mystique. Après avoir été affamé de gloire, il mettait au-dessus de tout le désir d'être utile. Et son regard bleu, d'ordinaire froid, aigu, qui pénétrait jusqu'aux pensées les plus secrètes, ce regard toujours en garde, en ironie, avait une expression d'amitié vénérante pour celui qu'il appelait notre cher et grand Pasteur. Il faut avoir été auprès des malades pour savoir le plaisir que leur donnent certaines visites. Celle d'Alexandre Dumas, Pasteur la compara à un rayon de soleil. » (*Vie de Pasteur.*)

L'illustre vieillard eut encore quelques joies. Pour le centenaire de l'École Normale, les élèves posèrent une plaque commémorative sur l'humble laboratoire où Pasteur avait commencé ses recherches, et témoignèrent du désir de visiter l'Institut. C'est dans le salon du premier étage que Pasteur reçut toute cette jeunesse enthousiaste et respectueuse et il dit à chacun une parole d'encouragement. Pour compléter la fête, le Dr Roux eut l'idée admirablement touchante de présenter à Pasteur comme un résumé de ses travaux et des travaux de ceux auxquels il avait ouvert la voie. Il avait disposé sur des tables les ballons qui lui avaient servi pour ses expériences sur les générations spontanées, les instruments avec lesquels il avait étudié les diverses maladies du vin, et comme un couronnement à une féconde carrière, il lui montrait le bacille de la peste, nouvellement découvert par Yersin; et c'était comme une projection sur l'infini des bienfaits de sa méthode.

Transporté à Villeneuve-l'Étang, le séjour à la campagne n'améliorait point son état qui restait désespéré.

Il avait de longues insomnies, des palpitations cardiaques, de l'albuminurie, etc.

Pasteur s'attendait à la mort, et cependant il prenait grand soin de cacher ses souffrances pour adoucir les inquiétudes de sa famille et de ses disciples. Toutefois il n'était pas toujours maître de ses émotions. Se trouvant un soir, seul avec ses petits-enfants, la fille et le fils de Mme et de M. Vallery-Radot, il les prit dans ses bras et il les embrassa longuement pendant que de lourdes larmes descendaient au long de son visage tourmenté. Aux questions des enfants apeurés, le grand homme répondait avec douleur :

« Je pleure mes enfants, parce que je vais vous quitter. »

BUSTE DE PASTEUR, par Paul Dubois.
(Dans la bibliothèque de l'Institut Pasteur.)

C'est dans l'après-midi du vendredi 27 septembre que l'on appela le curé de Garches auprès de Pasteur dont on sentait la fin très prochaine. Il lui donna l'extrême-onction. Le malade reçut ensuite une visite de R. P. Boulanger, des Dominicains. Il mourut le lendemain, à 4 heures 40 minutes, après une courte agonie. Ce fut un désastre universel. Les télégrammes affluèrent à l'Institut, du duc d'Aumale, du prince Napoléon, de Burlet, président du Conseil des ministres du Gouvernement belge, de l'archevêque de Lyon, etc. Il faut citer celui de l'Établissement de Berlin dirigé par le Dr Koch qui l'avait si souvent combattu.

« Profondément ému par la perte universellement sentie que l'Institut Pasteur vient de faire dans la personne de son génial fondateur, l'Institut berlinois des maladies infectieuses envoie sa participation intime à la douleur générale. »

L'Académie de Médecine qui ne lève sa séance que lorsque le défunt est son président ou un ancien président fit cet honneur à Pasteur, sur la proposition de Empis.

Le Gouvernement décida que les obsèques de Louis Pasteur seraient nationales et que l'État se chargerait des frais. Voici le décret :

« Le Président de la République française, sur le rapport du président du Conseil, ministre des Finances, du ministre de l'Instruction publique, des Beaux-Arts et des Cultes, et du ministre de l'Intérieur,

Décrète :

Article 1er. — Il sera fait à Louis Pasteur, membre de l'Académie

Cl. Hachette.

ENTRÉE DU TOMBEAU DE PASTEUR.

française et de l'Académie des Sciences, des funérailles nationales qui seront célébrées par les soins de l'État et aux frais du trésor public.

Art. 2. — Le président du Conseil, ministre des Finances, le ministre de l'Instruction publique, des Beaux-Arts et des Cultes, et le ministre de l'Intérieur sont chargés, chacun en ce qui le concerne, de l'exécution du présent décret. Fait à Fontainebleau, le 1er octobre 1895. Félix-Faure. »

Le Gouvernement pensait à porter Pasteur au Panthéon, mais à la demande de la famille et des amis qui voulaient faire édifier un monument funéraire à l'Institut, on renonça à ce projet.

Le corps fut transporté de Garches à la rue Dutot. M. Poincaré, ministre de l'Instruction publique, accompagné des Drs Roux, Chantemesse, Metchnikoff, Martin et Prévost, allant au-devant de Mme Pasteur, de sa fille, de sa belle-fille, de Jean-Baptiste Pasteur et de M. Vallery-Radot, suivit le cercueil que l'on plaça dans la chapelle. Les Drs Roux, Chantemesse et Metchnikoff le découvraient, et la tête apparaissait parmi l'émotion générale. Puis les trois collaborateurs du maître plaçaient le corps tel qu'il devait rester pour toujours dans le cercueil. Après cette cérémonie intime le public était admis à défiler devant le catafalque. Il venait si nombreux qu'un service d'ordre, comprenant plus de quarante agents, devait être établi. Le sentiment populaire s'exhalait en complaintes et l'on chantait dans les carrefours une *Gloire à Pasteur* :

Un nom illustre illumine le monde
Savant français, patriote au grand cœur.
Il a fourni sa carrière féconde.
Gloire à Pasteur! gloire à Pasteur!...

Ses obsèques eurent lieu avec toute la pompe officielle et un immense concours du peuple, le 5 octobre 1895. L'église métropolitaine était tendue de noir, sauf le chœur où le noir était mélangé d'hermine, des galeries au sol. Un haut baldaquin en velours était édifié, surmonté de plumets, montant jusqu'à trente mètres. Quatre vergues, draperies de 20 mètres, s'accrochaient aux piliers de l'église, maintenues par des embrasses en fil d'argent. La décoration dans son ensemble — qui avait exigé dix mille mètres d'étoffe — était à peu près la même que celle dont on s'était servi pour les obsèques du président Sadi Carnot.

La cérémonie religieuse, présidée par Mgr Richard, se déroula à Notre-Dame, devant le président de la République, Félix Faure, le grand-duc Constantin de Russie, le prince Nicolas de Grèce. A son issue, M. Poincaré prononça un discours au nom du Gouvernement, près du catafalque dressé sur le parvis Notre-Dame.

« La science, dit-il, ne se lassera point, messieurs, d'admirer dans le génie de Pasteur la force combinée d'une imagination créatrice et de la plus rigoureuse méthode expérimentale.

« Il a des inspirations subites qui le portent vers des découvertes inattendues; il a des instincts divinatoires qui le poussent dans des routes inexplorées; il a de ces fougues de pensées qui devancent la constatation des vérités, la préparent, la font plus rapide et plus sûre. Mais, lorsque s'est posé devant lui, dans une de ces illuminations géniales, un problème scientifique, il ne le tient pour résolu, qu'après avoir questionné la nature, après avoir groupé ou éliminé les faits, après les avoir définitivement condamnés à répondre.

« Il se garde de faire peser sur la sincérité de ses observations le poids d'aucun préjugé philosophique. La méthode expérimentale, proclamait-il

Cl. Hachette.

LE TOMBEAU DE PASTEUR (intérieur).

dans son discours de réception à l'Académie, doit être dégagée de toute spéculation métaphysique, et après avoir revendiqué pour sa conscience le droit d'affirmer hautement ses convictions spiritualistes et religieuses, il réclamait non moins énergiquement pour la science toutes les prérogatives de la liberté. Et c'est effectivement la libre curiosité de son esprit chercheur, aiguillonnée par cette puissance inventrice et secondée par cette scrupuleuse recherche des vérités objectives, qui l'a guidé dans la longue et brillante évolution de ses travaux scientifiques.... »

« Heureux, disait Pasteur, heureux celui qui porte en lui son idéal et « qui lui obéit. » Il a obéi toute sa vie à l'idéal le plus pur, à un idéal supérieur, de science, de vertu, de charité. Toutes ses pensées et toutes ses actions se sont éclairées au reflet de cette lumière intérieure : il a été grand par le sentiment, et l'avenir le rangera dans la radieuse lignée des apôtres du bien et de la vérité. »

Le corps de Louis Pasteur fut inhumé dans l'Institut, et il est là dans la froide et austère crypte, pendant que les savants, inspirés par son génie, continuent et parachèvent son œuvre féconde, pour la science et pour le bien de l'humanité

L'illustre savant fut un des plus grands héros modernes et l'on peut conclure avec Émile Duclaux :

« Il n'y a pas d'autre exemple dans la science d'un savant qui ait vu autant s'étendre et se féconder le domaine qu'il avait découvert. Peut-être Lavoisier, dont le nom vient tout naturellement à l'esprit quand on parle de Pasteur, eut-il eu la joie de se voir aussi grand, s'il avait pu arriver à la fin de sa carrière. La seule image exacte est celle d'un Napoléon mourant triomphant au milieu d'une Europe pacifiée et définitivement conquise. Encore cette vision, si grandiose qu'elle soit, est-elle incomplète : Pasteur a conquis le monde, et sa gloire n'a pas coûté une larme. »

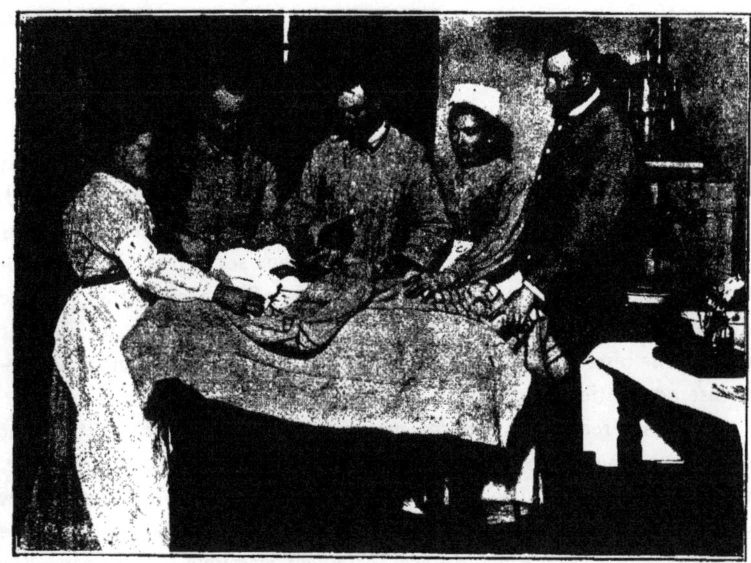

VACCINATION D'UN ENFANT ATTEINT DU CROUP AVEC LE SÉRUM ANTIDIPHTÉRIQUE.

CHAPITRE XIII

DANS LA VOIE FÉCONDE

PASTEUR eut les collaborateurs et les disciples que méritait son austère et grave génie. Ses méthodes d'expérimentation, ses découvertes, par leur richesse et leur nouveauté, pouvaient lui attirer les esprits les plus divers, chacun trouvant dans la voie qu'il avait ouverte, de quoi satisfaire toute une vie de savant. Il était bon, juste, mais irritable sur les questions scientifiques, le geste absolu, la parole brève et tranchante. Quand il s'agissait de rédiger une communication à l'Académie des Sciences sur une récente expérience du laboratoire et qu'il n'était pas d'accord avec ses collaborateurs, il frappait volontiers la table du poing, et si la discussion s'élevait de ton, il emportait le manuscrit dans son appartement, non sans montrer son irritation. Mais, réflexions faites, dans le cas où il reconnaissait le bien-fondé des observations de ses collaborateurs, il redescendait au laboratoire, et leur offrant le manuscrit aux phrases contestées auxquelles il n'avait rien changé, il disait, avec un sourire :

« Tenez, soyez contents. »

Mais lorsqu'il était assuré d'avoir raison, que la vérité lui apparaissait comme une certitude, il restait irréductible. Cependant combien de travail, combien d'expériences pour l'acquérir! Il doutait des résultats obtenus jusqu'à leur évidence, et parfois il gardait dans ses tiroirs, pendant plusieurs mois, ses notes où ils étaient constatés, afin de les vérifier par une dernière et suprême expérience. La conscience de savant de Pasteur était d'une pureté absolue. Il lui doit ses succès, l'attachement et l'affectueuse admiration de ceux qui participèrent à ses travaux.

Dans ses recherches sur les maladies des vers à soie, Pasteur eut comme collaborateurs Raulin, Maillot, Gernez, Duclaux. Le premier, élève de l'École Normale, conservera la réputation d'un observateur des plus consciencieux doublé d'un esprit lucide et logique. Sa thèse pour le doctorat, sur l'*Aspergillus niger* est justement classique. Elle est consultée par les savants, et l'Institut Pasteur vient de la faire rééditer. Raulin quitta le laboratoire pour l'enseignement, et, pendant des années, il fut professeur de chimie industrielle et agricole à la Faculté des Sciences de Lyon. Maillot, spécialiste de l'élevage des vers à soie, eut la direction de l'Institut séricicole de Montpellier. Quant à Gernez, après sa collaboration, il devint maître de conférences de chimie à l'École Normale d'où il était sorti avec le diplôme de préparateur agrégé.

Le plus illustre des collaborateurs de Pasteur, et l'un des premiers qui furent admis dans son laboratoire, Émile Duclaux, naquit à Aurillac, dans le Cantal, le 24 juin 1840. Son père était huissier près du tribunal, et sa mère, pour augmenter les ressources du ménage, tenait une petite épicerie. Justin Duclaux, qui avait voyagé en Espagne, était un homme instruit et généreux. Il savait atténuer par ses sentiments les obligations parfois cruelles de son état, et en même temps qu'il apprenait à son fils l'art de lire et d'écrire, il lui donnait des leçons de bonté. Le jeune Émile quitta l'enseignement paternel pour celui de Mlle Lieurade, personne fort honorable, qui dirigeait une classe enfantine. De là, il fit ses études au collège communal où il subit surtout l'influence de M. Appert, son professeur de mathématiques.

A dix-sept ans, ses études secondaires terminées, Émile Duclaux vint à Paris comme élève de la pension Barbet-Massin, et, en cette qualité, il suivit les cours de mathématiques spéciales du lycée Saint-Louis.

En 1859, il fut reçu à l'École Normale et à l'École Polytechnique : c'est pour la première qu'il opta, et il en sortit, en 1862, agrégé de sciences

Cl. Hachette.

ÉMILE DUCLAUX, d'après le tableau de Bordes, Bibliothèque de l'Institut Pasteur.

physiques. Un événement capital pour sa carrière de savant devait alors se produire : Pasteur le recevait comme agrégé préparateur dans son laboratoire.

Après avoir soutenu en 1865 sa thèse pour le doctorat ès sciences physiques, *Études relatives à l'absorption de l'ammoniaque et à la production d'acides gras volatils pendant la fermentation alcoolique*, il fut nommé professeur à Tours, et, l'année suivante, il fut désigné pour être suppléant de la chaire de chimie de la Faculté de Clermont-Ferrand. Ses leçons, extrêmement suivies, ne l'empêchaient pas de collaborer avec Pasteur qui, à cette époque, étudiait à Pont-Gisquet, près d'Alais, les maladies des vers à soie. Son cours terminé, Émile Duclaux se rendait auprès de son maître et participait à ses travaux.

La guerre de 1870 devait les rapprocher davantage. Pasteur ne pouvant rentrer dans Paris, alla à Clermont chez Duclaux qui lui ouvrit sa maison et son laboratoire. C'est là que furent commencées les études sur la bière et sur les fermentations qui touchaient aux fabrications industrielles.

Mais Duclaux était appelé en 1873 à la chaire de physique de la Faculté des Sciences de Lyon. Il y resta jusqu'en 1878, année où il fut nommé professeur de météorologie à l'Institut agronomique, et chargé d'une conférence de chimie biologique à la Sorbonne.

Enfin, il pouvait s'occuper de microbiologie! Mais il n'avait pas de laboratoire, et pour montrer des microbes à ses élèves, il devait transporter du laboratoire de Pasteur, à l'Institut agronomique, des bouillons de culture. Ces mauvaises conditions de travail ne diminuaient en rien son activité et, en 1883, il pouvait publier son ouvrage, *Microbiologie*, suivi, en 1884, de celui intitulé *Fermentation*. En dehors de ses cours, il fréquentait le laboratoire de Pasteur pendant les travaux sur le charbon des poules, le charbon, la rage, l'atténuation des virus.

A la fondation de l'Institut Pasteur, en 1888, Duclaux, nommé professeur titulaire à la Sorbonne, y transporta son enseignement. La même année il avait été élu membre de l'Académie des Sciences dans la section d'économie rurale. Lorsque Pasteur fut mort, en 1895, il devint le directeur du grand établissement scientifique.

« Après Pasteur, a écrit le docteur Roux, nul ne convenait mieux que Duclaux pour diriger cet Institut, où sont rassemblés de jeunes savants, dont il savait respecter l'indépendance, tout en orientant leurs efforts vers un but commun. Son autorité était aimée, car elle tenait non à la situation mais aux qualités de son esprit et de son cœur. On allait vers lui lorsque l'on se sentait perdu dans les obscurités d'une recherche scientifique; on y allait aussi quand on se sentait atteint par les misères de la vie. La confiance naissait dès l'abord, tant son accueil était cordial, tant le lumineux regard de son œil bleu un peu railleur exprimait la bonté. Duclaux avait bientôt compris ce que vous attendiez de lui; sa lucide intelligence écartait l'obstacle qui vous arrêtait et son bon cœur trouvait toujours de quoi réconforter. Il ne perdait jamais

Cl. Hachette.

LE DOCTEUR ROUX (1922), DIRECTEUR DE L'INSTITUT PASTEUR.

une occasion d'obliger. En le quittant on se sentait meilleur pour les luttes scientifiques comme pour les luttes morales.

« La conversation de Duclaux, simple, imagée, pleine d'idées originales, était charmante; elle était de plus bienfaisante, parce qu'elle laissait transparaître un caractère d'une rare beauté. Aussi, cet homme si jaloux de son indépendance, si respectueux de celle des autres, était-il devenu, sans s'en douter, un directeur de consciences. Aucun de nous, disciples ou amis, n'aurait eu l'esprit tranquille si Duclaux avait désapprouvé quelqu'une de nos actions.

« Cette influence, Duclaux la devait à ce que ses actes valaient encore mieux que ses paroles. Lorsqu'il croyait une chose juste, rien ne l'aurait empêché de l'entreprendre. Il allait de l'avant, sans forfanterie, sans souci des préjugés à renverser non plus que des coups à recevoir. Il était de ces hommes peu communs qui soutiennent une cause, non pour les avantages qu'elle peut rapporter, mais simplement parce qu'ils la jugent bonne. Duclaux défendait celles qu'il avait adoptées avec la ténacité de sa race auvergnate et aussi avec une force de pensée, une clarté, une allégresse généreuse qui rendaient sa foi communicative. Quant aux attaques contre sa personne, il les supportait avec une imperturbable sérénité; ce savant au corps mince et aux membres frêles possédait le vrai courage, il le possédait au point d'en donner aux autres dans les moments tragiques.

« La bonté, le culte désintéressé du juste et du vrai ont été les règles de sa vie privée comme de sa vie scientifique. »

Pendant huit années, Duclaux dirigea l'Institut Pasteur qu'il ne cessa d'agrandir, de fortifier, certain de ses destinées. Il mourut, à Paris, le 3 mai 1904.

La carrière scientifique d'Émile Duclaux fut extrêmement féconde. Nous devons nous borner à ne publier que la liste de ses principaux ouvrages et de quelques-unes de ses nombreuses communications : *Travaux sur la fermentation et les vins* (1864); *Travaux sur la sériculture* (1869); *Travaux sur le lait*, rapports et mémoires, résultat de plus de huit années d'études; *Recherches sur la digestion*; *Études sur le phylloxera*, expériences faites de 1872 à 1877; *Recherches sur les phénomènes capillaires*; *Ferments et maladies*, résumé des leçons faites à la Sorbonne pendant l'année scolaire 1879-1880; *Microbiologie* (1883); *Travaux de physiologie végétale*; *Le microbe et la maladie*; *Chimie biologique* (1883); *La chimie et l'industrie du lait* (1890); *La falsification des substances alimentaires* (1896); *L'Hygiène sociale* (1902); *Pasteur, histoire d'un esprit* (1886).

En 1887, il avait fondé les *Annales de l'Institut Pasteur* où sont insérés les principaux travaux des pastoriens.

D'une intelligence vaste et active, Émile Duclaux pouvait étudier de front les problèmes les plus différents.

Avec Duclaux, le docteur Roux qui avait été amené par celui-ci au laboratoire de Pasteur, aura été de ceux dont les travaux personnels auront le plus illustré les nouvelles méthodes et le mieux démontré leur efficacité pour la guérison des maladies humaines. Né à Confolens, dans la Charente, le 17 décembre 1853, Pierre-Paul-Émile Roux commença ses études au collège de la ville sous la direction de son père qui en était le

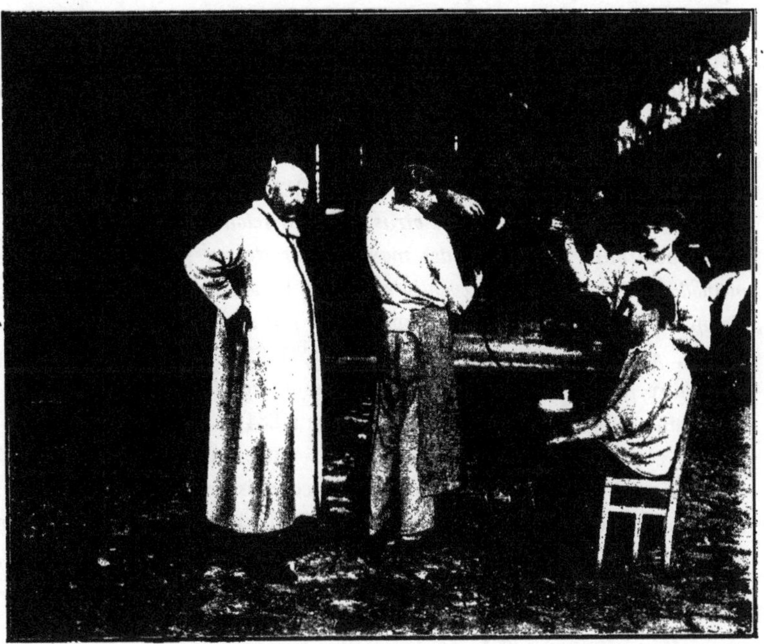

Cl. Hachette.

UNE PRISE DE SANG (M. FRASEY).

principal. Il les continua à Aurillac et au Puy, et lorsqu'il les eut terminées, décidé à être médecin, il prit ses premières inscriptions à Clermont-Ferrand.

En 1883, il fut reçu docteur avec une thèse sur *la rage* des plus remarquables. L'année suivante il était lauréat de l'Institut qui lui décernait le prix Bréant, et de l'Académie de Médecine qui lui attribuait le prix Mombine. De 1874 à 1878, Émile Roux fut aide de clinique à la Faculté de Médecine, et c'est dans la dernière année qu'il entrait au laboratoire de Pasteur comme préparateur. Il y restait en cette qualité jusqu'en 1883, année où il en était nommé sous-directeur adjoint, poste qu'il occupa pendant cinq ans. A la fondation de l'Institut Pasteur il devenait chef de service (1888-1895), puis sous-directeur (1896), et enfin directeur après la mort de Duclaux. En 1896, Émile Roux avait été élu membre de l'Académie de Médecine.

Il fut l'un des plus constants collaborateurs de Pasteur, et il participa à ses plus importants travaux, associé à ses recherches sur l'étiologie du charbon, l'atténuation des virus, la vaccination contre le charbon, la prophylaxie de la rage. Il collabora à ses communications les plus retentissantes où Pasteur exposait les résultats de ses expériences. Voici les principales : *Sur les maladies infectieuses et en particulier sur la maladie appelée vulgairement choléra des poules* (1880); *De l'extension de la théorie des germes à l'étiologie de quelques maladies communes* (1880); *Sur l'étiologie de l'affection charbonneuse* (1879); *Sur l'étiologie du charbon* (1880); *De l'atténuation des virus et de leur retour à la virulence* (1881); *De la possibilité de rendre des moutons réfractaires au charbon par la méthode des inoculations préventives* (1881); *Le vaccin du charbon* (1881); *Compte rendu sommaire des expériences faites à Pouilly-le-Fort, près Melun, sur la vaccination charbonneuse* (1881); *Sur la rage* (1881); *Nouveaux faits pour servir à l'histoire de la rage* (1882); *Nouvelle communication sur la rage* (1884); *Sur la rage* (1884).

Les collaborateurs de Pasteur étaient entre eux comme des frères de la science, mettant en commun leurs connaissances, leurs aptitudes, tous pénétrés du même désir de pousser toujours plus loin les découvertes du laboratoire. En outre des communications que nous venons de citer, Émile Roux publia en collaboration avec Chamberland : *Sur l'atténuation de la bactéridie charbonneuse et de ses germes sous l'influence des substances antiseptiques* (1883); *Vaccination des lapins contre le charbon* (1887); avec Straus, Nocard et Thullier, *Sur le choléra d'Égypte* (1883); avec Straus, *Préparations microscopiques sur le choléra* (1888); avec Metchnikoff et Taureli-Salimbeni, *Toxine et antitoxine cholérique* (1896).

Ces travaux, menés en commun avec les chercheurs de l'Institut, sont d'une importance capitale au point de vue scientifique, mais la gloire restera au docteur Roux pour ses études sur la diphtérie et son application du sérum qui a déjà sauvé tant de jeunes existences. Klebs avait reconnu qu'il existait dans les fausses membranes de la diphtérie un microbe spécial, mais Löffler qui l'avait étudié n'avait pas osé affirmer qu'il était la cause de la maladie. Après de nombreuses expériences faites par les docteurs Roux et Yersin, ceux-ci purent démontrer que la diphtérie provenait de ce microbe. Ils publièrent sur leurs travaux trois mémoires, en décembre 1888, en juin 1889, et en juillet 1890, lorsqu'après la communication de Behring et Kitasato sur la présence de l'antitoxine dans le sang des animaux immunisés contre la diphtérie, ils furent amenés à répéter leurs expériences. « Nous avons consacré les années 1891 et 1892 à étudier l'immunisation des petits animaux de laboratoire et à constater la propriété préventive de leur sérum. (Déclaration du Dr Roux dans sa communication fameuse faite au congrès de Buda-Pesth en septembre 1894, en commun avec M. Martin : *Contribution à l'étude de la diphtérie, sérumthérapie.*) Ce travail préliminaire achevé, nous avons entrepris d'immuniser de grands animaux, tels que des chevaux, pour nous procurer les quantités de sérum nécessaire au traitement des enfants atteints de dipthérie. Les années 1892 et 1893 furent employées à ce labeur. Pour avoir un bon sérum antitoxique, il faut injecter aux animaux immunisés une toxine très active. La préparation de la toxine nous a donc occupé tout d'abord. Puis il a fallu régler la meilleure façon de conduire l'immunisation des chevaux pour qu'ils fournissent un bon sérum et qu'en même temps ils restent bien portants. »

Le sérum est obtenu et les expériences sont faites sur des enfants atteints du croup. Dans sa seconde communication au même congrès le docteur Roux ajoutait : « La mortalité moyenne pendant les années 1890, 1891, 1892 et 1893, au pavillon de la Diphtérie (Hôpital des Enfants Malades), a été de 51,71 p. 100.

« Du 1er février au 24 juillet 1894, le traitement par le sérum a été appliqué. Sur 448 enfants entrés au pavillon, il y a eu 109 décès, soit 24,5 p. 100.

« Toutes les conditions sont restées les mêmes, la différence entre 51,71 p. 100 et 24,5 p. 100, mesurait le bénéfice procuré par le traitement. »

Le docteur Roux donnait d'autres statistiques, toutes en faveur de l'emploi du sérum. Cette communication eut un immense retentissement. *Le Figaro* ouvrit une souscription, des bâtiments purent être édifiés, des écuries aménagées à Garches, des chevaux achetés, un service organisé. Combien de vies furent ainsi sauvées!

Au 25e anniversaire (novembre 1913) de la fondation de l'Institut Pasteur, le docteur Roux pouvait dire devant le Président de la République, Raymond Poincaré : « Rien que pour les services de l'Assistance il a fourni (le service de la sérothérapie) depuis dix-huit ans 1 931 184 flacons de sérum thérapeutique, délivrés conformément aux instructions du Service de l'Hygiène et de l'Assistance publique au Ministère de l'Intérieur. Pour assurer cette distribution, l'Institut Pasteur reçoit chaque année 80 000 francs votés par les Chambres, 15 000 francs de la Ville de Paris et 5 000 francs du département de la Seine soit, depuis 1895, une somme de 1 800 000. En retour il a été délivré gratuitement pour 5 195 000 francs de sérum à l'usage de la médecine humaine ou vétérinaire. »

A l'Institut Pasteur, le docteur Roux créa des cours de bactériologie, qu'il professa avec le concours de certains de ses collaborateurs. En 1913, plus de 2 000 étudiants de tous pays les avaient fréquentés, emportant dans leur patrie la science française. Le docteur Roux a ouvert aussi son laboratoire à de jeunes savants qui, en toute indépendance, ont pu poursuivre des études personnelles.

Aujourd'hui, à l'âge du repos, il dirige encore l'Institut qu'il a tant contribué à solidifier, à agrandir, à faire rayonner. Le voici, maigre, petit, les mouvements vifs, tout en volonté, le regard d'une pénétration extraordinaire, jaillissant des yeux ardents, sous la touffe jumelle des sourcils avancés et fournis. C'est un animateur. On le sent possédé du démon de la science. Il est bon, sa parole est nette, claire, ses pensées ont des raccourcis saisissants, il perçoit entre les choses des rapports nouveaux. Comme Pasteur, il estime que les savants ne doivent retirer aucun bénéfice personnel de leurs découvertes, et il vit dans une chambre modeste tout à la science et pour la science. Le beau visage pur de la France nous vient de ces hommes-là, et ce n'est pas assez de les admirer, il faut les aimer.

Un autre travailleur de la première heure et qui donnait le plus d'espoir, fut Louis Thuillier, né à Amiens le 4 mai 1856 et mort à Alexandrie le 19 septembre 1883, pendant qu'il étudiait le choléra en Égypte. Entré le troisième à l'École Normale en 1877, il était agrégé de physique en 1880 et il prenait part aux expériences de Pouilly-le-Fort. En 1881, Pasteur le chargeait d'expériences de vaccination à l'Institut vétérinaire de Budapest et, au printemps de 1882, il allait en Prusse, à Packisch et à Borschutz, expérimenter la méthode pastorienne combattue par les Allemands. De 1881 à 1882, il participait aux travaux de laboratoire sur la rage, et, en mars 1882, il découvrait le microbe du rouget des porcs. Désigné en juillet 1883, avec Straus, Nocard et Roux pour partir en Égypte étudier le choléra, il voulut accomplir sa mission malgré les appréhensions et les résistances de ses parents. Il prit le choléra dans une salle où avaient séjourné des cholériques, le 17 septembre et il mourait le 19, victime du devoir, malgré tous les soins que lui avaient donnés ses camarades. Pasteur disait de Louis Thuillier : « C'était une nature profondément méditative et silencieuse.... Par sa sagacité et son labeur, c'était un des plus fermes soutiens de mon laboratoire. »

Comme Pasteur, Charles-Edmond Chamberland était un Jurassien, né en 1851, à Chilly-le-Vignoble. Il fut élève de l'École Normale Supérieure de 1871 à 1874, et il obtint son agrégation des sciences physiques. Nommé professeur au lycée de Nîmes, il n'y resta qu'une année, et de retour à Paris, il entra au laboratoire de Pasteur comme agrégé préparateur en 1875, pour en devenir directeur adjoint en 1879, et lors de la création de l'Institut en 1888, chef de service, et, en 1904, sous-directeur.

Chamberland, d'une intelligence vive, avec un caractère de bonne humeur fortement tranché, avait une tendance à examiner les solutions des problèmes sous un angle pratique. Ayant remarqué qu'il fallait faire bouillir certains liquides sous pression jusqu'à 110° pour les stériliser, il construisit une autoclave devenue un outil indispensable pour tout laboratoire de bactériologie. En 1884, il imagina et construisit un filtre, instrument d'utilité constante, qui donne de l'eau chimiquement pure. Ce filtre perfectionna la technique des bactériologistes qui purent filtrer, à travers la bougie, des cultures sans en altérer la composition. Par son moyen, on découvrit les toxines diphtériques et tétaniques, découverte qui aboutit à la nouvelle méthode thérapeutique des sérums immunisants et curatifs.

Chamberland était mu par le souci de l'intérêt général. Après avoir obtenu pour tous de l'eau non souillée, il voulut désinfecter les appartements. A cette fin il fit de longues expériences sur les meilleurs désinfectants chimiques, en collaboration avec E. Fernbach, et il aboutit à conseiller l'emploi de l'eau oxygénée ou à son défaut du chlorure de chaux.

La politique tenta ce savant avisé, désireux de réalisations. Il fut député de 1885 à 1889, et, pendant ces quatre années, il s'occupa à la Chambre de toutes les questions concernant l'hygiène. Il rapporta le projet de loi sur l'Hygiène publique qui fut voté avec quelques modifications.

En dehors de sa participation à certaines communications de Pasteur et de ses collaborateurs, Chamberland a publié sa thèse de docteur en médecine (1879); *Recherches sur l'origine et le développement des organismes microscopiques*; *Résistance des germes de certains organismes à la température de* 100°, *conditions de leur développement* (1879); *Sur un filtre don-*

nant de l'eau physiologiquement pure (1884); *Sur la filtration parfaite des liquides* (1885); *Les essences comme antiseptiques* (1887); *Résultats de la vaccination charbonneuse* (1887).

Après les expériences de Pouilly-le-Fort, Chamberland fut chargé par Pasteur et le docteur Roux de tout ce qui concernait la technique et la préparation des vaccins. Il conserva ce service jusqu'à sa mort, survenue en 1908, comme il était sous-directeur de l'Institut. Chaque année il préparait dans son laboratoire des doses de vaccins pour 350 000 moutons et 60 000 bœufs. La mortalité par le charbon qui était à l'origine de 10 p. 100 pour les moutons et de 5 à 6 p. 100 pour les bœufs était descendue à 1 p. 100 pour les moutons et à 1/2 p. 100 pour les bœufs.

BUSTE DE NOCARD, par P. Richer.

Chamberland avait de la fantaisie : il avait inventé un cadran solaire portatif et il était aussi fier de cette invention que de ses plus sérieux travaux de bactériologie.

C'est le docteur Roux qui présenta Edmond Nocard au laboratoire de la rue d'Ulm. Il y apporta sa science vétérinaire, et, par sa spécialisation, il fut dans ses milieux un ardent propagandiste des méthodes pastoriennes.

Edmond Nocard était né le 29 janvier 1850 à Provins, d'un père marchand de bois. Admis à l'École d'Alfort en octobre 1868, il en sortit au mois d'août 1873, à la tête de sa promotion. Ses études avaient été interrompues par la guerre; le 6 septembre 1870, il s'était engagé au 5e lanciers. En novembre 1873, moins de trois mois après ses derniers examens, Nocard était nommé chef de service de clinique à l'École d'Alfort; le 25 novembre 1878, il occupait la chaire de pathologie et de clinique chirurgicale, et le 17 avril 1887, il succédait à Goubaux comme directeur de la grande école vétérinaire. Mais Nocard tenait davantage à l'enseignement qu'aux fonctions administratives, il donnait sa démission de directeur le 3 janvier 1891, pour se consacrer entièrement à ses leçons.

Dans les luttes que Pasteur avait eu à soutenir lorsqu'il étudiait le choléra des poules, le charbon, les maladies microbiennes des animaux,

Cl. Hachette.

ÉLIE METCHNIKOFF, d'après le tableau de Lapparo. (Bibliothèque de l'Institut Pasteur.)

Nocard s'était résolument placé à ses côtés, menant une active campagne parmi les vétérinaires assez réfractaires aux nouvelles méthodes. Aussi, dès l'organisation de l'Institut, Nocard fut-il choisi comme chef de service. Il se mêla intimement à la vie du grand établissement où il avait une place à part et très importante. Nocard fut désigné pour faire partie de la commission qui allait étudier le choléra en Égypte. Quand le Dr Roux eut fait sa découverte fameuse du sérum antidiphtérique, ce fut Nocard qui assura dans son service la surveillance de sa fabrication.

Edmond Nocard mourut en 1903 : depuis 1886 il était membre de l'Académie de Médecine. On éleva à Alfort un monument à ce savant, d'un esprit libre, qui avait su se dégager des préjugés si tenaces dans sa corporation et fait avancer les études vétérinaires dans une direction qui devait donner les plus heureux résultats.

Élie Metchnikoff naquit à Ivanovka, dans la province de Kharkoff, en Petite Russie, le 16 mai 1845, de petits propriétaires terriens. Tout jeune, il s'intéressa aux études d'histoire naturelle qu'il suivait presque seul, sans maître pour le guider. En 1856 il fut placé au lycée de Kharkoff où il se montra un élève compréhensif et travailleur. Mais, quoique jeune homme, les idées occidentales, interdites en Russie, attiraient son intelligence, et il était curieux de tout ce qu'il pouvait apprendre des méthodes et des théories que l'on ignorait soigneusement au lycée. Il n'avait que quinze ans, lorsqu'il vit pour la première fois dans les planches d'un ouvrage de Brove sur les classes et les ordres du règne animal, des Amibes, des Infusoires, des Rhizopodes, organismes microscopiques. Ce fut une véritable révélation et Élie Metchnikoff résolut de se consacrer à leur étude.

En terminant ses classes au lycée, il assistait aux cours de l'Université, et l'un de ses camarades lui ayant prêté un microscope il étudia les Infusoires, et, dans son enthousiasme juvénile, croyant avoir fait des découvertes, il s'empressa de rédiger un article qu'il adressa au *Bulletin de la Société des naturalistes de Moscou*. Il allait être inséré, quand le jeune savant s'aperçut que ses conclusions étaient erronées, et il s'empressa de demander à la direction de ne pas le publier. C'est le premier exemple de l'honnêteté scientifique de Metchnikoff. Les derniers examens avant sa sortie du lycée eurent lieu au printemps de 1862, et il obtint en fin d'études la médaille d'or.

Après un essai infructueux pour suivre les cours du zoologiste allemand Kolliker à Wurtzbourg, il passa deux ans à l'Université de Karkoff où il eut comme maîtres Békétoff et Tschielkoff, l'un chimiste et l'autre physiologiste. Puis, son examen de licence brillamment passé, il obtint du ministère de l'Instruction publique russe une bourse de quelques milliers de roubles qui lui permit de voyager et de se livrer à des études personnelles. Il fit d'abord un séjour dans l'île d'Héligoland, puis il travailla dans le laboratoire du naturaliste allemand Leuckart qui publia sous son nom les observations de Metchnikoff; celui-ci protesta contre cette indélicatesse. Appelé en Suisse par son frère Léon, esprit distingué,

Élie vint à Genève où il connut Herzen, et, après un retour de plusieurs semaines à Giessen, il partit pour Naples. C'est là qu'il se lia d'amitié avec Kovalevsky, zoologiste remarquable, et qu'ensemble ils commencèrent les célèbres recherches sur l'embryologie comparée des animaux.

Revenu en Russie il fut nommé professeur à Odessa, puis à Pétersbourg, et bientôt, après s'être marié, il partit pour Madère où il eut la douleur de voir mourir sa femme. La science le consola de son deuil, et, passionné d'anthropologie, il se décida à étudier la race kalmouk dans

LABORATOIRE DE METCHNIKOFF A L'INSTITUT PASTEUR

M. M. HAFKINE, TH. TRAPÉZNIKOFF, P. PABRITCHOWSKY, N. BLAGOWESCHENSKY, N. PROTOPOPOFF, W. POLOWTZOFF, OLGA METCHNIKOFF, A. ZANICHINE, EL. METCHNIKOFF, K. WAGNER.

les steppes d'Astrakan. Long et effrayant voyage! Ses recherches si laborieuses terminées, il revint professer à Odessa, de nouveau marié, et il continua son enseignement de 1873 à 1882, avec la plus profonde influence sur ses élèves. Démissionnaire, il partit avec sa femme pour Messine où il eut l'intuition de sa fameuse théorie phagocytaire. Metchnikoff a écrit comment il y avait été amené.

« Je me reposais des secousses des événements qui provoquèrent ma démission de l'Université, a-t-il écrit, et je me livrais avec passion au travail dans le cadre splendide du détroit de Messine.

« Un jour que toute la famille était au cirque pour voir d'extraordinaires singes dressés, je restais seul à mon microscope et j'observais la vie des cellules mobiles d'une larve transparente d'étoile de mer, quand une nouvelle pensée m'illumina tout à coup.

« J'eus l'idée que des cellules analogues devaient servir à la défense de l'organisme contre de nuisibles intrus.

« Sentant qu'il y avait dans ceci quelque chose de tout à fait intéressant je fus tellement ému, que je me mis à marcher à grands pas et j'allais même au bord de la mer pour rassembler mes pensées.

« Je me disais que si ma supposition était juste — une écharde introduite dans le corps d'une étoile de larve d'étoile de mer, n'ayant ni vaisseaux sanguins, ni système nerveux, devait être très vite entourée par les cellules mobiles, ainsi que cela s'observe chez l'homme qui a une écharde au doigt. Aussitôt dit aussitôt fait.

« Dans le jardinet de notre demeure, jardinet où quelques jours auparavant nous avions organisé pour les enfants un arbre de Noël sur un petit mandarinier, je pris plusieurs épines de rosier pour les introduire aussitôt sous la peau de superbes larves d'étoiles de mer, transparentes comme l'eau.

« Très ému, je ne dormis naturellement pas de la nuit dans l'attente du résultat de mon expérience et le lendemain, à une heure très matinale, je constatai avec joie qu'elle avait pleinement réussi.

« Cette expérience servit de base à la théorie phagocytaire, au développement de laquelle je consacrais les vingt-cinq années suivantes de ma vie [1]. »

Après diverses stations à Tanger, à Villefranche, à Trieste, à Odessa où il dirigea la première station bactériologique fondée par cette ville, Metchnikoff s'installa à Paris en 1888, décidé à se fixer définitivement en France.

Dès que l'Institut Pasteur fut construit, on lui donna un laboratoire où, jusqu'en 1916, il poursuivit ses études qui eurent un immense retentissement. Nous pouvons citer celles qu'il consacra à l'inflammation, résumées dans un ouvrage qui parut en 1892 sous le titre de *Leçons sur la pathologie comparée de l'inflammation.* Il fit de nombreuses expériences sur le choléra, sur l'immunité. Pour ces dernières il recevait en 1908 le prix Nobel, de moitié avec Ehrlich. Ses recherches sur la vieil-

1. *Vie d'Élie Metchnikoff* (1885-1916), par Olga Metchnikoff, p. 107-108.

lesse, la flore intestinale et le lait caillé, ses études sur la nature humaine, dépassèrent le cercle des savants pour atteindre le grand public. A son œuvre purement scientifique, il ajoutait des théories philosophiques sur l'optimisme, le sens de la vie, la morale rationnelle.

Élie Metchnikoff mourut d'une maladie de cœur pendant la guerre, le 15 juillet 1916. Il voulut être incinéré et ses cendres sont déposées dans la bibliothèque de l'Institut Pasteur où il avait vécu les plus belles heures de sa vie.

« C'est en étudiant le mécanisme du blanchiment des cheveux que Metchnikoff a pu fournir la plus belle démonstration de l'activité des macrophages dans la vieillesse. Ce blanchiment est la première manifestation visible de la dégénérescence sénile; aussi offre-t-elle plus que toute autre, une occasion particulièrement propice pour surprendre le mécanisme du vieillissement à son stade initial.

On sait que la couleur des cheveux est due à la présence d'un pigment contenu, sous forme de grains, dans les deux couches qui constituent le cheveu. A un certain moment, les cellules de la moelle des cheveux — qui sont une variété de macrophages — demeurées jusque-là immobiles, commencent à s'agiter. Elles se mettent à englober tous les grains de pigment qui se trouvent à leur portée. Ils sortent des cheveux, et s'en vont sous la peau ou bien quittent tout à fait l'organisme. Dès que les grains de pigment sont emportés au loin par les macrophages, le cheveu rend naturellement sa couleur, il blanchit et ce blanchiment peut s'effectuer, on le sait, en très peu de temps, en une nuit, presque subitement, à la suite d'une émotion, par exemple. Cette soudaineté est particulièrement instructive, car elle permet de suivre sur le vif le lobe de la suractivité des macrophages au cours des atrophies séniles [1]. »

Sous-directeur de l'Institut Pasteur depuis 1917, le Dr A. Calmette y tient une place considérable par le nombre et la diversité de ses travaux. C'est un savant d'une vaste intelligence qui peut étudier en même temps des sujets qui semblent n'avoir entre eux rien de commun, avec une égale perspicacité. Reçu docteur à la Faculté de médecine de Paris, le 6 juillet 1886, il appartint d'abord au corps de santé militaire des colonies, mais après trois campagnes en Chine, au Gabon-Congo et aux îles Saint-Pierre et Miquelon, sollicité par son goût des études person-

1. *Histoire d'une idée.* L'Œuvre de Metchnikoff, par A. Besredka, professeur à l'Institut Pasteur, p. 76-77.

nelles et purement scientifiques, il obtenait l'autorisation de travailler à l'Institut Pasteur et il entrait, en 1889, au laboratoire du Dr Roux.

Mais la destinée du Dr Calmette était de propager les nouvelles méthodes, de porter au loin leurs bienfaits. En 1890, à la demande de Pasteur, il partit organiser à Saïgon un service de vaccination contre la rage et un centre de préparation de vaccin antivariolique.

« Depuis l'ouverture, alors récente, de l'Institut Pasteur de Paris, a écrit le docteur Calmette [1], il arrivait fréquemment que des personnes résidant dans nos colonies ou dans les colonies anglaises d'Extrême-Orient succombaient aux suites des morsures d'animaux enragés sans qu'il fût possible de leur porter secours. Outre que le coût du voyage jusqu'en Europe était très onéreux, sa durée se trouvait être presque aussi longue que la période d'incubation de la maladie. Il parut donc indispensable d'instituer, dans la capitale de nos possessions indo-chinoises, un laboratoire qui fût assez rapidement accessible des principaux centres populeux du continent jaune, grâce aux lignes de navigation maritime et fluviale, et qui pût servir d'autre part à appliquer les nouvelles méthodes de recherches à l'étude des nombreuses et graves maladies auxquelles notre colonie d'Indo-Chine devait sa réputation d'insalubrité.

DOCTEUR A. CALMETTE,
SOUS-DIRECTEUR DE L'INSTITUT PASTEUR.

« Sur les propositions du Dr Georges Treille, inspecteur du service de santé des colonies, dont l'intelligente clairvoyance escomptait déjà l'évolution générale qu'allaient subir nos connaissances en Pathologie exotique, le nouvel « Institut Pasteur de Saïgon » fut rapidement et provisoirement installé dans un pavillon de l'hôpital colonial, et ses

1. *Revue Scientifique*, 3 février 1912.

services essentiels fonctionnèrent dès le début de janvier 1890. Les mordus de Singapour, de Java, du Siam, de la Cochinchine et du Tonkin y affluèrent, et la préparation du vaccin animal, cultivé sur des bufflons permit d'entreprendre efficacement la lutte contre la variole. Cette maladie causait des ravages énormes dans la population annamite. En moins de deux années, près de 500 000 enfants ou adultes purent être inoculés, et depuis lors, les médecins vaccinateurs ne cessent de parcourir le pays, s'arrêtant dans tous les villages, soignant les

Cl. Chusseau Flavien.

CHARMEURS DE SERPENTS.

malades et se faisant aimer des indigènes pour le plus grand profit de l'influence française. »

C'est à Saïgon que le Dr Calmette, sans négliger ses fonctions de directeur du nouvel Institut Pasteur, entreprit ses recherches célèbres sur les venins des serpents qui aboutirent à la découverte d'un sérum antivenimeux. En 1891, un village situé près de Bac-Lien, dans la Basse-Cochinchine avait été envahi pendant l'époque des pluies par de véritables bandes de serpents venimeux de l'espèce *Naja Tripudians* ou *Cobra Cupel.* Ces reptiles réfugiés dans les cases des habitants avaient mordu quatre indigènes qui étaient morts en quelques heures des suites de leurs blessures. Un charmeur de serpents annamite avait réussi à en attirer dix-neuf vivants dans un baril que l'administrateur du district envoya au laboratoire du docteur Calmette. Ce furent avec ces sujets qu'il commença ses premières expériences. Elles aboutirent à étendre et à fixer les connaissances que l'on avait alors sur la physiologie des venins. Les travaux de Weir Mitchell et Reichard en Amérique, de Wall et Amstrong en Angleterre, d'Armand Gautier et de Kaufmann en France n'avaient porté que sur certaines de leurs propriétés. Le docteur Calmette donna à ces recherches des bases strictement scientifiques et ses études complétées par celles de Phisalix et Bertrand, de Fraser, de Geo Lamb, de Tidswell, de Mac Farland, de Vital Brazil, permirent l'établissement d'une méthode de sérothérapie antivenimeuse qui fut universellement appliquée. Des laboratoires pour la préparation du sérum antivenimeux s'élevèrent dans les pays particulièrement infestés par les serpents à Bombay, à Kasauli, dans les Indes, à Melbourne en Australie, à Sao Paulo au Brésil.

Les études du docteur Calmette sur les venins furent longues et extrêmement délicates. Il s'appliqua, d'après la notice qui est consacrée à ses travaux scientifiques, à rechercher leur composition, leur action physiologique chez les diverses espèces, leurs effets sur les différents tissus ou organes, particulièrement sur le sang (phénomène d'hémolyse), à déterminer la toxicité du sang des reptiles, l'immunité naturelle de certains animaux (mangoustes, hérissons), l'accoutumance ou immunité acquise, et dans l'ordre pratique, il précisa les conditions de la vaccination, et il prépara un sérum antitoxique. Ces diverses études ont été réunies en volume sous le titre de *Les Venins, Les Animaux venimeux et la Sérothérapie antivenimeuse* (Masson, édit.). En plus de cet ouvrage, le docteur Calmette a publié sur le même sujet, de 1892 à 1914, plus de vingt-cinq communications ; la première, *Étude expérimentale des Venins* de *Naja Tripudians* et la dernière en collaboration avec L. Massol, *Sur la Conservation du Venin de Cobra et son Antitoxine.*

De retour à Paris, en 1893, le Dr Calmette eut aussitôt à étudier le cocco-bacille de la peste que Yersin avait réussi à isoler pendant une épidémie à Hong-Kong, et dont il avait adressé des cultures à l'Institut Pasteur. Sous la direction du Dr Roux, et en collaboration avec A. Borrel, il entreprit des expériences avec ce microbe sur les animaux sensibles à la peste. Elles furent continuées à l'arrivée de Yersin qui put retourner en Chine avec un sérum antipesteux. Il fut expérimenté sur 26 malades dont 3 à Canton et 23 à Amoy sur lesquels 2 seulement moururent.

Le Dr Calmette lui-même devait démontrer la valeur du sérum antipesteux, en 1899, à Porto, où il avait été envoyé avec T. Salimbeni pour y combattre une épidémie de peste. Les injections ayant été faites par voie intraveineuse, à l'hôpital des pestiférés de Bonfim, près de Porto, la mortalité était descendue de 66,6 à 20,8 p. 100. C'était un succès. Il fut confirmé par de nouveaux essais faits en République Argentine, au Brésil et dans certains centres de l'Asie Orientale.

Le Dr A. Calmette a publié sur la peste, en 1895, *Le microbe de la*

LE LABORATOIRE DU Dr A. CALMETTE, SOUS-DIRECTEUR DE L'INSTITUT PASTEUR.

peste à bubons; en 1899, *La peste d'Oporto,* en collaboration avec Salimbeni; en 1901, *La peste bubonique et sa prophylaxie.*

Les recherches du Dr Calmette se portèrent ensuite sur la tuberculose. Il avait été chargé en 1895 de fonder et de diriger un Institut Pasteur à Lille, et il avait souffert des ravages que fait la terrible maladie parmi la population ouvrière de nos départements industriels. Il poursuivit ses expériences avec ses collaborateurs sans interruption pendant dix années. « En même temps, il faisait une vaste enquête sur la répartition géographique de la tuberculose, des recherches multiples sur ses divers modes de propagation, sur la résistance naturellement conférée aux organismes par une infection bénigne, sur la formation, le titrage et le rôle des anticorps contenus dans le sérum du sang des sujets infectés, sur le diagnostic précoce de l'infection par différents modes d'emploi des tuberculines, et enfin sur l'utilisation, en vue de conférer l'immunité, de bacilles modifiés par des artifices de culture, de telle sorte que sans perdre leur vitalité, ils soient rendus avirulents et incapables de produire des lésions tuberculeuses. » (*Notice sur les Travaux scientifiques de A. Calmette.*)

De 1905 à 1914, ses études sur la tuberculose furent extrêmement poussées, dans un sens strictement scientifique, mais avec des buts sociaux. Le nombre des notes publiées par A. Calmette, seul ou en collaboration, permet de se rendre compte de l'intense activité de son laboratoire, et de l'heureuse diversité de ses recherches. Nous pouvons seulement en citer quelques-unes : *Origine intestinale de la tuberculose pulmonaire*, en collaboration avec C. Guérin (1905); *Les voies normales de pénétration du virus tuberculeux dans l'organisme* (1907); *Étiologie de la tuberculose infantile* (1906); *Milieux de culture pour le bacille tuberculeux* avec L. Massol et M. Breton (1909); *Fréquence relative de l'infection bacillaire et de la tuberculose aux différents âges de la vie*, avec Grysez et R. Letulle (1911); *Les voies de pénétration et de diffusion du bacille tuberculeux dans l'organisme* (1912); *Les médicaments microbiens de la tuberculose* (1912); *La bacillémie tuberculeuse et son diagnostic* (1914). De 1906 à 1912 le Dr Calmette étudiait les tuberculines, mais son activité n'était pas seulement scientifique, elle se traduisait encore par des réalisations sociales du plus haut intérêt. Par ses fréquentations dans les milieux ouvriers, il se rendait compte de l'inefficacité des établissements publics, dans la lutte entreprise contre la redoutable maladie. Soit défaut d'organisation, négligence ou ignorance, les résultats ne répondaient pas aux efforts dépensés.

Le Dr Calmette fonda d'abord à Lille, le *dispensaire Émile Roux*, où l'on examinait les individus suspects d'être atteints de la tuberculose, œuvre modeste qui s'agrandissait rapidement grâce au dévouement de son directeur. Quelque temps après, trois autres établissements étaient créés : l'un à Cambrai, l'autre à Douai, puis un grand sanatorium pour tuberculeux curables, de 150 lits, à Montigny-en-Astrevent. L'organisation sociale antituberculeuse fut complétée par la création d'une filiale de l'*Œuvre Grancher* qui a pour objet le placement à la campagne d'enfants sains, mais nés de parents tuberculeux. Elle disposait avant la guerre d'un budget de 50 000 francs et elle rendait les plus grands services à la population ouvrière du Nord.

Je ne puis qu'énumérer les objets sur lesquels se sont exercées les recherches du Dr Calmette, des plus diverses et des plus étendues. Elles portèrent sur la vaccine, la parasitologie, la rage, le tétanos, les toxines, le pneumocoque, le staphylocoque, l'immunité, la désinfection, les eaux potables, la pathologie tropicale, les fermentations industrielles, l'épuration biologique des eaux résiduaires.

De 1910 à 1914, le Dr Calmette fut chargé par l'Institut Pasteur de Paris d'organiser et de diriger l'Institut Pasteur d'Algérie. Il fit

Photo Dornac.

DOCTEUR LAVERAN.

partie des délégations françaises aux Congrès internationaux pour l'étude de la tuberculose, à Londres, en 1901, à Berlin, en 1902, à la Haye, en 1906, à Vienne, en 1907, à Washington, en 1908, à Rome, en 1912; il fut nommé membre du Comité permanent des congrès internationaux d'hygiène, délégué du gouvernement français aux conférences sanitaires internationales de 1903 à 1912; il représenta le gouvernement général d'Algérie à l'Office international d'hygiène publique. Ses titres scientifiques sont nombreux. Le Dr Calmette est membre correspondant de la Société de Biologie (1899), Correspondant de l'Académie de Médecine (1902), Honorary Fellow of the American Tropical

Medicine Society, Washington (1902), Membre honoraire de la Société de Médecine de Gand, Correspondant de l'Académie des Sciences (1904), Membre correspondant de l'Académie royale de Médecine de Turin (1907), Associé de la « Royal Society » de Londres (1922).

Le Dr A Calmette a reçu de nombreux prix et médailles des sociétés savantes : médaille d'argent, Académie de Médecine (vaccine) 1890, prix Barbier, Académie de Médecine (étude des venins) 1892; couronne civique, Société nationale d'encouragement au bien (1894); prix Audiffred, de l'Académie des sciences morales et politiques (1905); grande médaille d'or de la Fondation Lucien de Reinach.

Les études du Dr Laveran le prédisposaient à se joindre aux savants groupés dans l'Institut Pasteur. Né à Paris, le 18 juin 1845 (mort en 1922), il avait accompagné très jeune en Algérie son père, médecin militaire. Celui-ci étant revenu à Paris comme professeur à l'École du Val-de-Grâce, son fils qui désirait suivre sa carrière se présenta en 1863 à l'école du Service de santé de Strasbourg; il y fut admis et en 1867 il soutenait sa thèse, *Recherches expérimentales sur la régénération des nerfs.*

Pendant la guerre de 1870, il fut médecin aide-major à l'armée de Metz, et, la paix conclue, il passa successivement de l'hôpital de Lille à l'hôpital Saint-Martin à Paris pour être nommé au concours, en 1874, professeur agrégé à l'École du Val-de-Grâce. Il y restait quatre années et en 1878, il était envoyé en Algérie. C'est à Bône et à Constantine qu'il entreprit ses travaux sur le paludisme qui lui valurent le prix Nobel en 1907, pour la nouveauté et la certitude qu'ils apportaient dans une question depuis longtemps débattue et restée très obscure.

« Mes premières recherches sur le paludisme remontent à 1878, a écrit le Dr Laveran; j'étais à ce moment chargé d'un service à l'hôpital de Bône (Algérie) et un grand nombre de mes malades étaient atteints de fièvres palustres. J'eus l'occasion de faire l'autopsie de plusieurs sujets morts de fièvre pernicieuse et d'étudier la mélanémie qui déjà avait été observée mais qui n'était pas considérée comme une altération constante du paludisme, ni comme une altération spéciale à cette maladie. Je fus frappé des caractères singuliers des granulations de pigment noir, surtout dans le foie et dans les vaisseaux cérébraux, et je cherchai à poursuivre dans le sang des malades atteints de fièvre palustre, l'étude de la formation du pigment. Je trouvai dans le sang des leucocytes chargés de pigment, déjà vus par d'autres observateurs, mais, à côté de ces leucocytes mélanifères, des corps sphériques, de volume variable, pigmentés, doués de mouvements amiboïdes, et des corps en croissant pigmentés attirèrent mon attention; je supposai dès lors qu'il s'agissait de parasites.

« En 1880, à l'hôpital militaire de Constantine, je découvris sur les bords de corps sphériques pigmentés, dans le sang d'un malade atteint de paludisme, des éléments filiformes ressemblant à des flagelles qui s'agitaient avec une grande vivacité en déplaçant les hématies voisines; dès lors je n'eus plus de doute sur la nature parasitaire des éléments que j'avais trouvés dans le sang palustre. »

Voilà l'origine des longs travaux du docteur Laveran sur le paludisme et sur son hématozoaire qui le conduisirent à des découvertes capitales en cette matière.

Le Dr Laveran à la suite de pénibles et délicates expériences menées avec ténacité malgré tous les déboires, isola et décrivit le microbe du paludisme, maladie qui sévit intensément en Afrique, en Italie, en Grèce, sur les côtes orientales de la Corse, rendant inhabitables des contrées d'une admirable fécondité. Ses premières communications, qui heurtaient les idées admises, furent accueillies avec scepticisme, et ce n'est qu'après avoir soutenu des luttes quelquefois très vives que le Dr Laveran vit admettre par les savants la valeur capitale de ses découvertes. Il les a exposées dans les ouvrages suivants : *Nature parasitaire des accidents de l'impaludisme; description d'un nouveau parasite trouvé dans le sang des malades atteints de fièvre palustre* (Paris, 1881); *Traité des fièvres palustres* (Paris, 1884); *Du paludisme et de son hématozoaire* (Paris, 1891); *Trypanosomes et Trypanosomiases*, en collaboration avec Mesnil (Paris, 1904); *Notes sur le traitement des trypanosomiases*, communication à l'Académie des Sciences; *Contribution à la répartition des Glossina (tsé-tsé) dans l'Afrique équatoriale*, communication à l'Académie des Sciences; *Trypanosomiases du Haut-Niger*, (Annales de l'Institut Pasteur, mai 1907).

Mais son activité ne se borna pas dans cette seule voie, il la dirigea encore vers la pathologie interne et la pathologie externe, vers la pathologie expérimentale et l'hygiène. En pathologie interne, il étudia, entre autres maladies, la fièvre typhoïde abortive, la tuberculose aiguë, la méningite comme complication de la pneumonie, la gastrite et l'ulcère rond de l'estomac, les abcès du foie, le scorbut, la diphtérie dans l'armée, la grippe infectieuse, la dysenterie, etc. Il publia en 1875, un

Traité des Maladies et des Épidémies dans l'Armée, et en 1894, avec la collaboration du docteur Teissier, professeur à la Faculté de médecine de Lyon, deux volumes intitulés *Nouveaux Éléments de Pathologie médicale.* Ses travaux sur l'hygiène font autorité dans les milieux que préoccupe cette haute question sociale. Il les a rendus publics dans une vingtaine d'ouvrages ou de communications, parmi lesquels nous citerons : Des filtres Maignen (*Arch. de Méd. mil.*, 1886); De l'hygiène militaire. Son importance, ses progrès (*Arch. de Méd. mil.*, 1886); De quelques procédés de lavage des hommes dans les casernes (*Arch. de Méd. mil.*, 1886); De la contagion dans les salles d'hôpital (*Méd. moderne,* 1890); Sur la distribution des eaux potables à Paris (*Soc. méd. des Hôp.*, 1890); Traité d'hygiène militaire, 1896; Au sujet du service des eaux à Paris (*Acad. de Méd.*, 24 juillet 1900).

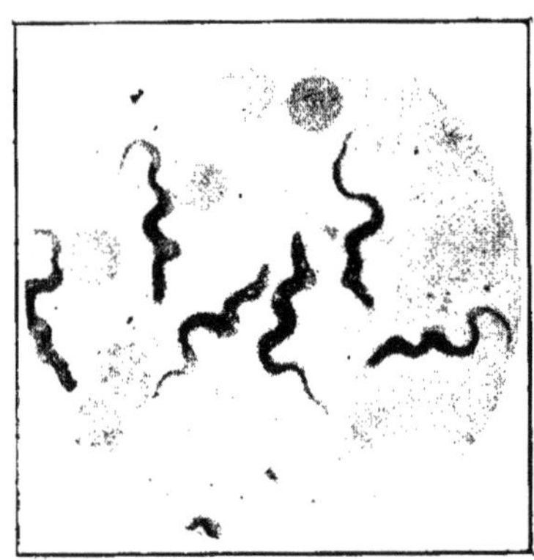

TRYPANOSOME
DE LA MALADIE DU SOMMEIL.

Le Dr Laveran, revenu en France, fut chargé de 1884 à 1894 du cours d'hygiène militaire et clinique médicale à l'École du Val-de-Grâce. En 1895, il était élu membre de l'Académie de Médecine, et membre correspondant de l'Académie des Sciences. C'est deux années plus tard qu'ayant pris une retraite anticipée comme médecin principal de première classe, il entre à l'Institut Pasteur en qualité de chef honoraire de service. Il y fit de nombreuses recherches originales sur les hématozoaires endoglobulaires, sur les sporozoaires et sur les trypanosomes, et grâce à celles-ci, les maladies dues à des protozoaires forment un des chapitres les plus intéressants de la pathologie médicale comme de la pathologie vétérinaire.

Admis en 1887, à l'École normale supérieure et à l'École polytechnique, Félix Mesnil, se décida pour la première d'où il sortit en 1891, après avoir obtenu ses titres de licencié ès sciences physiques (1889), licencié ès sciences naturelles (1890), agrégé de sciences naturelles (1891). Il se destinait d'abord à l'étude originale de la zoologie, mais ses goûts et l'enseignement de ses maîtres, en particulier d'Alfred Giard, l'orientèrent vers les phénomènes de la biologie générale. Pendant une année, bénéficiaire d'une bourse, il parcourait l'Allemagne et les pays voisins, puis en 1892, il entrait à l'Institut Pasteur, comme agrégé-préparateur. C'est là désormais qu'il devait faire toute sa carrière scientifique, une des plus fournies parmi les savants de sa génération, tant pour le nombre que pour la qualité de ses découvertes.

Félix Mesnil s'initia à la pratique rigoureuse de l'expérimentation sous les auspices du Dr Roux et d'Élie Metchnikoff qui lui confia la direction d'un laboratoire plus spécialement consacré à la protozoologie et à la zoologie tropicale.

« A ma première éducation, écrit Félix Mesnil, je dois avec le goût de la biologie générale, celui des recherches fauniques et de la zoologie systématique. Je considère cette dernière comme une base nécessaire, comme un instrument de mesure en quelque sorte, qu'il faut savoir manier et qui est indispensable, ne serait-ce que pour comprendre véritablement le problème transformiste, et la portée des arguments, preuves ou objections, versés dans la discussion. J'ai fait, toute une série de recherches de systématique et je n'ai jamais négligé, dans mes autres travaux, ou bien de déterminer d'une façon précise les types que j'étudiais ou bien d'envisager mes résultats au point de vue de la notion de l'espèce ou de la variété.

« Les vacances m'ont ramené chaque année dans l'anse Saint-Martin près du cap de la Hague. Cette heureuse circonstance m'a conduit à apporter une attention toute particulière à la faune marine. On remarquera que je me suis moins préoccupé d'établir de longues et fastidieuses listes d'espèces déjà connues et d'intérêt restreint, que de faire connaître des types ou entièrement nouveaux ou appartenant à des groupes d'une étiologie telle qu'une étude minutieuse devait nécessairement révéler des détails intéressants. Dès le début de mes recherches, j'ai étudié la faune des mares des roches granitiques; elles sont, dans la zone littorale, tapissées de couches épaisses d'une algue calcaire qui donne — un peu comme les récifs coralliens des mers chaudes — asile à une quantité d'animaux. A ma connaissance, personne n'avait vu l'intérêt de ces mares, qui constituent, au point de vue de la faune marine, la particularité la plus caractéristique de la presqu'île du Cotentin. »

Les travaux de Félix Mesnil s'étendent sur un peuple innombrable et souvent invisible dont il a défini les espèces, caractérisé les individus, par des expériences et des observations qui exigeaient en même temps une pensée hardie et une persévérance qu'aucune difficulté ni aucun échec ne pouvait rebuter. Il nous fait pénétrer dans un monde placé aux origines même de la vie et, dans les êtres rudimentaires dont il nous décrit la structure et les fonctions, éclate la magnificence de la nature créatrice. Le savant devient le frère du poète, mais c'est par des descriptions sobres, nettes et strictement scientifiques qu'il nous illumine l'infinie variété des êtres, qui naissent, croissent, se reproduisent et meurent dans le grand mystère des choses. Comment suivre Félix Mesnil dans ses travaux si nombreux que leur simple énumération formerait un volume.

Photo Hachette.

F. MESNIL DANS SON LABORATOIRE.

Il étudie les Annélides en définissant ainsi le caractère de ses recherches : «Prendre un groupe de formes ayant une unité bien nette; y préciser la séparation des espèces; rétablir, autant que possible, leur phylogénie par un examen critique de leurs caractères différentiels; baser toute cette étude sur les données d'anatomie comparée ou d'embryogénie. L'application de cette méthode nous paraît un des moyens les plus sûrs pour pénétrer plus intimement le problème général du transformisme. Dans les groupes restreints, les variations sont légères, et dans certains, tels que les Annélides polychètes et les Crustacés, on est surtout amené à faire de la *morphologie externe.* Mais les modifications minimes que l'on enregistre ont néanmoins un grand intérêt philosophique, puisque l'on perçoit nettement leur enchaînement et que souvent on saisit sur le vif l'empreinte laissée par les diverses adaptations. Les Annélides dites sédentaires se prêtent admirablement à ces études, car on y rencontre tous les types, depuis ceux à vie libre jusqu'à ceux à vie essentiellement tubicole et il est intéressant de rechercher à retracer les nombreux chemins par où s'est fait le passage de la vie libre à la vie fixée. »

Avec l'exposé d'un tel programme, on peut imaginer la délicatesse des expériences conduites par Félix Mesnil depuis vingt ans. A l'étude des Annélides il joignait celle des Protozoaires parasites qui sont la cause des maladies tropicales. Dans la première matière il collaborait avec Caullery et dans la seconde avec Laveran qui l'avait associé à ses recherches restées célèbres sur les trypanosomes.

En 1895, Félix Mesnil passa l'examen de docteur ès sciences naturelles et il présenta une thèse des plus remarquées *Sur le mode de résistance des vertébrés inférieurs aux invasions microbiennes artificielles.* La théorie phagocytaire de Metchnikoff exposée par celui-ci depuis 1883 était encore très combattue dans certains milieux scientifiques. Félix Mesnil apporta à son appui les résultats de ses expériences faites sur des poissons chez lesquels il avait constaté le rôle des leucocytes.

Deux ans plus tard, en 1897, Félix Mesnil suppléait Houssay dans son enseignement à l'École normale, et depuis 1899, il a donné chaque année, une série de leçons sur les Protozoaires pathogènes au cours de microbiologie de l'Institut Pasteur. Mais son influence professorale s'est plutôt fait sentir dans son laboratoire fréquenté par de nombreux médecins des troupes coloniales et par de jeunes savants français et étrangers venus s'initier à ses méthodes et à ses procédés d'expérimentateur.

L'activité scientifique de Félix Mesnil s'est traduite dans plus de deux cents notes, mémoires, communications, études et articles. Il a pu justement écrire : « Malgré cette variété dans mes travaux, bien que j'aie abordé alternativement ou même à la fois la microbiologie expérimentale, la physiologie, la cytologie, l'embryogénie, la systématique, je crois néanmoins qu'il s'en dégage une unité globale. Toujours, en effet, j'ai cherché à faire œuvre de biologiste, au sens philosophique du mot, essayant de dégager des faits observés une contribution quelque modeste qu'elle fût, à la solution du problème de Biologie générale. J'ai déjà dit dans quel esprit ont été conçus mes travaux de systématique. Dans mes recherches sur les formes épitoques des Annélides, sur les parasites variés, je n'ai étudié l'anatomie, l'embryogénie de ces êtres qu'autant qu'elles pouvaient me renseigner sur leur cycle évolutif, sur le sens et le degré des variations spécifiques, etc. Et, si je me suis passionné pour l'étude des parasites, c'est que là, plus et mieux qu'ailleurs, il est facile, étant données les complications variées du cycle évolutif, les profondes variations (dégradations, si l'on veut) que subissent les espèces, de recueillir un grand nombre de données pour la biologie générale. »

Félix Mesnil est chef de laboratoire à l'Institut Pasteur depuis 1898, sous-directeur à l'École des Hautes-Études (1908), professeur à l'Institut Pasteur (1910). Il a été nommé membre titulaire de la société de Biologie en 1893, membre correspondant de la société portugaise des sciences naturelles, en 1908, associé de l'Académie royale de Belgique, en 1919, membre d'honneur de la Société belge de Médecine tropicale en 1920. Félix Mesnil a été élu le 5 décembre 1921, membre de l'Académie des sciences, dans la section d'anatomie et zoologie. Il est né le 12 décembre 1868 à Amonville-les-Petits (Manche).

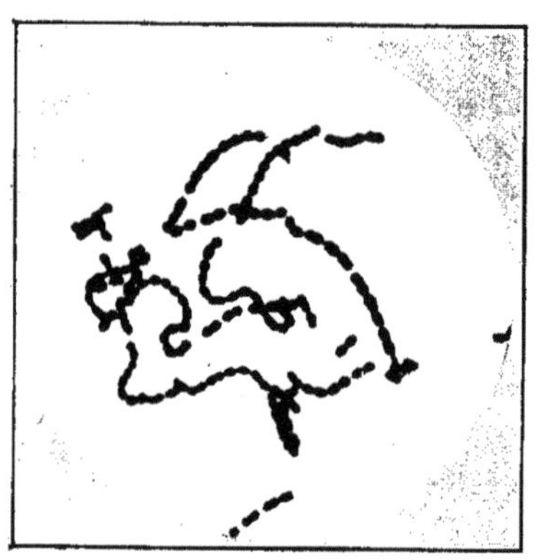

STREPTOCOQUES.

Gabriel Bertrand, professeur à la Faculté des sciences de l'Université de Paris, chef de service à l'Institut Pasteur, de 1886 à 1889, fut élève de Frémy au Muséum d'Histoire naturelle. En 1889, il entra comme préparateur de Marquenne au laboratoire de Physiologie végétale appliquée à l'Agriculture de P. P. Deherain, et la même année, il était nommé au Muséum d'histoire naturelle, préparateur de la Chaire de chimie appliquée aux corps organiques.

Dans l'aperçu général de ses travaux scientifiques, Gabriel Bertrand expose dans quel sens élevé il a dirigé ses études. « Si on veut bien, en se plaçant au point de vue purement scientifique, considérer la vie comme un ensemble coordonné de phénomènes en vertu duquel des êtres d'une composition et d'une structure complexes, sentent, assimilent et se reproduisent, la tâche du chercheur qui veut tenter l'application des méthodes chimiques à l'étude des êtres vivants est nettement indiquée : il lui faut, tout d'abord, déterminer la composition élémentaire et immédiate de ces êtres; il lui faut ensuite examiner les échanges matériels qui s'accomplissent dans leur organisme, sous l'influence des diverses fonctions dont l'ensemble constitue l'exercice de la vie.

« La plus grande partie de mes recherches ont trait à ces préoccupations. Celles qui portent sur la composition élémentaire des êtres vivants ont permis de démontrer chez les plantes et chez les animaux l'existence normale d'un nombre de métalloïdes et de métaux notablement plus élevé que celui dont les physiologistes avaient jusque là tenu compte....

« Les recherches sur la composition immédiate ont porté principalement sur les sucres et les glucosides, puis sur les alcoloïdes, les essences, les caoutchoucs, etc. Elles présentent aussi des applications variées.

« Quant aux recherches sur les échanges matériels et sur le mécanisme des transformations chimiques chez les plantes et chez les animaux, elles m'ont principalement conduit à la découverte d'un nouveau type de réactifs spéciaux à la cellule vivante, celui des oxydases, qui permet la fixation à froid de l'oxygène sur la matière organique, dans l'acte fondamental de la respiration.

« C'est également au cours de ces recherches que j'ai analysé le fonctionnement si précis au point de vue chimique, de certaines fermentations microbiennes et, en particulier, de celles qui sont provoquées par la bactérie du sorbose.

« A côté de toutes ces recherches, il en est d'autres qui semblent appartenir à la physiologie, comme les recherches sur les venins et sur la vaccination antivenimeuse, ou qui se confinent dans le domaine de la botanique, de la chimie minérale ou même de la physique. La plupart ont, cependant, des liens avec les précédentes et peuvent s'y rattacher aisément. »

Malgré la diversité de ses études, l'œuvre de Gabriel Bertrand est d'une admirable unité. Il a découvert les oxydases, substances diastasiques, capables de fixer l'oxygène de l'air sur la matière organique. La première en date, qu'il nomme la laccase existe dans le latex de l'arbre à laque, et c'est à celle-ci que les Chinois doivent leur merveilleux vernis. Quelques années plus tard Gabriel Bertrand découvrit une seconde diastase, la tyrosinase, agissant sur des substances qui résistaient à la première : l'une et l'autre sont présentes dans le règne animal et le règne végétal.

Leur action fournit l'explication de certains phénomènes dont on ignorait les causes. Ainsi, c'est à la laccase que l'on doit la coloration rougeâtre de beaucoup de fruits, de racines et d'autres organes végétaux, mis en contact avec l'air atmosphérique. Elle colore également le suc de betteraves. Les champignons qui deviennent rouges, puis noirs, subissent l'action de la tyrosinase. Celle-ci provoque également la couleur bis du pain fabriqué avec de la farine contenant du son. Les oxydases sont aussi les agents de la casse du vin, ou vieillissement prématuré, et de la coloration du cidre par l'intervention de la laccase que renferme le parenchyme de la pomme.

En analysant la laccase tirée de l'arbre à laque, Gabriel Bertrand remarqua que les cendres contenaient une notable proportion de manganèse. Cette observation le conduisit à faire une véritable synthèse des oxydases, puis à rechercher la présence du manganèse chez les êtres vivants. En collaboration avec Medigreceanu, il établit que le manganèse existe chez tous les animaux et dans tous les végétaux, qu'on le trouve dans le lait, les œufs, le sang, qu'il est en moindre quantité chez les vertébrés, et notamment les mammifères, que chez les invertébrés qui ont comme types les plus riches, les mollusques gastéropodes et lamellibranches. «Malgré la petitesse de sa proportion dans la matière vivante, a écrit Gabriel Bertrand, le manganèse intervient dans les échanges chimiques et j'ai réussi à démontrer, à l'aide d'une technique très délicate, que la croissance d'un végétal, *l'Aspergillusniger*, est déjà influencée d'une manière favorable par la présence d'un dix-milliardième de métal dissous dans le milieu de la culture, c'est-à-dire, à l'incroyable dilution d'un milligramme dans 10 000 mètres cubes. »

Photo Hachette.

GABRIEL BERTRAND,
CHEF DU SERVICE DE CHIMIE BIOLOGIQUE.

A la suite de ses travaux sur le manganèse, Gabriel Bertrand entreprit de rechercher la présence d'autres métaux et métalloïdes, dans la matière vivante, et d'en déterminer les proportions. Il a étudié de nombreux animaux marins et il a trouvé de l'arsenic, chez tous, des spongiaires aux vertébrés, de même pour le bore.

De cette présence, Gabriel Bertrand a conclu que les métaux et métalloïdes convenablement dosés pouvaient servir d'engrais catalytiques, et après la communication qu'il fit au Congrès de Chimie appliquée, tenu à Berlin en 1903, les chimistes de divers pays commencèrent des recherches dans le sens qu'il avait indiqué. Il en ressort que le manganèse peut favoriser le développement des plantes dans des proportions allant de

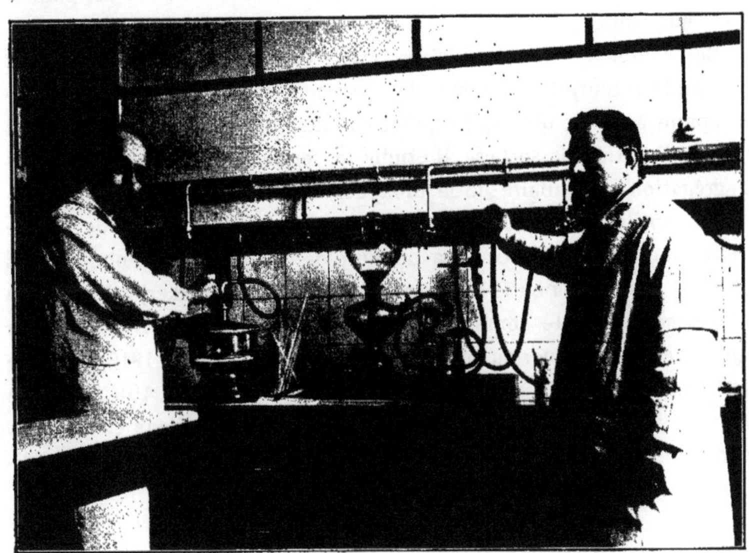

Photo Hachette.

DESSICCATION PAR LA POMPE A VIDE.

20 p. 100 à 100 p. 100 et quelques fois davantage. Le zinc et le bore auraient un pouvoir moindre mais également certain. Ces découvertes servent fort utilement l'agriculture.

Les travaux de Gabriel Bertrand ont encore porté sur la pectase et la fermentation pectique, phénomène par lequel les sucs de fruits se coagulent, sur la spécificité relative des actions diastasiques, sur la constitution et le mode d'action des diastases, sur la complexité des réactions biochimiques, sur la composition des tissus végétaux. Il produit du lysore par synthèse, il isole du Niaouli, arbuste de la Nouvelle-Calédonie, une essence qu'on emploie dans la thérapeutique, il donne l'explication d'une maladie du caoutchouc, nommé poissage, sorte de liquéfaction que l'on attribuait à un microbe, qu'il démontra être due à la chaleur, en indiquant aux industriels les moyens de préserver leurs stocks et d'éviter de lourdes pertes. Dans le café torréfié, il trouve avec Weisweiller, la totalité des produits volatils contenus dans une infusion et il reconnait que la caféïne contenue dans le café, le blé, le guarana, le cacao, le maté, n'existe que dans les fruits d'un caféier de la grande Comore décrit par le botaniste français Baillon, le *Coffea humblotiana*, découverte qui peut étendre l'industrie du café sans caféine, pour les nerveux, sur des plantations nouvelles

Sur combien d'autres objets se sont étendus les travaux de Gabriel Bertrand? Il fournit les moyens de fabriquer scientifiquement le chandoo ou opium à fumer obtenu jusqu'ici par des tours de main des ouvriers chinois, il obtient la sorbose, il étudie les ferments du vinaigre, les états d'agrégation moléculaire de la dioxyacétone, les venins des batraciens et des reptiles, il se crée une technique par ces expériences de chimie analytique. Gabriel Bertrand a publié plus de deux cents notes sur ses travaux. Il a obtenu en 1915, le prix de Chimie (prix Jecker) à l'Académie des sciences, il a été nommé membre de la Direction des inventions au ministère de l'Instruction publique et des Inventions en 1916, membre du Comité consultatif des produits chimiques agricoles en 1917, membre de la Commission de protection contre les gaz asphyxiants en 1918, la même année il a été promu vice-président du Comité des plantes médicinales au ministère du Commerce.

L'hôpital Pasteur où l'on réalise dans la pratique, les observations faites dans les laboratoires, fonctionne sous la direction du docteur Louis Martin, membre de l'Académie de médecine. Interne des hôpitaux en 1892, il est à l'Institut Pasteur la même année comme préparateur du docteur Roux pour ses cours de bactériologie. Il devient chef de laboratoire en 1893 et il donne des leçons de bactériologie dans le service du professeur Jaccoud (clinique de la Faculté de médecine de Paris). De 1894 à 1909, il est chef adjoint des services de sérothérapie antidiphtérique, toxines à Paris, sérums à Garches, de 1900 à 1909, médecin résidant à l'hôpital Pasteur dont il prend la direction en même temps qu'il assume les fonctions de directeur du service de sérothérapie.

Les travaux originaux du docteur Louis Martin se répartissent : sur la diphtérie clinique et expérimentale avant et après la sérothérapie;

l'hospitalisation des maladies épidémiques et contagieuses, leur prophylaxie et leur traitement; la méningite tuberculeuse expérimentale et la tuberculose péritonéale du cobaye; la maladie du sommeil chez les blancs et son traitement; des observations sur quelques maladies microbiennes, le tétanos, la syphilis et le charbon.

« Nos premières recherches sur la diphtérie remontent à l'année 1891, a écrit le docteur Louis Martin. MM. Roux et Yersin venaient de publier

Photo Hachette.

DOCTEUR LOUIS MARTIN, SOUS-DIRECTEUR DE L'INSTITUT PASTEUR.

trois mémoires démontrant la spécificité du bacille de Klebs-Lœffler, et leurs conclusions étaient si nettes, si convaincantes, qu'il nous parut possible d'appliquer aux études cliniques leurs recherches bactériologiques.

« Dans différents travaux, personnellement ou en collaboration avec MM. Roux et Chaillou, nous avons examiné 1 991 malades, nous avons trouvé 1 433 diphtéries et 558 angines ou laryngites non diphtériques. L'examen bactériologique, en nous donnant un diagnostic certain, nous a permis de différencier et d'étudier plusieurs variétés d'angines et de laryngites non diphtériques; de rattacher à la diphtérie certaines variétés d'amygdalites phlegmoneuses, et de fixer plusieurs points concernant l'étude clinique de la diphtérie.

« Au laboratoire nous avons plus particulièrement étudié les bacilles pseudo-diphtériques et la production de la toxine diphtérique.

« Après Behring, avec M. Roux, nous avons étudié la production du sérum antidiphtérique; avec MM. Roux et Chaillou, nous avons traité les diphtériques à l'hôpital des enfants malades et, depuis, nous nous sommes tout particulièrement occupé de la préparation du sérum antidiphtérique et de ses applications. En résumé nous avons étudié et précisé : 1° la production de la toxine et de l'antitoxine diphtériques; 2° le diagnostic bactériologique et ses résultats; 3° la pratique de la sérothérapie et la technique du tubage; 4° les résultats de la sérothérapie au point de vue thérapeutique et prophylactique. »

Ce court préambule à l'exposé de ses travaux sur la diphtérie ne donne pas l'idée juste de la contribution scientifique du docteur Martin à la lutte heureuse contre une des maladies les plus redoutables pour les enfants.

On peut dire que l'hôpital Pasteur qui a rendu de si importants services aux individus atteints de maladies contagieuses est en grande partie son œuvre. Nous avons déjà décrit les dispositions générales de cet hôpital modèle, nous trouverons des détails extrêmement intéressants à son sujet dans une étude théorique et pratique que le docteur Louis Martin lui a consacrée. Le docteur Roux avait donné comme indication ce programme : « Tout entrant est suspect et doit être isolé dans des sortes de box clos, faciles à désinfecter et disposés de telle sorte que le personnel ne puisse transporter les infections de malade à malade » et c'est ce programme que l'architecte a réalisé en construisant les pavillons de l'hôpital Pasteur. Primitivement, ils étaient destinés aux seuls diphtériques, mais bientôt ces malades n'étant pas en nombre suffisant pour occuper tous les lits, on y reçut des individus atteints d'autres maladies contagieuses. De la statistique publiée, portant sur dix années, de 1900 à 1910, il ressort que l'hôpital Pasteur a hospitalisé pendant ce laps de temps, 9 677 malades dont 6 427 ayant des maladies contagieuses ou microbiennes. Les plus fréquentes, sont les érysipèles (1 524 malades) les scarlatines (1 746), les rougeoles (874), les diphtéries (940), les varioles (541). Les autres se partagent entre les varicelles, les fièvres typhoïdes, les coqueluches, le tétanos, la syphilis, les oreillons, les gastro-entérites infantiles et la rage déclarée. D'après le tableau détaillé pour l'année 1909, il y eut 1 344 entrées, 82 décès, ce qui donne une faible mortalité de 6,10 p. 100.

Cette hospitalisation si utile aux malades a permis en outre au docteur Louis Martin de recueillir de nombreuses observations directes dont la médecine a fait son profit. En conclusion de son étude, il émet des vœux à haute tendance sociale qui lui ont été suggérés par le fonctionnement de l'hôpital Pasteur. Il écrit ceci :

« Nous basant sur une expérience de plusieurs années nous avons exposé, à la Société de Médecine publique, comment nous comprenions la construction des futurs hôpitaux. MM. Chantemesse, Lemoine, Letulle

Cl. Hachette.

HÔPITAL PASTEUR.

ont pris part à la discussion des vœux que nous proposions et, finalement, la Société a voté les conclusions suivantes :

1° Les maladies obligatoirement déclarables de par la loi, seront isolées dans des hôpitaux spéciaux, ou au moins dans des service spéciaux; 2° les maladies non obligatoirement déclarables, mais qui sont contagieuses aux yeux des médecins, ne devront être reçues dans les services généraux qu'à condition de pouvoir être hospitalisées dans des chambres isolées.

3° Les services médicaux des futurs hôpitaux devront contenir plusieurs chambres d'isolement; il faut prévoir l'isolement du quart des malades; les grandes salles ne devront jamais contenir plus de 12 malades; 4° dans chaque grand hôpital général déjà construit, on devra établir d'urgence un ou deux pavillons avec chambres séparées.

5º Un hôpital pour maladies contagieuses doit se composer de pavillons interchangeables de trente lits au maximum; un tiers des malades seront isolés; deux tiers seront placés dans des chambres de trois lits.

6º L'hospitalisation des maladies contagieuses, pour fonctionner sans danger, nécessite l'emploi d'un personnel nombreux et ayant subi un long apprentissage.

« L'adoption de ces vœux par des hygiénistes n'est-elle pas une heureuse justification de nos études sur l'hospitalisation des maladies contagieuses? Une patiente et loyale observation nous autorise à dire que le jour où les administrations hospitalières pourront les réaliser, un grand progrès aura été accompli et de nombreuses vies humaines seront épargnées. »

Nous ne pouvons que nous associer à cette conclusion.

Le docteur Louis Martin a porté encore ses études sur la tuberculose, la méningite tuberculeuse expérimentale, la tuberculose péritonéale, et il a étudié les maladies du sommeil chez les blancs, maladies que, avant ses observations, on croyait seulement susceptibles d'atteindre les noirs. De 1904 à 1911 le docteur Martin les a soignées sur trente individus, dont pas une femme, missionnaires, explorateurs civils et militaires, colons et médecins. Chez les blancs elles n'affectent pas les mêmes formes que chez les noirs, et seuls ces derniers prennent constamment le sommeil. On sait que ces maladies sont données par les piqûres d'une mouche, la mouche tsé-tsé qui, lorsqu'elle est infectée implante des parasites, les trypanosomes. Les caractères de la maladie sont assez divers, mais la trypanosomiase se manifeste principalement par de la fièvre, de fortes douleurs aux mains et aux pieds, des céphalées intenses, et dans la dernière période le malade est amaigri, devient squelettique; couché en chien de fusil, la salive s'écoule par sa bouche entr'ouverte, et il meurt dans le coma, soit d'infection pulmonaire, soit de broncho-pneumonie. Pour le traitement le docteur Martin a utilisé divers médicaments, et notamment l'atoxyl, seul ou associé à l'émétique, qui lui a donné de bons résultats.

Parmi les travaux divers du docteur Martin, citons ceux qu'il a accomplis sur le traitement de la syphilis, sur le charbon associé au vibrion septique, sur le traitement du tétanos par injections intraveineuses.

Le docteur Louis Martin est président de la Société de médecine publique, membre du conseil supérieur d'hygiène et d'épidermiologie au ministère de la Marine.

Combien de savants ne devrais-je pas encore citer et combien de travaux précieux pour la science et bienfaisants pour l'humanité ne devrais-je pas énumérer pour donner une trop sommaire impression de l'intense et constante activité de l'Institut Pasteur.

Cl. Hachette.
L'ENSEMENCEMENT.
SERVICE DU Dr MARTIN.

LA RÉCOLTE.

Lors du vingt-cinquième anniversaire de sa fondation, le Dr Roux, avec une simplicité émouvante, avec des indications sobres, une sorte de sécheresse voulue, plus éloquente que les phrases les mieux cadencées, a rappelé les travaux et les recherches qui s'y accomplirent depuis l'organisation des services.

Dans le laboratoire de Metchnikoff, c'est Bordet découvrant l'existence des sensibilisatrices dans le sérum des animaux immunisés; c'est Besredka et Cruveilhier qui, se basant sur cette découverte, préparent des vaccins préventifs et curatifs d'une efficacité certaine; c'est Cohendy et Wollman qui étudient la flore intestinale ainsi que

Tissier et Berthelot ; c'est Schandin qui isole le microbe de l'avarie.

Voici maintenant la préparation des sérums antitoxiques, du sérum antitétanique découvert par Behring et Kitasato, du sérum antivenimeux par le Dr Calmette, puis des sérums microbiens, du sérum antipesteux obtenu par Yersin, Calmette et Borrel, du sérum antistreptococcique par Marmorek, du sérum anticharbonneux par Marchoux.

Quels sujets d'études ! Borrel se consacre au cancer, Maurice Nicolle groupe dans son laboratoire les savants qui s'occupent de la virulence des microbes, Truche, Cesari, Cotoni, qui publient des travaux remarquables.

Maurice Nicolle dont l'œuvre en travaux personnels est considérable fut directeur du laboratoire impérial de bactériologie de Constantinople. Sa thèse parue en 1890, *Les grandes scléroses cardiaques* l'avait signalé comme un des savants d'avenir et il n'a pas trompé les espérances qu'elle avait fait naître. Avec A. Robin, il a publié *La rupture du cœur* (1896), avec Remlinger, le *Traité de technique microbiologique* (1902), avec Cesari et Jouan, *Toxines et antitoxines* (1919), avec Magrou, *Les maladies parasitaires des plantes* (1922), et seul en 1900, les *Éléments de microbiologie générale*. Il a été l'un des collaborateurs les plus féconds des *Annales* de l'Institut Pasteur, depuis 1892, et en vingt années, cet organe du grand établissement scientifique, a inséré plus de cinquante mémoires sur les résultats de ses observations et de ses travaux. On peut y suivre, presque de mois en mois le développement et l'activité d'une carrière qui honore la science française. Une liste, très résumée, donnera un aperçu de leur diversité et de leur nouveauté. Il s'est occupé des meilleurs procédés de laboratoire pour colorer les microorganismes et faciliter des observations infiniment délicates. Sur cet objet, il a publié : *Méthode de recherche de microorganismes qui ne se colorent pas par le procédé de Gram; Pratique des colorations microbiennes; Technique de la coloration des cils, cils et vibrions cholériques et des organismes voisins, cils du B typhique et du B coli.* Son séjour en Orient lui permit d'étudier sur les hommes et les animaux, les maladies qui sont particulières à l'Asie où qui s'y rencontrent plus fréquemment qu'en Europe; avec Avil Bey il a rédigé plusieurs mémoires, sur la peste bovine, sur la malaria des bovidés; avec Noury Bey, il a étudié le bouton d'Alep; avec Rafik Bey, la pneumonie des chèvres d'Anatolie, et seul, le choléra à Constantinople depuis 1893.

Mais le travail le plus important de Maurice Nicolle, celui où il a montré ses qualités premières de chercheur a trait aux anticorps. Il y consacra de longues années, entouré de ses collaborateurs, Pozerski, Cesari, Debains, et ses mémoires sur ce sujet témoignent d'une profonde originalité. Voici les principaux : *Une conception générale des anticorps et de leurs effets :* 1° *Les anticorps des toxines solubles* (Nicolle et Pozerski); 2° *Les anticorps des albuminoïdes et des cellules* (Nicolle et Abt); 3° *Les anticorps normaux; Études sur la précipitation naturelle des anticorps et des antigènes,* deux mémoires avec Cesari et Debains. L'activité de Maurice Nicolle s'est

Cl. Hachette.

LE DOCTEUR MAURICE NICOLLE, DANS SON LABORATOIRE

encore portée sur le traitement des trypanosomiases, les staphylocoques, dorés, etc., etc.

L. Martin et Vaudremer portent leurs recherches sur la production expérimentale de la méningite tuberculeuse; Salimbeni sur les vibrions cholériques; Levadité sur la paralysie infantile; Marie sur la neutralisation de la toxine tétanique par certaines substances chimiques; Manouelan sur la présence de centres nerveux sympathiques dans les glandes; Louis Melikoff sur la flore intestinale dans la fièvre typhoïde; Burnet sur la virulence variable du bacille de la tuberculose; Veillon sur la culture et le rôle pathogène des microbes anaérobies; Pettit sur l'action de la toxine diphtérique; Weinberg sur le diagnostic des affections vermineuses ; Masson sur l'anatomie pathologique des tumeurs; Perroy sur les champignons inférieurs; Magrou sur les tumeurs végétales; Dopter sur les méningites cérébro-spinales; Léger sur le paludisme en Corse.

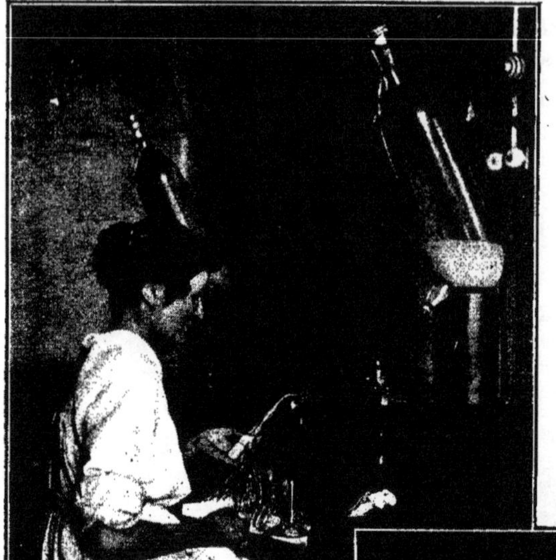

DOSAGE DE SÉRUM.

Et la glorieuse énumération continue ! Pour un nom auquel est accolé cette petite phrase courte qui le qualifie dans un travail, que de peines, que de soucis, quelles observations longues, tour à tour pleines d'espoir et de désillusions, quelle persévérance dans cette lutte sans trêve pour la science et pour l'humanité.

Cl. Hachette.

FERMETURE AU CHALUMEAU DES TUBES DE SÉRUM.

Arrivons à Salmon et son traitement de l'avarie par l'atoxyl, Pottevin et Violle et la transmission du choléra aux singes inférieurs, Lanzensberg et le coefficient d'acidose, Blaringhen et le perfectionnement des plantes cultivées, Abt et la stérilisation des peaux charbonneuses,

Hérelle et la destruction des acridiens, Gessard et la tyrosinase et la coagulation du sang, Piettre et Vila et la bile et l'hémoglobine. Le Dr Roux n'oublie pas les physiciens chimistes Jacques Duclaux, Malfitano, Frouard qui étudient la constitution de substances colloïdales, ni Mouton et ses recherches sur la biréfringence magnétique des liquides.

L'activité n'est pas moindre dans l'Institut de Chimie biologique que dans l'Institut bactériologique. Là, c'est G. Bertrand, auquel nous avons consacré une notice, qui, remplaçant Duclaux dans sa chaire

Cl. Hachette.

M. ERNEST FOURNEAU, CHEF DU SERVICE DE LA CHIMIE THÉRAPEUTIQUE.

de professeur de chimie biologique, étudie les diastases, découvre les oxydases, précise les conditions de l'activité des ferments solubles, avec les collaborations de M. et Mme Rosemblatt, Compton et Weisweiller.

Dans le même laboratoire de recherches confié d'abord à Etard, et après sa mort à M. Fourneau, on prépare les médicaments pour le traitement des maladies infectieuses.

M. Ernest Fourneau est né à Biarritz le 4 octobre 1872. Il reçut un enseignement secondaire au lycée de Bayonne et, en 1889, il commença ses études de pharmacie. Ses dispositions l'inclinèrent vers la chimie et en

1895 il étudia cette science sous la direction du professeur Moureu. Il passa ensuite trois ans en Allemagne où il eut comme maîtres Curtius, Emile Fischer et Willstaetter. Revenu en France il donna sa collaboration aux établissements Poulenc frères, en 1900, comme directeur des recherches et il devint chef de fabrication des produits organiques. On lui doit la production de la plupart des médicaments organiques et notamment de l'arseno-benzol qu'il pût fournir aux armées alliées pendant la guerre.

Ernest Fourneau fait partie de l'Institut Pasteur depuis 1912, année où il prit la direction du service nouveau de chimiothérapie.

Les travaux personnels de Ernest Fourneau ont presque tous été consacrés à la chimie thérapeutique et à la chimie biologique. Dans la chimie thérapeutique, ils ont porté principalement sur les groupes de médicaments suivants : les anesthésiques locaux, les antipyrétiques, les sédatifs, les dérivés de l'arsenic, les dérivés du mercure, les alcaloïdes. A côté de la cocaïne et de la tropacocaïne, il découvre la stovaïne, il prépare une série nouvelle d'antipyrétiques analgésiques, éthers glycériniques du phénol, dont l'antodyne, leur représentant le plus simple. A son sujet, il a pu écrire avec trop de raison :

« C'est un corps soluble dans l'eau, très bien cristallisé, de saveur fraîche, à peu près dépourvu de toxicité. On le prépare en faisant agir les monochlorhydrures de la glycérine sur le phénol sodé. Un grand nombre de dérivés de l'antodyne ont été préparés dans mon laboratoire, soit par M. Bressans, soit par moi. Dans ces derniers temps, l'antodyne a été l'objet de nombreuses recherches à l'étranger. Une maison allemande a tout récemment breveté l'uréthane de l'antodyne, une maison anglaise l'acetylamino-antodyne, etc. Il est vraisemblable que suivant le sort de beaucoup de découvertes françaises, l'antodyne nous reviendra sous une forme peut-être meilleure, peut-être plus mauvaise. »

Parmi les travaux de chimie biologique de Ernest Fourneau, il faut citer l'étude qu'il fit en collaboration avec Delezenne d'une nouvelle substance provenant de l'action du venin sur la lécithine du vitellus de l'œuf de poule, substance qu'il obtînt cristallisée et qu'il nomma lycocithine. D'autre part, également avec Delezenne, il détermina la part que prend la chaux de la coquille de l'œuf de poule à la formation du squelette des poussins pendant l'incubation.

Ernest Fourneau a exposé les résultats de ses travaux dans quarante notes. Ses découvertes ont rénové dans certaines branches l'industrie pharmaceutique. Il a organisé à Madrid une série de travaux pratiques, complétés par des conférences sur l'application des méthodes de la chimie organique à la synthèse des médicaments.

M. Ernest Fourneau reçut de l'École de pharmacie, le premier prix de l'École (1894) et le prix de Gobley, de l'Académie de Médecine, le prix Nativelle, de l'Institut, le prix Berthelot, de la Société chimique de France, le prix de la Chambre syndicale des produits pharmaceutiques. Ernest Fourneau est membre de l'Académie de Médecine.

Dans le service de M. A. Fernbach on étudie les améliorations qui peuvent être apportées à la distillerie, à la vinification et à toutes les industries de la fermentation; M. Fernbach est, en outre, chargé du cours sur les fermentations.

Auguste Fernbach né à Paris le 2 mars 1860, fut reçu licencié ès sciences physiques en 1879, et docteur en 1889. Sa thèse présentée comprenait quatre mémoires qui avaient paru dans les *Annales de l'Institut Pasteur* : *Recherches sur la sucrase, Dosage de la sucrase, Formation de sucrase chez l'aspergillus niger, Sur l'invertine ou sucrase de levure.* Préparateur à la Faculté des Sciences de Paris, en 1880, et la même année répétiteur à l'Institut national agronomique, préparateur à l'Institut Pasteur, dès sa fondation, il y devint chef de service et professeur. On connaît les travaux célèbres d'Auguste Fernbach sur la bière, recherches scientifiques qui, appliquées par l'industrie, ont amélioré une fabrication dans laquelle nous étions inférieurs aux Allemands. Les premières expériences de Pasteur et les résultats qu'il en avait obtenus avaient seulement ouvert la voie aux chercheurs. Ils laissaient non résolus de nombreux problèmes touchant les fermentations et, une technique scientifique pour la brasserie était encore à constituer. C'est Auguste Fernbach qui, par ses études remontant à 1887, a permis à la fabrication française d'égaler les meilleures de l'étranger. Il les a rendues publiques dans les revues savantes, par des conférences et des communications à l'Académie des Sciences ainsi qu'à la Société de biologie. Je ne puis qu'en citer quelques-unes : *Sur la diastase protéolytique du malt*, avec M. L. Hubert (A. des Sciences); *Sur la coagulation de l'amidon*, avec M. J. Wolff (A. des Sciences); *Influence de la réaction du milieu sur l'action des diastases* (A. des Sciences); *Sur un poison élaboré par la levure* (A. des Sciences); *Quelques observations nouvelles sur le pouvoir bactéricide des macérations de levure*, avec M. Vulquin (Soc. de biologie); *De l'action des nitrates dans la fermentation alcoolique*, avec M. A. Lanzenberg (A. des Sciences); *Quelques observations sur le mécanisme du fonctionnement des diastases protéolytiques*, avec M. Schoen (A. des Sciences). Auguste Fernbach présenta au Premier Congrès international d'hygième alimentaire une note sur *Le débit de la bière et l'hygiène*; au Premier Congrès international du froid il fournit un rapport sur les *Progrès que le froid a permis de réaliser en brasserie*; au Jubilé de l'Institut des fermentations, le 17 octobre 1908, il fit à Berlin une conférence sur les *Progrès récents de nos connaissances sur l'amidon*, et en commun avec J. Wolff, au VIIe Congrès international de chimie appliquée à Londres, il communiqua une note sur les *Transformations catalytiques de l'empois d'amidon*; enfin il fit une conférence sur le *Mécanisme de la fermentation alcoolique* au IIe Congrès international de brasserie qui se tint en octobre 1911 à Chicago. Auguste Fernbach s'adressa directement aux brasseurs pour les amener à suivre une méthode strictement scientique dans leur fabrication. Il parla de l'emploi des levures pures en distillerie devant les adhérents du Syndicat de la distillerie agricole, de la fabrication du malt, de l'emploi des grains crus en brasserie, des eaux en brasserie, des matières azotées du malt et du moût, de l'azote dans l'orge et dans le malt, de l'amidon, de l'influence de la composition des eaux sur la saccharification, des idées modernes

Cl. Hachette.

AUGUSTE FERNBACH,
CHEF DU SERVICE DE LA CHIMIE DES FERMENTATIONS.

sur le maltage, du moelleux de la bière; devant les brasseurs des environs de Paris, il conférença encore pour l'Association des brasseurs de la province de Liége, pour les brasseurs de Saint-Quentin, pour le Syndicat des brasseurs du Nord. En 1898, Auguste Fernbach fonda les *Annales de la brasserie et de la distillerie* qu'il dirige depuis cette époque. Il est le grand conseiller des brasseurs et il n'est pas de jour qu'il n'ait à résoudre pour eux quelque difficulté, pour le bien de la fabrication française.

J. Crolbois, né à Paris, le 20 octobre 1869, fut élève de l'Institut agronomique. Préparateur à l'Institut Pasteur en 1896, puis chef de laboratoire il étudia particulièrement les levures. Se basant sur les travaux de Metchnikoff, touchant le rôle des ferments lactiques pour empêcher les putréfactions intestinales, il recherchа les moyens de conserver en silos les fourrages destinés à la nourriture des animaux. Les éleveurs avaient l'habitude de se servir pour l'alimentation du bétail dans les pays à betteraves des pulpes provenant, soit des distilleries, soit des sucreries. « Ces pulpes ensilées a écrit M. J. Crolbois, abandonnées à elles-mêmes, subissent les fermentations les plus diverses, ce qui ne permet pas une conservation régulière, produit de mauvaises odeurs et provoque dans certains cas la formation de principes nocifs qui occasionnent des désordres dans la santé des animaux qui en sont nourris (entérite, diarrhée, maladie de la pulpe). Mais dans ces fermentations diverses, à côté des microbes nuisibles, nous en trouvons d'autres utiles, comme les ferments lactiques. »

Pour pallier à ces divers inconvénients et obtenir des pulpes comestibles sans danger, J. Crolbois découvrit un ferment lactique dont l'ensemencement préserve les pulpes de toute fermentation nuisible. Les premières expériences sont faites sur 40 000 kilos de pulpes provenant d'une distillerie agricole de l'Oise; les résultats sont concluants. « Après l'ensemencement, écrit M. Crolbois, l'odeur souvent repoussante que l'on constate auprès des fosses à pulpes a disparu pour faire place à une odeur franche, comme celle des pulpes sortant des diffuseurs. L'engraissement des animaux (bœufs), nourris avec ces pulpes a été hâté de près de trois semaines : il n'y a jamais eu un bœuf constipé ou ayant eu la diarrhée. D'autre part, les agriculteurs ont constaté souvent une mortalité considérable chez les jeunes agneaux nourris de pulpes de distillerie; or, avec cette pulpe, 350 agneaux ont été élevés sans accidents. »

Les expériences furent poursuivies par M. Malpeaux, directeur de l'École d'Agriculture de Berthonval (Pas-de-Calais), sur des pulpes ordinaires et des pulpes ensemencées. Il reconnut que celles-ci ne présentaient aucun danger pour l'alimentation des animaux et qu'elles favorisaient au contraire leur engraissement. Le ferment lactique découvert par M. Crolbois, d'un usage répandu dans les centres où les pulpes sont employées, servira à l'élevage du bétail, augmentant en qualité et en poids les sujets du cheptel français.

Cl. Hachette.

J. CROLBOIS
(Service des levures).

M. Trillat s'occupe des miasmes. Les diastases sont étudiées par M. Delezenne et Frouin, les venins par Mlle Ledebt, et dans le même laboratoire, M. Pozerski traite la papaïne.

M. Delezenne, né à Genech (Nord), le 6 octobre 1868, fit ses études médicales à la Faculté de médecine de Lille où il a été successivement interne des hôpitaux, chef de clinique médicale et préparateur au laboratoire de physiologie. Il fut reçu docteur en médecine en 1892. Le docteur Delezenne suivit les cours de la Faculté des sciences de Lille et de la Faculté des sciences de Montpellier et il acquit les diplômes de licencié ès sciences, puis de docteur ès sciences naturelles. En 1895, il fut reçu au Concours d'agrégation des Facultés de médecine, et nommé professeur agrégé à la Faculté de médecine de Montpellier. Il y enseigna jusqu'en 1900, année où il fut appelé à l'Institut Pasteur pour y diriger le service de physiologie qui venait d'être créé. C. Delezenne devint professeur à l'Institut Pasteur en 1910 et, en 1912, il fut élu membre de l'Académie de Médecine. Son œuvre est considérable. Il a publié de nombreux mémoires relatifs à la physiologie, à la chimie physiologique et à la médecine expérimentale. Les principaux concernent : la coagulation du sang et le rôle du foie dans le mécanisme d'action des substances anticoagulantes, la digestion pancréatique des matières albuminoïdes et l'action combinée de la tryptine et de l'entérokinase, les ferments digestifs en général, les venins de serpents et le mécanisme de leur action hémolytique, la présence du zinc chez les animaux, les sérums, cytotoxiques, etc. Toutes ces études se distinguent par leur nouveauté riche en applications, et d'autre part elles ouvrent des chemins inexplorés aux chercheurs.

Cl. Hachette.

C. DELEZENNE, PROFESSEUR A L'INSTITUT PASTEUR

C. Delezenne est vice-président de la Société de Biologie depuis 1917, et en 1921 il a été nommé président de la Société de Chimie biologique.

Après ses études secondaires au lycée de Vannes, M. Édouard Dujardin-Beaumetz, externe des hôpitaux de Paris fut reçu docteur en médecine en 1900. Dès 1899, il collaborait à l'œuvre de l'Institut Pasteur où il était bientôt désigné pour être chef de service : ses travaux ont porté sur les maladies microbiennes et notamment sur la peste bubonique. M. Dujardin-Beaumetz est un maître dans cette matière. C'est aussi un historien de la peste, et il possède une riche documentation sur les pestiférés, toiles de peintres italiens, gravures, objets divers.

M. Mazé, en collaboration avec M. Ruot, se consacre à l'industrie laitière et à l'étude des plantes.

L'agriculture lui est redevable de méthodes sûres qui, substituées à l'empirisme et à la routine, augmentent et régularisent le rendement des terres, assurent aux végétaux leur plein développement, à l'abri des maladies, maintiennent en santé les animaux de la ferme. Né le 18 février 1868, à Treflévenez (Finistère), il sortit ingénieur agronome de l'Institut Agronomique et il obtint le diplôme de docteur ès sciences physiques. Le 26 janvier 1896 il commença sa carrière à l'Institut Pasteur où il n'a cessé d'exercer son intelligence à la solution de problèmes scientifiques d'une haute portée et d'appliquer ses qualités positives à faire passer dans la pratique les résultats obtenus par les expériences de laboratoire.

Cl. Hachette.

DOCTEUR DUJARDIN-BEAUMETZ (Service de la peste).

C'est à des travaux tels que ceux de P. Mazé que l'on doit le renouveau que l'on constate dans l'agriculture. Les paysans d'abord réfractaires à toute innovation, sceptiques devant les procédés scientifiques qu'on leur signalait, ont enfin compris que l'amélioration de leur sort, leur enrichissement personnel et l'augmentation de la richesse nationale leur viendraient des savants. Aussi ne peut-on assez louer l'œuvre de P. Mazé qui eut une si heureuse influence sur l'évolution de la production agricole, qu'il s'agisse des végétaux, des produits laitiers ou des animaux.

Ses principaux travaux ont été relatés dans les *Annales de l'Institut Pasteur*, dans les comptes rendus de l'Académie des Sciences et des séances de la Société de Biologie. M. P. Mazé a étudié la vie des plantes, recherchant l'influence de l'acide nitrique et de l'azote ammoniacal sur le développement du maïs, le rôle de l'oxygène dans la germination, les modes d'utilisation des aliments ternaires par les végétaux et par les microbes. Il a étudié encore l'isolement de la zyinase dans les tissus végétaux, les ferments des maladies des vins, en collaboration avec Pacottet, le mécanisme des échanges entre les racines et le sol, et il a publié quatre très importants mémoires sur la physiologie végétale. Ses recherches touchant l'industrie fromagère sont classiques, elles ont porté sur les moisissures, les ferments de la caséine et la maturation des crèmes et des fromages; il a donné une technique fromagère, théorie et pratique, fort utilement consultée. Ses communications à l'Académie des Sciences vont de 1902 à 1921; prenons le sujet de quelques-unes : *Sur la transformation des matières grasses en sucres dans les graines oléagineuses en germination* (1902); *Sur la fermentation forménique et le ferment qui la produit* (1903); *Causes d'altération des beurres, Contrôle bactériologique de la fabrication* (1906); *Détermination de la température de pasteurisation du lait dans ses rapports avec les applications industrielles*, en collaboration avec Guérault et Dinescu (1909); *Recherches sur la formation de l'acide nitreux dans la cellule végétale et animale* (1911); *Sur le mécanisme des échanges entre la plante et le milieu extérieur* (1914); *Recherches sur l'assimilation du gaz carbonique par les plantes vertes* (1920). Ces citations ne donnent qu'une faible indication sur une longue production scientifique utilement féconde.

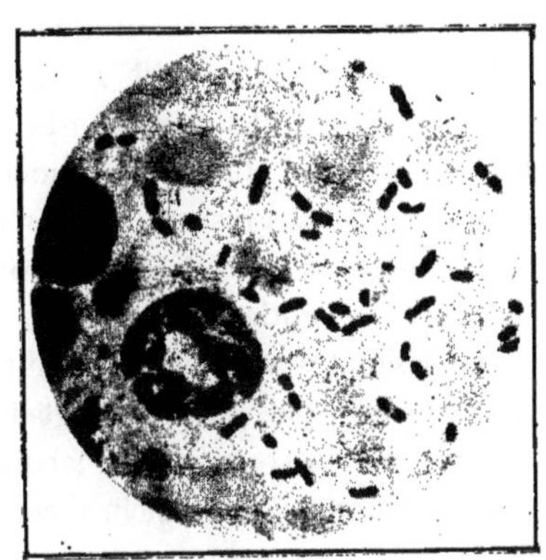

BACILLE DE LA PESTE.

Quelle abondance de travaux répartis dans vingt laboratoires de recherches, trois services d'enseignement, six services pratiques; quelle réunion de savants, consciencieux, désintéressés, tous aussi ardents à la poursuite de la vérité.

Mais l'Institut Pasteur, comme les œuvres puissantes, a créé au loin des filiales, organisées sur son modèle et fonctionnant à l'unisson. « Aucun pays civilisé, disait le Dr Roux, ne saurait se passer d'Institut bactériologique; les colonies en ont encore un plus urgent besoin, à cause des maladies mal connues qui y règnent. Dans ces pays un laboratoire bactériologique est un instrument de première nécessité. »

Aussi l'Institut Pasteur y a-t-il envoyé, dès sa fondation, des missionnaires chargés d'étudier les épidémies qui y sévissent sur les hommes et les animaux. Plusieurs de ces missions sont devenues permanentes et des Instituts bactériologiques ont été créés qui sont des expansions de la maison initiatrice.

« Le nombre est déjà imposant, a écrit Albert Calmette, des jeunes missionnaires qui, depuis vingt-deux ans, armés d'un microscope et de quelques instruments de laboratoire, l'esprit libéré du dogmatisme scientifique et le cœur plein d'enthousiasme ont quitté la maison-mère de la rue Dutot pour se disperser ainsi aux quatre coins du monde, ayant tantôt un but bien défini, comme l'étude de la peste, de la maladie du sommeil ou de la fièvre jaune, tantôt recevant la charge de diriger un nouveau centre de recherches ou de créer dans quelques pays lointains un service de vaccination contre la rage.

« Ce fut d'abord Adrien Loir, le propre neveu et préparateur de Pasteur, envoyé en 1887 en Australie pour y étudier la question de la destruction des lapins par le virus du choléra des poules. Peu de temps après son arrivée, devant les résultats satisfaisants de ses premières expériences exécutées sur un îlot, à proximité de la ville de Sydney, ce jeune savant se vit interdire l'application en grand d'une méthode qui menaçait de ruiner la fortune des puissants exportateurs des fourrures économiques et des feutres destinés à la fabrication des chapeaux! Loir utilisa ses loisirs à des recherches sur une maladie épizootique du mouton, dont la nature était inconnue, qui tuait chaque année plus de 300 000 animaux et que les gens du pays dénommaient le « Cumberland disease. » Il ne tarda pas à reconnaître que cette maladie n'était autre que le charbon, et il se préoccupa aussitôt d'en organiser la prophylaxie par les vaccinations anticharbonneuses. » (*Revue scientifique*, 3 février 1912.)

Après Adrien Loir, c'est le docteur Calmette qui fonde l'Institut Pasteur de Saïgon, en 1889, puis Yersin qui installe un laboratoire à Nha-Trang sur la côte d'Annam, où il étudie avec ses collaborateurs Carré, Schein, Carougeau, Vassal, Kraempf, Vernet, la peste bovine, le barbone des buffles et les autres hématozoaires de différents ani-

Cl. Hachette.

P. MAZÉ, CHEF DU SERVICE DE CHIMIE AGRICOLE.

maux d'Indo-Chine, en même temps qu'il se livre à des recherches sur la culture de la coca, du caoutchouc et des arbres à gutta. Ces deux établissements ont été complétés par un Institut vaccinogène, un laboratoire d'hygiène et un laboratoire bactériologique à Hanoï et à Hué. Des savants, sortis pour la plupart du laboratoire de P. Mesnil y firent des observations utiles sur la pathologie indo-chinoise, Simond qui révéla le rôle des puces dans la propagation de la peste bubonique, Vassal, Noe, Denier et Brau, Bréaudat, Gauducheau, Seguin, Noël Bernard, Mathis et Léger.

De même qu'en Indo-Chine, des jeunes savants initiés aux méthodes de l'Institut Pasteur se répandirent dans nos possessions africaines. En 1894, Adrien Loir, qui avait terminé sa mission en Australie, installait à Tunis un service de vaccination antirabique. Un territoire où régnait la malaria endémique et qui était ravagé par des épidémies de fièvre jaune, vaste contrée située entre le fleuve Sénégal et la Guinée, était attaqué par Marchoux qui organisait, en 1896, à Saint-Louis un laboratoire de recherches contre le paludisme, et réussissait à assainir un pays extrêmement insalubre. Le docteur Le Moal opéra de Dakar à Conakry et si heureusement, que les indigènes le nommaient « le Docteur moustique » pour sa lutte entreprise contre l'insecte malfaisant. Il mourut en Guinée au cours d'une tournée. Son successeur, le docteur Gustave Martin pénétrait dans le Fouta-Djalon, le Labi, la Haute-Guinée où tout en vaccinant les indigènes, il faisait de nombreuses observations sur la maladie du sommeil. Elles étaient à ce point remarquables qu'en 1906, il était chargé d'une mission par la Société de Géographie, le Muséum et l'Institut Pasteur à l'effet de la poursuivre au Congo. Avec la collaboration du docteur Lebœuf et d'un naturaliste, Roubaud, il créa un laboratoire à Brazzaville qui devint une filiale de l'Institut Pasteur. « Les recherches qui y furent brillamment conduites, a écrit le docteur Calmette, ont été complétées par celles de Kerandel, d'Heckenroth et d'Ouzilleau dans la Haute-Sangha et le Logoué; par celles de Ruel, de Couvy, au Tchad; de Doreau, à Bangui; d'Aubert, de Ringenbach, à Brazzaville; de Sorel, à Grand Bassam; de Blin, au Dahomey. Mais parmi elles, les grandes randonnées de Bouet à travers la côte d'Ivoire, le Soudan et l'hinterland du Dahomey, celles de Boufflard dans le Niger et sur les rives de la Volta, celles de Wagon, de Trautmann en Guinée, de Thiroux (seul ou avec d'Anfréville et Teppaz), de Bourée, au Sénégal, ont également permis d'amasser une multitude de documents du plus haut intérêt scientifique et dont un très grand nombre — tels ceux que Bouet et Roubaud rapportent du magnifique voyage qu'ils viennent d'accomplir du Dahomey à la Cazamance par le Soudan (1912) — ont une importance pratique considérable pour la pénétration colonisatrice de ces vastes territoires. C'est ainsi que, grâce à ces deux savants, nous connaissons maintenant les divers modes de propagation des trypanosomiases qui constituent le principal — on peut presque dire le seul — obstacle à la mise en valeur de l'immense quadrilatère africain qui s'étend entre la Guinée, le Haut-Nil, la Rhodésie et l'Angola. »

Le laboratoire de Tunis agrandi en 1903 par les soins de M. Pichon résident général de France, fut confié à Charles Nicolle et celui-ci fit de nombreux travaux sur la fièvre méditerranéenne, la lèpre, le typhus exanthématique, tandis que ses collaborateurs Conseil, C. Comte, Conor, organisaient la prophylaxie de la peste et du paludisme, tout en étudiant les maladies des hommes et des animaux indigènes.

En 1894, le professeur Trolard créait un Institut à Alger comprenant un service antirabique, la préparation des vaccins contre la variole,

Cl. Hachette.

INSTITUT PASTEUR A RIO DE JANEIRO
(Façade et entrée du jardin).

et contre le charbon symptomatique du bœuf. Il constituait en outre un service pour la production des levures sélectionnées propres à la bonne fermentation des vins, service d'une haute importance dans un pays de grands vignobles comme l'Algérie. En 1910, cet Institut dû à l'initiative privée du professeur Trolard était rattaché administrativement à l'Institut Pasteur de Paris, et ses services dirigés par les frères Sergent, les docteurs Murat, Nègre, Gillot, le professeur Trabut, les vétérinaires Bridrée, Lhéritier, Donadieu et Boquet, étaient installés dans des bâtiments appropriés.

Fondé en 1888, l'Institut Pasteur, était en plein rayonnement par ses filiales, ses missions envoyées partout où il y avait un problème scientifique à étudier, par sa propre activité, les découvertes constantes des savants qui travaillaient dans ses laboratoires, lorsqu'en 1914, ce fut la guerre....

L'appel aux armes prit dans les divers services de l'Institut 41 médecins, 13 pharmaciens, 16 vétérinaires et 76 chefs de laboratoires, préparateurs ou auxiliaires! Et l'Institut lui-même fut réquisitionné pour servir à la défense de la Patrie, et les savants que leur âge éloignait des armées y accomplirent une œuvre considérable qui eut sa part — une part encore presque ignorée mais en certains points déterminante — dans la victoire finale. Elle a été excellemment résumée dans un rapport que le docteur A. Calmette présenta devant les membres de l'Association pour l'extension des études pastoriennes[1] et pour la faire connaître ici je n'ai qu'à en donner l'analyse.

Une des conséquences de la mobilisation qui réunissait dans des locaux étroits des masses d'hommes privés des mesures d'hygiène élémentaire fut une sorte d'épidémie de fièvre typhoïde et de dysenterie. En trois jours l'Institut Pasteur fournit 10 000 trousses de séro-diagnostic et en deux jours 4 000 ampoules de vaccin antityphique. Lorsque devant la marche des Allemands et quand on put craindre qu'ils menaçaient sérieusement Paris, les services de sérothérapie furent évacués sur l'école vétérinaire de Toulouse. En peu de temps, dans un laboratoire de fortune, Borrel, Loiseau, Legroux, Tendron et Ramon préparèrent 670 000 doses de vaccin contre la typhoïde. Les premières batailles ayant, en outre, démontré que les blessures de l'artillerie déterminaient souvent chez le soldat atteint, le tétanos, les 140 000 doses de sérum antitétanique de réserve, ayant été épuisées en quelques jours, les mêmes savants fournirent aux besoins urgents de l'armée. Après la bataille de la Marne, les services se réinstallèrent dans les bâtiments de la rue Dutot, et c'est là que dans le silence, avec le seul désir d'aider à la défense nationale selon leurs moyens, les pastoriens accomplirent leur œuvre. De 1914 à l'armistice 4 422 civils et 1 818 militaires furent soignés à l'hôpital Pasteur, sous la direction de Louis Martin, par les docteurs Veillon, Darré, Maumus, tandis que Joubert pratiquait 142 344 vaccinations antivarioliques.

Pour le service de la sérothérapie il y avait lors de la déclaration de

1. Siège, 11, rue Anatole-de-la-Forge, Paris

guerre 223 chevaux à Garches et 50 environ dans les écuries de la rue d'Alleray, et la production des divers sérums était chaque mois de 80 000 flacons, 1 158 litres de sérum antidiphtérique et 1 434 litres de sérum antitétanique étant tenus en réserve dans les glacières. La demande de ces sérums fut réellement formidable. Le nombre des chevaux s'éleva bientôt à 1 462, et durant la guerre le service de sérothérapie produisit 6 millions de doses de sérum, dont il livra gratuitement à l'armée française et à l'assistance publique 3 700 000, valant dix millions de francs. L'Italie reçut 1 million de doses, la Serbie 20 000, la Belgique 70 000, la Roumanie 40 000, les Américains 800 000. En mars-avril 1918, les services de la sérothérapie composés de MM. Prévot et Ramon, Frasey et Truche, Nicolas et Raspail, le docteur G. Loiseau, Louis Martin, les frères Gidoin purent livrer 20 000 flacons de sérum antitétanique par jour, et grâce à des procédés nouveaux d'immunisation dus à Louis Martin, Salimbeni et Frasey pour la vaccine des 1 462 chevaux on obtint la quantité énorme de 26 579 litres de toxine tétanique et 7 342 litres de toxine diphtérique. Un des laboratoires des vaccins microbiens et de la malleïne dirigé par le docteur Salimbeni assisté par Herelle et Jeantet, fournit aux armées françaises 800 000 doses d'un vaccin préparé selon la formule du professeur Fernand Widal, 369 000 à l'Italie, 142 000 à la Serbie, 22 000 aux Américains. D'autre part Salimbeni et Ernest Fernbach livraient aux services vétérinaires 1 200 000 doses de malleïne contre la morve des chevaux. De son côté, dans un laboratoire spécial Dujardin-Beaumetz produisit 60 000 flacons de sérum et 18 000 de vaccin antipesteux.

Le docteur Legroux se distingua dans les laboratoires de microbie médicale et de recherches où il fut un véritable animateur, homme de science, homme d'action qui « n'eut d'autre domicile que son laboratoire » pendant les quatre années de la guerre. Il réclama le chimiste Agulhon qui put remplacer les colorants de fuschine qui nous venaient d'Allemagne et préparer les matières nécessaires aux expériences. Le docteur Legroux, pour les médecins français et étrangers, traça des programmes d'enseignement théorique et pratique, qui formèrent des techniciens bactériologistes.

Dans le laboratoire de Maurice Nicolle, entre autres travaux menés par Truche, Jouan, Debains, Cesari, Frasey, Nicolas et Mlle Raphaël, ceux qui aboutirent à la vaccination contre la pneumonie sauvèrent l'existence de milliers de soldats noirs. Weinberg, Seguin, de Veillon, étudièrent les microbes des grangrènes gazeuses et réussirent à trouver un sérum préventif et curatif. Le professeur Delezenne, assisté de Mlle Ledebt fabriqua des sérums antivenimeux pour les armées d'Afrique, d'Égypte et de Palestine; Charles Nicolle et Blaizot vinrent de Tunis, pour préparer un sérum nouveau contre le typhus exanthématique; Danysz avec un virus par lui composé détruisit les rats des tranchées.... Borrel s'occupa de protéger les soldats de notre armée noire; Auguste Petit et Louis Martin assurèrent la guérison d'une maladie grave caractérisée par un ictère spécial, existant sur le front français; enfin, le service de la rage, assuré par Dujardin-Beaumetz et Jules Viala vaccina 4 588 personnes avec une mortalité qui n'atteignit pas 2 p. 100.

Le paludisme faisait de tels ravages parmi nos soldats envoyés dans l'Orient que le général Sarrail pouvait écrire en 1916 : « Mon armée est immobilisée par les fièvres » et qu'on dut rapatrier en plusieurs mois 60 000 malades, fut combattu à l'Institut Pasteur sous la direction du docteur Laveran par Mesnil Marchoux, Roubaud, qui formèrent les médecins destinés à Salonique, à l'Égypte et au Maroc. Leur action fut très efficace, et le nombre des hommes atteints de fièvre en 1916 qui était de 60 000 descendit en 1918 à 8 000.

Mais si les pastoriens mirent leur science pour défendre nos soldats et ceux de nos alliés contre les maladies et les blessures, ils leur fournirent aussi des armes.

Le professeur Gabriel Bertrand pour répondre aux attaques des Allemands par les gaz étudia les produits asphyxiants, suffocants et lacrymogènes. Il réussit à produire de la chloropicrine employée pour la première fois par les Anglais pendant les batailles de la Somme. Gabriel Bertrand inventa un modèle de grenades à gaz, il indiqua les procédés de fabrication de l'ypérite ou gaz moutarde, et c'est dans son laboratoire où travaillaient Gavillier, Dienert, Sazerac et Mme Rosenblatt que l'on imagina le premier modèle de lunettes contre les gaz lacrymogènes dont il fut fabriqué dix millions.

Borrel inventa un masque protecteur; Lamuy, Vaudremer et Vila présentèrent une poudre absorbante à base d'oxyde de zinc et le professeur Fourneau étudia le chlorure de méthylarsine, substance redoutable.

Avec Gabriel Bertrand et Trillat, ce dernier découvrit des fumées artificielles et des corps fumogènes dont on se servit pour protéger les navires alliés contre les sous-marins et pour tendre devant les troupes des rideaux protecteurs.

Voilà une partie de l'œuvre des savants de l'Institut Pasteur durant la guerre et pendant qu'ils imaginaient des moyens de protection, de défense ou d'attaque, vingt-six des leurs étaient tués devant l'ennemi, et ce sont : le docteur D. Bertrand, E. Bessières, D. Chaillou, Séjournant, J. Cochin, L. Dourlens, le docteur Roudskg, E. Reynard, J. Maréchal, B. Sauton, de Tonnay-Charente, J. Martin, P. Thirion, F. Defaix, Rossignol, Métivet, Fauveau, Militon, D. Contamin, le docteur Lagasse, le docteur Girar, le docteur Guillot, le docteur Lemarquant, L. Massol, G. Gregoire, F. Jupille. La bibliothèque de l'Institut Pasteur a recueilli leurs noms inscrits sur un tableau d'honneur.

Disons pour terminer avec le docteur A. Calmette : « Pendant la guerre, le génie de Pasteur, qui veille sur les « Pastoriens, » leur a permis de bien servir la France. Il les aidera sûrement à la mieux servir encore pendant la paix. »

Photo Hachette.

INSTITUT PASTEUR. LA SALLE DES MACHINES
(Service de M. G. Bertrand).

OUVRAGES
ET PRINCIPALES COMMUNICATIONS
DE LOUIS PASTEUR

OUVRAGES

Nouvel exemple de fermentation déterminée par les animalcules infusoires pouvant vivre sans oxygène libre. Paris, 1863.

Études sur le vin. Ses maladies, causes qui les provoquent, procédés nouveaux pour le conserver et le vieillir, par M. L. Pasteur, membre de l'Institut. De l'Imprimerie Impériale, MDCCCLXVI, Victor Masson et fils.

Études sur le vinaigre. Sa fabrication, ses maladies, moyen de les prévenir. Nouvelles observations sur la conservation des vins par la chaleur, par M. L. Pasteur, membre de l'Institut. Paris, Gauthier-Villars et Victor Masson, fils, 1868.

Études sur la maladie des vers à soie. Moyen pratique assuré de les combattre et d'en prévenir le retour, par M. L. Pasteur, membre de l'Institut impérial de France et de la Société royale de Londres. Paris, Gauthier-Villars, 1870, 2 vol.

Quelques réflexions sur la science en France. Paris, 1871.

M. Pasteur et M. Naumann. Correspondances entre un savant français et un savant prussien. Paris, 1872.

Études sur la bière. Ses maladies, causes qui les provoquent, procédé pour les rendre inaltérable avec une théorie nouvelle de la fermentation, par M. L. Pasteur, membre de l'Institut de France et de la Société royale de Londres. Gauthier-Villars, Paris, 1876.

Les microbes organisés, en collaboration avec Tyndall. Paris, 1878.

Examen critique d'un écrit de Cl. Bernard sur la fermentation. Paris, 1879.

Le traitement de la rage. Paris, 1886.

PRINCIPALES COMMUNICATIONS

1848. Note sur la cristallisation du soufre.
— Recherches sur divers modes de groupement dans le sulfate de potasse.
— Recherches sur le dimorphisme.
— Mémoire sur la relation qui peut exister entre la forme cristalline et la composition chimique et sur la cause de la polarisation rotatoire.
— Recherches sur les relations qui peuvent exister entre la forme cristalline, la composition chimique et le sens du pouvoir rotatoire.
— Recherches sur les relations qui peuvent exister entre la forme cristalline, la composition chimique et le sens de la polarisation rotatoire (2e mémoire).

1849. Recherches sur les propriétés spécifiques des deux acides qui composent l'acide racémique.

1850. Nouvelles recherches sur les relations qui peuvent exister entre la forme cristalline, la composition chimique et le phénomène de la polarisation rotatoire.
— Nouvelles recherches sur les relations qui peuvent exister entre la forme cristalline, la composition chimique et le pouvoir rotatoire moléculaire.

1851. Mémoire sur les acides aspartique et malique.
— Sur un mémoire relatif aux acides aspartique et malique.

1852. Observations sur la populine et la salicine artificielle.
— Nouvelles recherches sur les relations qui peuvent exister entre la forme cristalline, la composition chimique et le phénomène rotatoire moléculaire.

1853. Nouveaux faits relatifs à l'histoire de l'acide racémique (Lettre de M. Kestner à M. Biot).
— Notice sur l'origine de l'acide racémique.

1853. Notice sur la quinidine.

— Nouvelles recherches sur les relations qui peuvent exister entre la forme cristalline, la composition chimique et le phénomène rotatoire moléculaire.

— Note sur la quinidine.

— Transformation de l'acide tartrique en acide racémique.

Année 1847-48

Manipulations de Chimie de l'École Normale
(Première année)

Première manipulation 30 8bre 1847

Cristallisations par divers procédés choisis de manière que chaque groupe obtienne 6 produits différens cristallisant dans systèmes différens
Les exemples furent choisis parmi les suivans
1 Système cubique Alums . nitrate de baryte, ~~de strontiane~~, ~~de plomb~~ - acide ~~arsénieux~~ - sel marin
2. Prisme droit à base carrée Prussiate de potasse - ~~Sulfate de nickel~~
3. Prisme hexagonal régulier : azotate de soude - azotate de chaux
4. Prisme rectangul. droit ~~Bioxalate d'ammoniaque~~ - sulfate de zinc sulfate de magnésie - soufre par fusion
5. Prisme oblique à base rhombe : sucre - carbonate de soude - ~~acétate de cuivre~~
6. Prisme oblique à base de parallélog. obliquangle : sulfate de cuivre - Dichromate de potasse

PAGE DES CAHIERS DE PASTEUR, PROFESSEUR DE CHIMIE
(conservés à l'École Normale).

1853. Recherches sur les alcaloïdes des quinquinas.

— Transformation des acides tartriques en acide racémique. Découverte de l'acide tartrique inactif. Nouvelle méthode de séparation de l'acide racémique en acides tartriques droit et gauche.

1854. Sur le dimorphisme.

1855. Mémoire sur l'alcool amylique.

1856. Note sur le sucre et le lait.

1856. Isomorphisme entre des corps isomères, les uns actifs, les autres inactifs, sur la lumière polarisée.
— Études sur les modes d'accroissement des cristaux et sur les causes de leurs formes secondaires.
1857. Mémoire sur la fermentation appelée lactique.
— Mémoire sur la fermentation alcoolique.
1858. Sur la fermentation alcoolique.
— Mémoire sur la fermentation de l'acide tartrique.
— Production constante de glycérine dans la fermentation alcoolique.
— Nouvelles recherches sur la fermentation alcoolique.
— Nouveaux faits concernant l'histoire de la fermentation alcoolique.
1859. Nouveaux faits pour servir à l'histoire de la levure lactique.
— Nouveaux faits concernant la fermentation alcoolique.
— Nouveaux faits relatifs à la fermentation alcoolique, cellulose et matières grasses de la levure constituée aux dépens du sucre.
— Note sur les remarques présentées par M. Berthelot dans la dernière séance de l'Académie.
— Mémoire sur la fermentation alcoolique.
1860. Extrait du rapport sur le concours pour le prix de physiologie expérimentale pour l'année 1859. *Fondation Monthyon.*
— Expériences relatives aux générations dites spontanées.
— De l'origine des ferments. Nouvelles expériences relatives aux générations dites spontanées.
— Note sur la fermentation dite alcoolique.
— Note relative au *Penicilium Glaucum* et à la dissymétrie moléculaire des produits organiques naturels.
— Nouvelles expériences relatives aux générations dites spontanées.
— Recherches sur le mode de nutrition des mucédinées.
1861. Suite à une précédente communication relative aux générations dites spontanées.
— De l'influence de la température sur la fécondité des spores de mucédinées.
— Animalcules infusoires vivant sans gaz oxygène libre et déterminant des fermentations.
— Mémoire sur les corpuscules organisés qui existent dans l'atmosphère. Examen de la doctrine des générations spontanées.
— Expériences et vues nouvelles sur la nature des fermentations.
— Rectification d'un passage d'une note présentée à l'Académie par MM. Joly et Musset.
1862. Études sur les mycodermes. Rôle de ces plantes dans la fermentation acétique.
— Nouveau procédé industriel de fabrication du vinaigre.
1863. Nouvel exemple de fermentation déterminée par des animalcules infusoires pouvant vivre sans gaz oxygène libre, et en dehors de tout contact avec l'air de l'atmosphère.

1863. Examen du rôle attribué au gaz oxygène atmosphérique dans la destruction des matières animalcules et végétales après la mort.
— Note sur la présence de l'acide acétique parmi les produits de la fermentation alcoolique.
— Remarques au sujet de la note communiquée par M. Van Thiéghem dans la dernière séance de l'Académie.
— Note relative à une communication de M. Béchamp insérée au compte rendu de la dernière séance.
— Recherches sur la putréfaction.
— Note en réponse à des observations critiques présentées à l'Académie par MM. Pouchet, Joly et Musset, dans la séance du 21 septembre dernier.
— Remarques à l'occasion d'une nouvelle note de MM. Joly et Musset relative à la même question.
— Études sur les vins. Première partie : de l'influence de l'oxygène de l'air dans la vinification.
— Note relative à des réclamations de priorité soulevées par M. Béchamp, au sujet de mes travaux sur les fermentations et les générations dites spontanées.

1864. Notes sur les générations spontanées.
— Études sur les vins. Deuxième partie : des altérations spontanées ou maladies des vins, particulièrement dans le Jura.
— Note en réponse aux remarques de M. Pouchet relatives aux générations spontanées.
— Remarques à l'occasion d'une demande de MM. Pouchet, Joly et Musset pour qu'on attende le retour de la saison chaude avant de répéter leurs expériences sur l'hétérogénie.
— Communication de M. Pasteur en présentant le premier numéro des *Annales scientifiques de l'Ecole Normale*, recueil qui se publie sous sa direction.
— Remarque à l'occasion d'un mémoire de MM. Bussy et Buignet sur les changements de température produits par le mélange de liquides de culture différente.

1865. Rapport sur les expériences relatives à la génération spontanée.
— Procédé pratique de conservation et d'amélioration des vins.
— Note sur les dépôts qui se forment dans les vins.
— Nouvelles observations au sujet de la conservation des vins.
— Note à l'occasion d'une communication de MM. Leplat et Jaillard concernant la maladie du sang de rate.
— Observations sur la maladie des vers à soie.
— Note accompagnant la présentation d'une brochure sur la conservation des vins.
— Note sur l'emploi de la chaleur comme moyen de conservation des vins.

1866. Nouvelles études sur la maladie des vers à soie.

1866. Observation au sujet d'une note de M. Béchamp, relative à la nature de la maladie des vers à soie.
— Observation au sujet d'une note de M. Béchamp, relative à la nature de la maladie actuelle des vers à soie.
— Observations au sujet d'une note de M. Balbiani, relative à la maladie des vers à soie.
— Nouvelles études expérimentales sur la maladie des vers à soie.
— Remarques à l'occasion d'une note de M. Donné sur la génération spontanée des animalcules infusoires.
— Observations au sujet d'une note de M. Pouchet sur la résistance vitale.

1867. Lettre à M. Dumas sur la nature des corpuscules des vers à soie.
— Lettre à M. Dumas sur la maladie des vers à soie.

1868. Observations relatives aux expériences décrites dans une communication de M. Chauveau sur la nature du virus-vaccin.
— Lettre adressée à M. Dumas, sur les éducations précoces de graines des races indigènes provenant de chambrées choisies.
— Deuxième lettre à M. Dumas. Éducations précoces de graines des races indigènes provenant de chambrées choisies.
— Lettre à M. Dumas au sujet de la maladie des vers à soie.
— Note sur la maladie des vers à soie vulgairement désignés sous le nom de morts-blancs ou morts-flats.
— Rapport de M. Pasteur sur sa mission de 1868 relative à la maladie du ver à soie.
— Sur un moyen de reconnaître aux essais précoces sur les graines de vers à soie, celles qui sont prédisposées à la maladie des morts-flats.

1869. Lettre adressée au maréchal Vaillant, sur le bon effet de la sélection cellulaire dans la préparation de la graine des vers à soie.
— Lettre à M. Dumas, à propos d'une lettre de M. Cornalia sur la méthode proposée pour régénérer les races de vers à soie.
— Résultats des observations faites sur la maladie des morts-flats, soit héréditaire, soit accidentelle.
— Observations relatives à une communication précédente de M. Raybaud-Lange, sur la maladie des morts-flats et sur le moyen de la combattre.
— Note sur la sélection des cocons faite par le microscope pour la régénération des races indigènes des vers à soie.
— Résultat de deux petites éducations de vers à soie provenant des graines étudiées par M. Pasteur.
— Note sur la confection de la graine de vers à soie et sur le grainage indigène, à l'occasion d'un rapport de la Commission des soies de Lyon.
— De la pratique du chauffage pour la conservation et l'amélioration des vins.

1869. Note au sujet d'une réclamation de M. Paul Thénard, relativement au chauffage des vins.
— Note relative aux communications de M. de Vergnette-Lamotte et de M. P. Thénard adressées à l'Académie dans les séances des 20 septembre et 4 octobre sur le chauffage des vins.
— Réponse à la dernière note de M. P. Thénard sur le chauffage des vins.

1870. Lettre à M. le maréchal Vaillant sur les résultats obtenus dans l'édu-

Cl. Hachette.

GRAND LABORATOIRE. INSTITUT PASTEUR.

cation des races françaises de vers à soie, effectuée au moyen de graines préparées par les procédés de sélection.

1871. Note sur un mémoire de M. Liebig, relatif aux fermentations.
— Réponse à des remarques de M. Frémy, relatif à la précédente communication.
— Observations à propos d'une communication de M. Trécul, sur l'origine des levures lactique et alcoolique.

1872. Note relative à la communication de M. Trécul sur l'origine des levures lactique et alcoolique.
— Sur la nature et l'origine des ferments. Réponse à une note insérée par M. Frémy, au compte rendu de la séance du 15 janvier 1872.
— Observations au sujet des communications de M. Frémy, sur les fermentations.

1872. Nouvelles observations au sujet des communications de M. Frémy.
— Observations relatives aux communications de M. de Vergnette-Lamotte, sur la conservation des vins.
— Réponse à la communication faite par M. de Vergnette-Lamotte, à propos de la conservation des vins.
— De l'amélioration des vins par le chauffage.
— Nouvelles expériences pour démontrer le germe de la levure qui fait que le vin provient de l'extérieur des grains de raisin.
— Réponse à une communication de M. Frémy sur la génération des ferments.
— Faits nouveaux pour servir à la connaissance de la théorie des fermentations proprement dite.
— Réponse de M. Pasteur à M. Frémy.
— Observations au sujet de deux notes que M. Frémy a publiées dans les comptes rendus de la séance du 7 octobre.
— Réponse à une note de M. Trécul, sur l'origine des levures.
— Note sur la production de l'alcool par les fruits.
— Note au sujet d'une assertion de M. Frémy publiée dans le dernier compte rendu.
— Réponse à de nouvelles observations verbales de M. Frémy. M. Pasteur demande la nomination d'une commission qui prononcerait sur l'exactitude des expériences citées dans la discussion.
— Réponse à des remarques de M. Trécul, sur l'origine des levures lactique et alcoolique.
— Observations au sujet de trois notes communiquées dans les dernières séances par MM. Béchamp et Estor sur la fermentation alcoolique.

1873. Note relative à un rapport de M. Cornalia sur les éducations des vers à soie en 1872.
— Étude sur la bière; nouveau procédé pour la rendre inaltérable.
— Observations relatives à une communication de M. Vignon intitulée : Du pouvoir rotatoire dans la mannite.
— Réponse à une note sur l'origine de la levure de bière, lue par M. Trécul dans la séance du 8 novembre 1873.
— Réponse à M. Trécul sur l'origine de la levure de bière.
— Nouvelle réponse à M. Trécul sur l'origine de la levure de la bière.

1874. Observations relatives à une communication de MM. A. Gosselin et A. Robin, sur l'urine ammoniacale.
— Production de la levure dans un milieu minéral sucré.
— Quelques observations sur les forces dissymétriques naturelles.
— Observations à propos d'une communication de M. Dumas sur l'intérêt qu'il pourrait y avoir à examiner l'effet que produirait sur une vigne la coexistence du phylloxera et du mycélium constaté à Cully.

1875. Nouvelles observations sur la fermentation alcoolique.
— Nouvelles observations sur la nature de la fermentation alcoolique.

1875. Sur une nouvelle distinction entre les produits organiques naturels et les produits organiques artificiels.
— Observations sur l'origine du sucre dans les plantes.
— Note sur le grainage cellulaire, pour la préparation de la graine des vers à soie.
— Note sur la fermentation à propos des critiques soulevées par les docteurs Brefeld et Traube.
— De l'origine des ferments organisés, à propos de deux communications de M. Frémy et de M. Tyndall.
1876. Observations verbales, à propos d'une communication de M. Boussingault, sur la végétation du maïs.
— Sur la fermentation de l'urine.
— Réponse à des observations de M. Berthelot, sur la théorie des fermentations.
— Note au sujet d'une communication de M. Sace, intitulée : *De la panification aux Etats-Unis et des propriétés du houblon comme ferment.*
— Note sur la fermentation des fruits, et sur la nature des germes des levures alcooliques.
— Note au sujet d'une communication faite par M. Durin, sur la fermentation cellulosique du sucre de canne.
1877. Note sur l'altération de l'urine, à propos d'une communication du docteur Bastian, de Londres.
— Réponse à une note de M. Frémy, sur la génération ultra-cellulaire du ferment alcoolique.
— Sur l'altération de l'urine, à propos des communications récentes du docteur Bastian.
— Observations verbales à l'occasion d'une communication de M. Bouillant, sur la flèvre typhoïde.
— Sur la fermentation de l'urine. Réponse à M. le docteur Bastian.
— Réponse à M. le docteur Bastian, sur les germes des bactéries en suspension dans l'atmosphère et dans les eaux.
— Sur les conserves alimentaires.
— Sur la fermentation de l'urine. Réponse à M. Bastian.
— Note au sujet d'une communication récente de M. Weddell, concernant l'avantage qu'il y aurait à remplacer la quinine par la cinchonidine.
— Étude sur la maladie charbonneuse.
— Remarques sur une communication de M. Raynaud.
— Note sur le charbon et la septicémie.
— Charbon et septicémie.
— Note au sujet de l'expérience du docteur Bastian relative à l'urine neutralisée par la potasse.
1878. Réponse à des remarques de M. Trécul sur l'origine des levures alcooliques.

1878. La théorie des germes et ses applications à la médecine et à la chirurgie.
— Observations sur le mémoire de M. Gunning intitulé : *Sur l'anaérobiose des micro-organismes.*
— Sur le charbon des poules, en collaboration avec MM. Joubert et Chamberland.
— *Dernières expériences de Claude Bernard. La fermentation alcoolique.* Note sur la théorie de la fermentation.
— Nouvelle communication au sujet des notes sur la fermentation alcoolique, trouvées dans les papiers de Claude Bernard.
— Examen critique d'un écrit posthume de Claude Bernard sur la fermentation alcoolique.
— Réponse à M. Berthelot relative à la fermentation alcoolique.
— Réponse aux observations de M. Trécul relatives à la fermentation.

1879. Observations relatives à une note de M. Trécul, sur les êtres inférieurs.
— Deuxième réponse à M. Berthelot.
— Réponse aux notes de M. Trécul, des 30 décembre et 30 janvier.
— Observations sur la réponse de M. Trécul.
— Troisième réponse à M. Berthelot.
— Fermentations. Observations verbales à M. Trécul.
— Quatrième réponse à M. Berthelot.
— Remarques à l'occasion d'une communication de M. Feltz sur un Leptothrix trouvé dans le sang d'une femme atteinte de fièvre puerpérale grave.
— Remarques à l'occasion d'une communication de M. Feltz concernant les organismes microscopiques.
— Observations verbales à propos d'une communication de MM. Ed. et H. Becquerel, sur le froid que peuvent supporter la bactéridie charbonneuse et d'autres organismes microscopiques sans perdre leur virulence.

1880. Sur les maladies virulentes, et en particulier sur la maladie appelée vulgairement choléra des poules.
— Remarques à l'occasion d'une note de M. Rommier, relative à l'influence toxique que le mycélium des racines de la vigne exerce sur le phylloxera.
— Réponse à M. Blanchard à l'occasion des observations sur une note de M. Rommier sur l'influence toxique que le mycélium des racines de la vigne exerce sur le phylloxera.
— Sur le choléra des poules, études des conditions de la non-récidive de la maladie et quelques autres de ses caractères.
— De l'extension de la théorie des germes et l'étiologie de quelques maladies communes.
— Sur l'étiologie du charbon.

Cl. Hachette.

INSTITUT PASTEUR : LA BIBLIOTHÈQUE (M. RAVEAU, BIBLIOTHÉCAIRE).

1880. Lettre à M. Dumas. Expériences tendant à démontrer que les poules vaccinées pour le choléra sont réfractaires au charbon.
— Lettre à M. Dumas sur l'étiologie des affections charbonneuses.
— Sur la non-récidive de l'affection charbonneuse (En collaboration avec M. Chamberland).
— De l'atténuation du virus du choléra des poules.
— Nouvelles observations sur l'étiologie et la prophylaxie du charbon.

1881. Sur une maladie nouvelle provoquée par la salive d'un enfant mort de la rage. (En collaboration avec MM. Chamberland et Roux).
— Sur la longueur de la vie des germes charbonneux et sur leur conservation dans les terres cultivées.
— De l'atténuation des virus et de leur retour à la virulence.
— De la possibilité de rendre les moutons réfractaires au charbon par la méthode des inoculations préventives.
— Le vaccin du charbon.
— Sur la rage.
— Sur la vaccination charbonneuse.
— Observations à propos d'une note de MM. Arloing, Cornevin et Thomas sur la cause de l'immunité des adultes de l'espèce bovine contre le charbon.

1882. Sur le rouget ou mal rouge des porcs.
— Nouveaux faits pour servir à la connaissance de la rage.
— Une statistique au sujet de la vaccination préventive contre le charbon portant sur quatre-vingt-cinq mille animaux.

1883. Sur la vaccination charbonneuse.
— La Commission vétérinaire de Turin.
— Dépêche télégraphique adressée à M. Dumas.
— La vaccination du rouget des porcs à l'aide du virus mortel atténué de cette maladie.

1884. Nouvelle communication sur la rage.
— Sur la rage.

1885. Observations sur une note de M. Duclaux relative à la germination dans un sol riche en matières organiques, mais exempt de microbes.
— Méthode pour prévenir la rage après morsure.
— Réponse aux remarques de MM. Vulpian, Bouley et Larrey.

1886. Résultats de l'application de la méthode pour prévenir la rage après morsure.
— Réponse aux observations de M. le président et de M. Vulpian, à propos de la précédente communication.
— Note complémentaire sur les résultats de l'application de la méthode de prophylaxie de la rage après morsure.
— Observations relatives à une communication de M. Picetti sur une nouvelle espèce d'asparagine.
— Nouvelle communication sur la rage.

1887. Statistique générale des personnes qui ont été traitées à l'Institut Pasteur après avoir été mordues par des animaux enragés ou suspects.

— Note accompagnant la présentation du rapport de la Commission anglaise de la rage.

1888. Sur le premier volume des *Annales de l'Institut Pasteur*, et en particulier sur un mémoire de MM. Roux et Chamberland, intitulé : *Immunité contre la septicémie, conférée par des substances solubles.*

— Remarques relatives à une communication de M. Gamaléia sur la vaccination préventive du choléra asiatique.

1889. Sur la méthode de prophylaxie de la rage après morsure.

Les communications de Pasteur ont paru : dans les *Annales de chimie et de physique* (1848-1860); dans les *Comptes rendus de l'Académie des Sciences* (1848-1889); dans le *Bulletin de la Société chimique* (1858-1872); dans le *Bulletin de l'Académie de médecine* (1879-1886); dans la *Revue Scientifique* (1881-1883); dans les *Annales de l'Institut Pasteur* (1887-1888).

Cl. Hachette.

SALLE DES LAPINS ET DES SOURIS DESTINÉS AUX EXPÉRIENCES

PETIT INDEX

DES PRINCIPAUX NOMS CITÉS

Daguerre (Louis-Jacques-Mandé), inventeur du diorama et l'un des inventeurs de la photographie, né à Cormeilles-en-Parisis (Seine-et-Oise) en 1789, mort à Bry-sur-Marne en 1851.

Davaine (Casimir-Joseph), médecin français, né à Saint-Amand-les-Eaux en 1812, mort à Garches en 1882, auteur de mémoires remarquables sur la physiologie expérimentale. Sa découverte, en 1850, de la bactéridie du *charbon*, le fait le véritable précurseur de Pasteur.

Delafosse (Gabriel), minéralogiste français, né à Saint-Quentin en 1796, mort à Paris en 1878. Il occupa la chaire de minéralogie à la Faculté des Sciences de Paris et à l'École Normale, et fut nommé, en 1857, membre de l'Académie des Sciences. Delafosse s'est attaché d'une façon toute particulière à l'étude de la cristallographie.

Dumas (Jean-Baptiste), chimiste, né à Alais (Gard) en 1800, mort à Cannes en 1884. Il fut nommé membre de l'Académie des Sciences en 1832, puis professeur à la Faculté de Médecine et au Collège de France. Il est le fondateur de l'École Normale des arts et manufactures. Dumas fut membre de l'Institut, secrétaire perpétuel de l'Académie des Sciences, et membre de l'Académie française (1875). Il est l'auteur d'un grand *Traité de chimie appliquée aux arts.*

Frémy (Edmond), chimiste français, né à Versailles en 1814, mort à Paris en 1894. Auteur de remarquables recherches sur les acides gras.

Guérin (Jules-René), chirurgien français, né à Boussu (Belgique) en 1801, mort à Hyères en 1886.

Haüy (l'Abbé René-Just), minéralogiste français, né à Saint-Just (Oise) en 1743, mort à Paris en 1822. Il a créé la cristallographie.

Herschell (Frédéric-Guillaume), célèbre astronome, né à Hanovre en 1738, mort à Slough, près de Windsor, en 1822. Il est le créateur de l'astronomie stellaire.

Helmholtz (Hermann de), physiologiste et physicien allemand, né à Potsdam en 1821, mort à Charlottenbourg en 1894. Auteur de travaux sur l'optique, l'électricité et l'acoustique.

Joly (Nicolas), zoologiste français, né à Toul le 11 juillet 1812. Auteur de nombreux ouvrages parmi lesquels *Recherches sur les vers à soie, leurs maladies* (1858); *Recherches sur l'origine, la germination et la fructification de la levure de bière* (1861).

Koch (Robert), médecin et microbiologiste allemand, né à Klausthal (Hanovre) en 1843. Il a publié de remarquables études sur la tuberculose, dont il a découvert et réussi à cultiver l'agent microbien.

Lavoisier (Antoine-Laurent), illustre chimiste français, né à Paris en 1743, mort à Paris en 1794. L'un des créateurs de la chimie moderne, qu'il fonda sur une loi méconnue jusque-là, celle

Cl. Hachette.

MONUMENT DE PASTEUR PAR FALGUIÈRE (Place de Breteuil à Paris).

allemand, né à Neuende en 1794, mort à Schœneberg en 1863. Il a découvert la loi d'isomorphisme.

NEEDHAM (Jean-Tuberville), physicien anglais, à Londres en 1713, mort à Bruxelles en 1781.

NIÈPCE (Joseph-Nicéphore), chimiste français, né à Chalon-sur-Saône en 1765, mort dans la même ville en 1833, un des inventeurs de la photographie avec Daguerre.

NISARD (Jean-Marie-Napoléon-Désiré), littérateur français, né à Châtillon-sur-Seine en 1806, mort à San-Remo en 1888. Il fut directeur de l'École Normale supérieure et membre de l'Académie française.

PARACELSE (de son vrai nom Philippus-Auréolus-Theophrastus Bombast von Hohenheim), célèbre médecin et alchimiste suisse, né à Einsiedeln, canton de Schwyz, le 17 décembre 1493, mort à Salzbourg le 24 septembre 1541. On peut le considérer comme le créateur de la doctrine moderne des *spécifiques*.

POUCHET (Félix-Archimède), naturaliste français, né à Rouen en 1800, mort dans cette ville en 1872. Célèbre par ses discussions avec Pasteur au sujet de la génération spontanée.

QUATREFAGES (Jean-Louis-Armand de Bréau de), naturaliste et anthropologiste français, né à Berthezène (Gard) en 1810, mort à Paris en 1892. Il a défendu la théorie de l'unité d'origine de l'homme.

REGNAULT (Henri-Victor), physicien et chimiste français, né à Aix-la-Chapelle le 21 juillet 1810, mort à Paris le 19 janvier 1878.

ROUX (Pierre-Paul-Émile), médecin français, né à Confolens (Charente) le 17 décembre 1853. Membre de l'Académie de Médecine et de l'Académie des Sciences. Directeur de l'Institut Pasteur.

SAINTE-CLAIRE-DEVILLE (Henri-Étienne), chimiste français, né aux Antilles en 1818, mort à Boulogne-sur-Seine en 1881. Auteur de la théorie de la dissociation et de beaux travaux sur la chimie des métaux.

SENARMONT (Henri-Hureau de), minéralogiste et physicien français, né à Broue (Eure-et-Loire) le 6 septembre 1808, mort à Paris le 30 juin 1862. Membre de l'Académie des Sciences. Auteur de remarquables travaux de physique et de minéralogie. Il a traduit et annoté le *Traité de cristallographie* de W.-H. Miller.

SCHULTZE (Max-Johann-Sigismond), anatomiste allemand, né à Fribourg-en-Brisgau le 15 mars 1825, mort à Bonn le 16 janvier 1874. Professeur à Bonn en 1859, il y fonda un important Institut anatomique.

SPALLANZANI (Lazaro), naturaliste italien, né à Scandiano en 1729, mort à Pavie en 1799 : travaux sur la circulation du sang, la digestion, la génération et les animaux microscopiques.

THÉNARD (Louis-Jacques, baron), savant chimiste français, collaborateur de Gay-Lussac, né à la

TABLE DES ILLUSTRATIONS

TABLE DES MATIÈRES

Coulommiers. — Imp. PAUL BRODARD. — 598-12-22.

www.ingramcontent.com/pod-product-compliance
Ingram Content Group UK Ltd.
Pitfield, Milton Keynes, MK11 3LW, UK
UKHW021133260726
13994UKWH00001B/123

9 782329 404769